FAMILY AND FILIATION:
THE LITERATI-OFFICIALS IN HUMAN RELATIONSHIP
DURING THE MING-QING TRANSITION

家人父子

赵 园 著

由人伦探访明清之际士大夫的
生活世界

北京大学出版社
PEKING UNIVERSITY PRESS

图书在版编目(CIP)数据

家人父子：由人伦探访明清之际士大夫的生活世界/赵园著. —北京：北京大学出版社，2015.7

（博雅英华）

ISBN 978 - 7 - 301 - 26083 - 8

Ⅰ.①家…　Ⅱ.①赵…　Ⅲ.①知识分子—研究—中国—明清时代　Ⅳ.①D691.71

中国版本图书馆 CIP 数据核字 (2015) 第 157581 号

书　　　名	家人父子——由人伦探访明清之际士大夫的生活世界
著作责任者	赵　园　著
责 任 编 辑	艾　英
标 准 书 号	ISBN 978 - 7 - 301 - 26083 - 8
出 版 发 行	北京大学出版社
地　　　址	北京市海淀区成府路 205 号　100871
网　　　址	http://www.pup.cn　新浪微博：@北京大学出版社
电 子 邮 箱	编辑部 wsz@pup.cn　总编室 zpup@pup.cn
电　　　话	邮购部 62752015　发行部 62750672　编辑部 62756467
印 刷 者	北京中科印刷有限公司
经 销 者	新华书店
	965 毫米 × 1300 毫米　16 开本　14.5 印张　190 千字
	2015 年 7 月第 1 版　2024 年 3 月第 6 次印刷
定　　　价	59.00 元

目 录

自　序

　　《易·家人》卦,《象》曰:"家人,女正位乎内,男正位乎外。男女正,天地之大义也。家人有严君焉,父母之谓也。父父,子子,兄兄,弟弟,夫夫,妇妇,而家道正。正家而天下定矣。"

　　伦常,人伦日用,是古代中国——不限于古代,也不限于中国——社会生活的基本面。人是其社会关系的总和。五伦,即古代中国"社会关系"的基本部分。人被其社会关系界定。在君臣、父子、夫妇、兄弟以至朋友、师弟子中,父子、夫妇、兄弟系于血缘,较之君臣(也较之朋友、师弟子),作为关系被认为更天然。经由上述"关系",士大夫的生活世界才有可能向你充分打开。由基本的伦理关系入手,讨论社会秩序的形态,或有可能避免架空之论。

　　在本书中,我尝试经由被认为最为重要的家庭关系"父子""夫妇",进入明清之际士大夫更为日常的生活世界。当然,这不意味着前此所讨论的士大夫的那些面向不属于他们的"生活世界",只不过本书更强调"日常性""日用伦常"及"家庭"这一特定范围而已。即使较之草民更为经典(主要即《礼》)所规范,士大夫的生活世界也绝非有关规范的演绎,从未失去其丰富性,这使他们的人生呈现出人各不同的面貌。士大夫与"家庭""家族"有关的言说与叙述,与他们的其他活动,以富于个性的方式联系着,为我们有关历史生活的想象,提供了丰富、感性的内容。

　　本书讨论的,是明清之际士大夫经验中的家族、家庭,他们所面对的伦理关系。我关心的,当然还有他们对有关经验、体验的表述。有能力表述,正是士大夫之为士大夫;作选择性的表述,也为士大夫所擅长。因而言述策略至关重要。我不能不随时意识到我的考察对象的自我陈述中掺入的自我想象,以至对理想状态的期望;出诸子孙的记述也难免于溢出(美化、理想化)。只不过对于我的目的,自我想象、期待另有研究价值——关于士人所认为合理的人与人的关系,人的生存状态。即使他们的缺陷感,也映射着所向慕的人生境界。知识人生活中的世俗层面与精神层面,在其伦理实践中往往贴合在了一起,诗的与琐屑日常的经验难以剥离。这一点在我看来,亦古今所同。

本书有关考察的特别之处,或许更在材料。所用材料,主要来自士人文集——这也是我此前的"士大夫研究"主要的材料来源。文集中有更感性、更个人、更具体情境中的"家人父子"。这也是我由文集中取材的基本考量。古代士人的传记文字少有今人所认为的私密性内容。涉及尊长,更有所不写。纵然如此,这些文献仍然更接近于知识人的生活场域。经由不同文字的比对,倘若幸运,你有可能辨认出讳饰,剔出过情的渲染,即使并不因此就能自信逼近了"真相"。

我的这项研究,方法论方面并没有"创新"之处。美国汉学家伊沛霞说自己的目标"是揭示宋代社会盛行的婚姻的假设前提,特别是与我们不同的那些,同时列举史料记载的反例及它们与假设前提间的紧张"(《内闱——宋代的婚姻和妇女生活》中译本第 39 页)。我的方法也大致类似,即关注伦理的规范性要求之内与之外,经典(如《周礼》)与个人化的伦理实践,规范所能抵达的范围、限度(可规范与不可规范),知识人在此限度内外如何处置其家庭内部关系,其间的模糊地带,无论父子,还是夫妇、兄弟。

即使严格意义上的儒家之徒也会有逸出,即如吕坤的说母不必从子。吕坤思想的"逸出"尚不限于此。我关注差异性,包括对于《礼》之为"经"的个人化的诠解,实践中人各不同的取向,为此不断致力于搜寻主流论述之外的论述,纵使它们是零星、片段的,不能用现成的逻辑之线贯穿。我没有兴趣更没有能力构建"理论模型",关注始终在现象、形态的多样性,感兴趣于纷杂、个别性、特殊性、诸种歧异,使未被作为史料者进入考察范围;即使不能引发结构性的调整,也有助于修正定论,虽则只是局部、枝节的。

　　日本的几代学人,关于明、清江南的商品化,阶层分工的构成和社会秩序间的关系,有深入的研究。我缺少这种宏观的视野,也没有足够的材料支持这方面的判断,选择的是一些个例——士大夫的伦理处境,发生在他们个人历史中的伦理事件。进入"家人世界"的路径也仍然是文学的,得失均与此有关。较之史学著述,更依赖士人的自我表述与相互记述。严格意义上的"私人记述"的稀缺,不能不使家庭伦理考察遭遇困难。① 伊沛霞抱怨道:"不幸的是,很少有丈夫或妻子记述自己的婚姻生活;第一手资料极为少见。"(《内闱——宋代的婚姻和妇女生活》中译本第 135 页)还说,"只有很少的士人写过妾及自己与她们的关系"(同书第 199 页)。我没有把握比较,因此难以确知是否我较为幸运——毕竟有本书所引用的士大夫记述其婚姻生活的材料,有写妾而公认名篇的《影梅庵忆语》;与钱柳、龚顾有关的材料也堪称丰富。

　　尚有文集之外的传记材料,墓志铭、家传、年谱、家谱、族谱等,亦可令人一窥士大夫家居情景,尽管有关记述不尽可据信。钱大昕《十驾斋养新录》卷一二有"家谱不可信"条,说颜师古"精于史学,于私谱杂志不敢轻信,识见非后人所及"(《嘉定钱大昕全集》第七册第 315 页)。基于我的目的,对包括家谱在内的文集中的记述,一般不作真/伪考辨。那不是我为自己提出的任务。这些传记材料,或为正史所不采,却不但对于了解某个具体人物,且对探察一时期的士大夫的生活状态,均有意义。毛汉光《唐代妇女家庭角色的几个重要时段:以墓志铭为例》,认为正史以政治史为主,"唐代墓志人数多于两

---

① 公共生活/私人生活,社会角色/家庭角色,传统社会也有上述区分,只不过与现代社会有区分方式、清晰度之不同而已。家庭中最"私"的,由关系而言无疑是夫妇(较之父子、兄弟),由空间着眼则是夫妇的卧室。《礼记·内则》:"男子昼无故不处私室,妇人无故不窥中庭。""私室"虽为夫妇共有,却只有夜间,男子进入才属正当。此"私室"不但私密,且有暧昧、不洁的意味。

《唐书》，而百分之九十以上皆为独立之资料，并不同于两《唐书》；该文所用墓志乃"自然抽样"，较能"代表一般社会人物"。"正史成于一人或数人之手"，"墓志铭并没有统一的撰者"，"应可反映出当时人普遍的观念"（鲍家麟编著《中国妇女史论集》四集第147页），尽管其内容"绝大部分为社会中产以上（包括官宦、士人等）为多，农民、工人等未见"（同书第148页）。还应当说，无论父子还是夫妇，小说、戏曲中的材料都远为丰富——尤其平民、底层民众的伦理生活，大可作为考察士大夫的参照或背景。可惜我无力扩展取材范围。那一部分材料更适于由有关专家处理。

家庭伦理作为古代社会变化缓慢的部分，仍然随时有种种有趣的现象发生。诸种"变动"的征兆，或终于汇为"潮流"，或倏兴倏灭，都参与构成着历史生活的丰富性。至于家族、家庭，在关于特定时段士大夫的考察中，不应只作为一部分"背景"。即使古代中国，知识人的家庭生活也与其社会活动相关。当然，作为社会资本的"关系"中，血缘外尚有地缘、业缘（由古代中国发达较早的行业组织，到近代的商会、行会、"学会"），有关伦理均值得深入考察。对于个人，这也是其世缘，与斯世所结的缘。

人事体察与人情体贴是一种能力，尤应为文学研究者所具备。人伦即检验此种能力的考察对象。有"体察""体贴"，才能由文字（或许只是极有限的文字）间读出人情，读出人的世界。有些能力，非学而后有，即如对人、对人事的了解。文学阅读，文学分析的训练，阅历与反刍、咀嚼的习惯，都有助于培养这方面的能力。此外，你从事学术工作的"当下"，势必影响到你的状态，甚至进入了考察过程，成为你的学术作品的一部分。

《颜氏家训·兄弟》："夫有人民而后有夫妇，有夫妇而后有父子，有父子而后有兄弟。一家之亲，尽此三而已矣。""自兹以往，至于九族，皆本于三亲。"因前此已著有《易堂寻踪》，本书与兄弟有关的部分从简。为便于阅读，正文的征引尽可能节制，而将对于正文的补充说明以及我以为有启发性的论述放在"余论"中，以便读者参考。至于篇章排序，则既然"有夫妇而后有父子"，将"夫妇"排在"父子"之前，也说得过去。尽管"父子"一伦依其重要性，被认为在"夫妇"之上；而"五伦"的顺序/价值观，至今也仍没有真的过时。

这本小书，应当是我的"明清之际士大夫研究"的收官之作。这不是说我将由这一时段抽身。事实是，无论中国现当代文学还是明清之际的历史文化，都已成为我的人生的一部分，不再能剥离。我仍然会时时反顾，但较为系统、规范的考察，或就此结束。也因写在这一时刻，动力不足、精神涣散留下的痕迹随处可见。但想到即使在最佳状态下的写作，也难免于"未完成""半成品"，也就稍为安心。

2010 年岁末去香港开会，机舱外是圣诞节前的冬夜，深蓝的天上悬了一弯冷月。将脸贴在冰凉的机窗上，看到了一颗颗闪灼的星。倘若不是视力衰退，想必会如儿时，看到一天星斗、横亘其间的银河的吧。久居都市，已不记得上次看到繁星是什么时候。2008 年初夏在敦煌，听那里的工作人员说，当地天很低，伸手可及，像是能将星星摘下来。还真有同行的朋友夜间到室外看天，或因了不走运，一无所见。

漂浮在高空，窗外是零下 50 多度的低温，在机舱灯下写笔记，写在一张报纸的空白处，多少感觉到一点奇特，在这个飞向温暖南方的冬夜。二十年后旧地重游，曾经住过三个月的香港中文大学的曙光楼，在那里阅读明清文献的大学图书馆，每周一次乘城铁前往的沙田的新城市广场，令人感慨。一个过程的开始与结束，人生中的一度轮回，在大历史中微末不足道，对于个人，却有可能意味深长。

此外应当说明的是，本书作为代后记的一篇，发表在 2014 年香港中文大学举办的学术会议上。发言时我回顾了最初在这所大学读明清的情景，看起来像是机缘巧合。你在世间并非总有机会结下这种缘。在关于明清之际士大夫的考察告一段落之时，我应当向这所大学致谢。我不但在她的图书馆中有了最初的选题，且在写作本书期间两次受到由这所大学举办的学术会议的推动。我还应当感谢台湾"中研院"的吕妙芬先生的有关著作,感谢刊发本书中文字的《中国文化》《学术研究》《书城》等刊物。至于我在明清之际这一时段流连期间得到的来自大陆、台湾学术界的鼓励,我已一再表达了谢意。

在我,这是一次美好的学术之旅,尽管由我个人短暂的一生衡量,艰辛而漫长,却收获了充实与快乐。

2014 年 11 月

夫妇一伦

规范夫妇一伦的努力——父母/妻子——日常的处夫妇——妻/妾——"古风妻似友"——流离、播迁中的夫妇——结语——附录一：关于冒襄的《影梅庵忆语》——附录二：诗文中清初流人的"殊方"经验

本篇所考察的，是见之于士大夫记述的明清之际的婚姻状况。关于这一时期庶民的婚姻状况，小说较之士人文集，更便于取样。而士人的婚姻状况，仍不能不以士人的记述为主要依据。由今天的眼光看，两性关系，士夫未必较庶民"开放"；但士夫的处婚姻、处两性关系，为人瞩目（尤其其中的公众人物），其伦理实践有可能更自觉、理性；有关记述包含的价值判断，提供了了解该时代相关"观念形态"的材料。

较之君臣，甚至较之父子，夫妇一伦无疑更"私人"也更"私密"（尽管有儒家之徒力图破此"私密"），感觉、印象的层面也较为"软性"，本篇却未必轻松有趣。缘此一伦，确有可能更贴近士大夫的生活世界、士大夫的日常经验，但那些经验中也正有人生并不浪漫的一面。有些美丽的故事一再经人讲过的，毋庸辞费，何况我一向对过于"美丽"的故事心存怀疑，怕修饰太过。此外也因了所截取的时段本有的严峻性，而我所讨论的，又包括了非常态（如流离、流徙）中的夫妇。

据说古籍中"夫妇"用语广于"夫妻"（参看陈顾远《中国婚姻史》第176页）。对此一定可以作有趣的诠释。就本篇而言，"夫妇"

中的"妇"包括了妻、妾，即所谓"大妇""小妇"；但在多数情况下，"夫妇"与"夫妻"义同。对此，必要时会予以说明。名士与才媛(此处特指名妓)的故事，已经被谈论得够多。本篇涉及后者，仅由其在士人家庭中的角色——无论为妻为妾——着眼。

规范夫妇一伦的努力

这一时期的士人，尤其儒家之徒，关于夫妇一伦，于重复有关的经典论述外，少有新见。如关于"刑于之化"。《诗·大雅·思齐》："刑于寡妻，至于兄弟，以御于家邦。"①刘宗周说五伦中"夫妻一伦，尤属化原，古来大圣大贤，又多从此处发轫来，故曰：'刑于寡妻，至于兄弟，以御于家邦。'"(《处人说》，《刘宗周全集》第二册第361页)。李颙所说，也不出此范围。他说："闺门床第之际，莫非上天昭鉴之所，处闺门如处大庭，心思言动，毫不自苟。不愧其妻，斯不愧天地，'刑于寡妻'，便可'御于家邦'。"(《四书反身录·中庸》，《二曲集》卷三〇第420页)"刑于寡妻"与"御于家邦"是大命题。即使家门之内，"化"也有可能由近及远、由此及彼。"昔曹月川先生居家，言动不苟，诸子侍立左右，恪肃不怠，则是子孙化也；夫人高年，参谒必跪，则是室家化也……诸妇皆知礼义，馈献整洁，无故不窥中庭，出入必蔽其面，则是妇女化也。"(《四书反身录·大学》，同书卷二九第409页)名儒之家，气象肃杀如此。② 陆世仪的阐发也不出此，说"人欲齐家，只是齐妻子"(《思辨录辑要》卷一〇)。并不迂腐的孙奇逢，也认为"兄弟不和多开隙于妻子"(《家规》，《夏峰先生集》卷一〇第

---

① "刑于"，谓以礼法对待。"刑于寡妻"，郑玄笺："文王以礼法接待其妻。""刑于之化"指夫妇和谐。

② 李氏还说："父母不顺，兄弟不睦，子孙不肖，婢仆不共，费用不节，莫不起于妻。家之兴败，全系乎妻，能齐其妻，方是能齐其家，斯家无不齐。"(同上第410页)陆陇其《陆子全书》中收入的《治嘉格言》中，有"媳妇系家成败"条。

390 页），上文已经谈到。① 颜元以礼仪训练、约束其妻妾，则是一戏剧性的例子。据年谱，颜氏早年曾因"学仙"之故，"娶妻不近"，后"知仙不可学，乃谐琴瑟"，却又"耽内"且"习染轻薄"；"然无外欲，虽邪媚来诱，辄峻拒之"（《颜元年谱》第 4 页）。显然，由年谱的撰写者李塨看来，这就有了"入道"的本钱。由年谱看，颜氏的努力似乎不无成效。闰六月，"朔望偕妻行礼，已而夫妻行礼"，颜氏"南面起拜再"，其妇"北面不起拜四"。每当颜氏外出，遇朔望，其妇"必望肃拜四"，颜氏则"遥答之"（同书第 21 页），俨若君臣。也偶有失效的时候。某日，其妇"不敬"，颜氏"愧无刑于之道，自罚跪"，直至其妇"悔过"（同上）。另有一日，其妇"不用命，罚之跪，至二鼓谢过，乃命起"（同书第 37 页）——确乎"肃若朝典"。② 颜元曾论"男子之道""女子之道"，即两性关系中的男、女及其"道"（见《习斋记馀》卷五《二烈妇传》，《颜元集》第 484 页）——那只是使男人成其为"男人"的一种关系，却几乎是女人赖以成其为"女人"的全部关系。据李塨所撰《颜元年谱》，颜氏主张"夫妇相敬如宾，相戒如友，必因子嗣乃比御"，以为此乃"夫妇之天理"（第 42 页）：规范及于房事。而妇人的

---

① 同卷说："家之有妻，犹国之有相。治天下以择相为本，治家以刑于寡妻为本。""齐家之化，第一在刑于。……从来家道之败在女德，家道之兴亦在女德。能感格得妻子，治家之道思过半矣。""刑于之化，第一在闺门衽席间，于此而无所苟，则更无有苟焉者矣。""闺门之中，最难是一'敬'字。古人动云夫妇相待如宾，又曰闺门之内，肃若朝廷，皆言敬也。此处能敬，便是真工夫，真学问，于齐家乎何有。朱子有言：闺门衽席之间，一息断绝，则天命不行。每念及此言，令人神悚。"金铉说"化妻子"，曰："谁谓闺门为私昵之地，而可忽乎哉！"（《观上斋纪程》，《金忠洁公集》卷一）他在这一组语录中，说到"刑于寡妻"的条件，引《诗纪》曰："毫发不愧于隐微，然后近者乎。"令"近者乎"，着实不易。

② 颜元最有"圣徒"气味。其《朱子语类评》引朱子语："陈好行古礼，其妻厌之而求去。"颜元曰："元不才，勉行古礼四十年，妻妾无异辞，每以其无志期作女圣为憾。今见季慈之妻厌礼求去，乃觉天之福我妻妾之可幸矣。"（《颜元集》第 310 页。按陈烈，字季慈）比较之下，倒是季慈之妻较为正常。有讽刺意味的是，颜元"教内子尽相夫之道，可称贤。对曰：'不能。'"颜氏以为非不能也，乃不为也（《颜习斋先生言行录》卷上《言卜第四》，同书第 631 页）。

功用，也仅在"子嗣"。

你不难注意到包含在"阴/阳"这一古老范畴中的丰富的人事内容、人性观察。唐顺之说："盖昔人精究天人之际，而类人事于阴阳，则以小人为君子之阴，夷狄为中国之阴。"（《答廖东雯提学书》，《唐荆川文集》卷五）王夫之进而说："阴之为德，在人为小人，为女子，为夷狄，在心则为利，为欲。处女子、小人者，置之于中而闲之，处夷狄者，抑之使下而抚之。"（《周易内传》卷三下，《船山全书》第一册第354页）他更说："妇德，阴德也；妇礼，阴礼也"，以为"幽之为德，危德也"（《诗广传》卷一，《船山全书》第三册第315—316页）。

儒家之徒以夫妇所在的居室为幽暗，自与上述经验相关。破此幽暗，也就被作为了道德修炼的进路。刘宗周以为"居室之间，其事最微渺而易忽，其恶为淫僻"；也因此"学者从此关打过，便是真道德，真性命，真学问文章，不然只是伪也"（《处人说》第361页）。引《大戴》所云："匹夫匹妇，相与于墙阴之下，明日则或闻其言。"证明"幽独一关，惟妻子为最严，于此行不去，更无慎独可说"（《证学杂解》，《刘宗周全集》第二册第308—309页）。对于夫妇生活中的隐私，苟于修身的颜元，自己就不放过。他记日记，"虽暗室有疚不可记者，亦必书'隐过'二字"（《颜元年谱》第20页），所谓"不欺暗室"。其妇说："隐过不可记。"颜元不以为然，说："恶！是伪也，何如不为记？……"（同书第32页）但你也不妨相信，家族之于夫妻生活的"私密"部分，即使在没有"私领域""隐私权"的概念之前，未必就被无视——无论对于那种"私"能给予多大程度的"尊重"。

这一时期的儒家之徒，仍然服膺班昭的《女诫》，对妇人女子，注重庸言庸行，抑制其才智的发展，不认为她们也应当如男子，有所谓的"绝诣"。《后汉书·列女传》班昭《女诫·妇行篇》："女有四行：一曰妇德，二曰妇言，三曰妇容，四曰妇功。夫云妇德，不必才明绝异也；妇言，不必辩口利辞也；妇容，不必颜色美丽也；妇功，不必工巧过人也。"以下说应然。"四行"强调的是"基本要求"。但仍以诸"不必"更可玩味。不必具有才智，不必拥有美丽。德、言、容、功均宜于

"庸"。这或也是班昭所认为的妇人女子的生存之道？① 本篇所论这一时期儒家之徒的所见尚不止于此。王夫之释《易·家人》一卦，说"妇人之志不可遂，甚于欲也"（《周易内传》卷三上，《船山全书》第一册第315页）。孙奇逢也说："一家之中，男子本也。""只不听妇人言，便有几分男子气。"（《夏峰先生集》卷一三《语录》第565页）吴麟徵有《乙卯自戒》，中有"无为妻子蛊"，"深儿女之怀，便短英雄之气"云云（《吴忠节公遗集》卷二）。张履祥致书友人，不满于其兄因妇死而"情绪甚苦"，说"但闻妇人以夫子为终身之托，未闻男子以妇人为荣瘁者也"，抱怨其兄的"困于此妇"（《与何商隐》，《杨园先生全集》卷五第125页）。儒者嘴脸在这种事上最可憎。

一涉"女子"，见识便陋，确像是一种"儒病"。陆世仪并不浅陋，说家族伦理，却率多迂见。他断然道："家之不齐，多起于妻子。父母不顺，由于妻子；兄弟不睦，由于妻子；子孙不肖，由于妻子；婢仆不供，由于妻子；奢侈不节，由于妻子。妻子不齐而以云齐家，吾未之见也。"（《思辨录辑要》卷一〇）②却也偶有通达之论。据黄宗羲子黄百家所记，其祖父黄尊素临难曾书"遗训"给其父，有"汝妇贤孝，古有用妇言而亡，亦有不用妇言而亡者，汝须知之"云云。③ 张履祥对钱恺度分析为儿子娶妇的五条标准，属经验之谈、世故之谈，无非为家族计，出于极实际的考量。第一条即古人所说"娶妇须使不若吾家"（《杨园先生全集》卷四《与钱恺度》第101页）。对此陆世仪正不谓然，说自己对朋友说过，"昔人云：娶妻必须不若吾家者，嫁女必须胜吾家者。若看得理透，正不必然。男家只是择妇，女家只是择

---

① 所谓"四行"，本《周礼·天官·九嫔》。孙诒让《周礼正义》："妇德谓贞顺，妇言谓辞令，妇容谓婉娩，妇功谓丝枲。"（卷一四第552页）

② 宋代袁采《袁氏世范》："人家不和，多因妇女以言激怒其夫及同辈。盖妇女所见不广、不远、不公、不平，又其所谓舅姑伯叔妯娌，皆假合强为之称呼，非自然天属，故轻于割恩，易于修怨。非丈夫有远识，则为其役而不自觉。一家之中，乖戾生矣……"（陈宏谋编辑《五种遗规》之《训俗遗规》卷一）

③ 黄百家《学箕初稿》卷二《上顾宁人先生书》，转引自方祖猷《黄宗羲长传》第11页。

婿"(《思辨录辑要》卷一〇)。①

最宜为上述诸儒的论述作注脚的,自然是他们本人对其作为仪型的人物的记述。上文已引王夫之写其祖父"居家严整,昼不处于内,日昃入户,弹指作声,则室如无人焉者"(《家世节录》)。② 不处于"内",即不处于夫妻的私密空间(内室)。这里有空间意义上的内/外。"外"即"公",即家庭、家族成员与共、共见的空间,否则即"私"。理学家修行讲求"无不可告人"。不惟"昼不处于内",日昃入户,尚要"弹指作声",可感家庭气氛的紧张压抑。而处内室却"如无人"的妇人,其生存空间之逼仄可想。

刘宗周记其父刘坡与其母相处"素庄","无故不昼处于内,见烛乃入,即内处亦无不冠不履"。其时子女育于奶妈,刘宗周父"未尝手授提抱",必自其母"转相接"。而刘氏的母亲则"居恒自操女红,外辄扃户静坐,坐或终日不移席,动止雍容,一中规、一中矩,步趋而裳襞不动,謦咳之声未尝闻厅除"。其母的自我抑制不止于此。该篇说其母"喜愠不形,每事有不可于心者,惟终日不语而已"(《显考诰赠通议大夫顺天府府尹秦臺府君暨显妣诰赠淑人贞节章太淑人行状》,《刘宗周全集》第三册下第986、991页)。这当然就是刘宗周所理解的士大夫处夫妇以及夫妇关系中的夫与妇应有的风范。

门人所见刘宗周确也有此风范。曾在其门下的张履祥,引同门友祝渊记刘氏"闺门之内,肃若朝廷。终日独坐一室,不逾门阈。女婢馈茶,先生必起避,俟婢出复位。终身不与妇女亲授受。凡巾帨床

---

① 吕坤《闺范》:"安定胡先生曰:'嫁女,必须胜吾家者;胜吾家,则女之事人,必钦必戒。娶妇,必须不若吾家;不若吾家,则妇事舅姑,必执妇道。'"(陈宏谋编辑《五种遗规》之《教女遗规》卷中。按安定胡先生,即宋儒胡瑗)常建华《明代宗族研究》引万历年间淳安洪氏的《宗约》,其中关涉婚姻,有"嫁女虽欲胜我家居,然使非诗礼旧家,虽田连阡陌,而亦不可攀。娶妇虽云不若吾家者,然果系积善之家,纵无承筐束帛之需,君子亦所必娶"云云(引文见该书第267页)。可知"娶妇须使不若吾家"至此已成常谈。

② 《司马温公居家杂仪》:"男子昼,无故不处私室,妇人无故不窥中门。"(陈宏谋编辑《五种遗规》之《训俗遗规》卷一)

第之间,悉夫人躬亲之"。夫人在世时,为刘氏强置侧室,"夫人谢世,侍朝夕者赖侧室一人耳"。祝渊以为自己"师事先生,当从此等隐微之事学起"(《言行见闻录二》,《杨园先生全集》卷三二第905页)。张履祥与其一度师事的刘宗周宗旨不同而仍存敬意者,也应当由此等事得到解释。那确实是张履祥所认为的粹儒范型。

张履祥将自己的不能"刑于"视为人生一大失败,感慨道:"古今闺门以内,与夫子同志者几人?"引医家所云"宁治百男子,毋治一女人",说同志者往往欲化导其妇"劳而寡效"——自己也是其中之一人(同书卷三《与吴仲木》第57页)。此札乃劝他的友人不要续娶;另札则说:"教衰俗敝,远近同志莫不各有天伦之苦,而妻孥之累,愈觉其深。如弟亦所谓一妻一妾而不能治者也。"(同书卷二四《答吴仲木》第675页)①

世乱时危,被一再谈论的,是妻子之为累。孙可望攻永昌,永昌推官王运开令其弟带自己的妻妾离开,说"勿令此辈在,徒乱人意耳"(何冠彪《生与死:明季士大夫的抉择》第五章第102页)。邵廷采记张煌言拒绝纳妾,说自己"倡义以来,未尝一近女色,且死生成败殊未料,多累何为"(《东南纪事》卷九《张煌言》)!必要时"脱屣妻子",也是时人所认为男子汉大丈夫应有的决断。黄宗羲《行朝录》记瞿式耜当被执之时,"欲入与妾诀",被张同敞劝阻,说"徒乱人意耳"(卷五,《黄宗羲全集》第二册第156页)。由今人看,未必

---

① 张履祥《读易笔记》释"家人"一卦,说"女之不正有二:非淫则横,而均自愚致之"(同书卷二九第807页)。关于妇人用度,张氏以为,"男子服用固宜俭素,妇人尤戒华侈。妇人只宜勤纺织,供馈食,簪珥衣裳简质而已",否则即会有"诲盗""诲淫"之害(《训子语上·立身四要曰爱曰敬曰勤曰俭》,同书卷四七第1356页)。还说:"古人立教,六年出就外傅,十年居宿于外,俱有深意。一者小儿渐长,虑近妇人女子,养成骄惰之性,熟其鄙细之言,将至疏慢长者,教无自入。一者知觉渐开,虑比匪人,导之淫泆,一旦早知女色,至于伐身夭命,祸不可测也。"(卷三九《备忘一》第1061—1062页)张氏以教馆为业,或也是经验之谈。陆陇其《陆子全书》收入的《治嘉格言》,有"纳妾善道"条,曰"妇女多疑,多险,多诈,又最多言,多刻,多忍",因此纳妾甚有风险,须"处之有道"。对妇女评价之负面,亦如张履祥。

可以据上述临难时的表现论优劣;或许瞿氏的反应较张同敞更近人情。

同一时期也有平情之论。张履祥说过"小丈夫亦与姜妇异矣"（《愿学记一》,《杨园先生全集》卷二六第 716 页）,是对妇人女子极鄙之辞。这却不妨碍其由《易》的离、兑、睽等卦,说到"情之难得,莫甚于妇人",对所谓"女无美恶,入宫见妒"表同情（同书卷二九《读易笔记》第 813 页）。[①] 黄宗羲深于世故,体贴人情,为妇人写墓道文字,很说了一些通情达理的话。即如说,从来为女妇写传记文字,总以臣子作比,"然绸缪户牖之事,与经营四方,果孰难而孰易乎?"后者的功劳"易著",而后者的辛劳"易忽"（《节妇陈母沈孺人墓志铭》,《黄宗羲全集》第十册第 336—337 页）。另一篇说了类似的意思,即女妇所行之事,因"琐细寻常",限于碑志的体例,容易被忽略（《张节母叶孺人墓志铭》,同书第 369—370 页）。

陈确是刘宗周门下虽学道而较少迂见者。黄宗羲为他的这位同门友写墓志铭,说自己曾由陆圻案头看到陈所撰《女训》,陆氏说其家"奉为玉律"（《陈乾初先生墓志铭〔初稿〕》,同书第 350 页）。由此看来对于"名士"不可想象过度,尤其不可作一概之论。《女训》未见之于陈氏文集。[②] 张履祥之女为其夫与姜所杀,其友陈确对此的反应出乎常情。陈反对报复,说"始则以夫杀妻,今又将为妻杀夫",乃"交刃之道";甚至说"君臣父子夫妇为三大纲,臣子之于君父,固生死惟命,从一之义,何独不然"（《与张考夫书》,《陈确集》文集卷三第 124 页）。陈氏非腐儒,虽师事刘宗周而无道学方巾气,且极鄙

[①] 张履祥还说过"寡妇不能安其室,再适可也。世人必欲强之不嫁,其弊甚至污风俗而败彝伦";但"门内寡妇,有不安其室者以去者,不可复返"（《训子语》下,同书卷四八第 1369 页）。亦一种内外之别。不必"强之不嫁",但自己家族的女子"更二夫者,绝之"（同上）。

[②] 据陈敬璋《乾初先生年表》,顺治十四年（1657）陈确至武林,"以陆丽京《新妇谱》归,补订数条"（《陈确集》首卷第 33 页）,或即所谓《女训》。此事陈确曾在《与吴裒仲书》中提到。

儒之腐，一涉纲常，即有此见识——越到亡国，越讲纲常名教，在当时固非特例。即名士而腐者，亦往往而有。涉及妇人女子、"女子教育"，儒家之徒与文人，有可能所见略同。

不妨说，涉及夫妇、女性，文人、名士的议论未见得较儒家之徒通达，行为放纵者未必识通达。这种现象大可玩味。名士之于礼法，正令人想到鲁迅关于"魏晋时代"所说的，崇奉礼教的，"实在是毁坏礼教，不信礼教的"；"表面上毁坏礼教者，实则倒是承认礼教，太相信礼教"（《魏晋风度及文章与药及酒之关系》，《鲁迅全集》第三卷第 513 页）。对嵇康直至明末的某些名士，大可作如是观。即使被当世目为"风流教主"的钱谦益，也一再称引范武子所说"臣子受君父之命，妇受夫之命"（即如《汤孺人墓志铭》，《牧斋初学集》卷五九第 1441 页。按范武子，即范士会，春秋时晋国人）。冒襄评鉴赵孟𫖯的夫人管道昇画作的印章，说印文"魏国夫人赵管"，"以两姓合镌，甚觉其妙"，更以为"凡闺秀之擅书画者，当以此为印式，篆名与字行于世，殊非所宜也"（《纪管夫人画印》，《巢民文集》卷六），就不免是陋见。吴应箕以僧讲为宜禁，理由是"男女夹杂"，有伤风化；说所见"僧俗各半，而妇女尤多，至绕台攀座，无非是者，其耳目眩乱，使人见之欲呕"（《虎邱书禅僧讲经事》，《楼山堂集》卷一九）。由此却也可考三教中何以佛教对妇女别有号召力，释氏之于社会、风俗的影响。①

值得探究的是，东南沿海经济发达之区何以"色情行业"发展，

---

① 美国学者曼素恩《缀珍录——十八世纪及其前后的中国妇女》："佛教和道教对儒教赋予女性的角色进行了重塑，使无论母亲、寡妇还是老年妇女的精神和感情经历都更加丰富，它们甚至创造了一个小小的空间，使孝顺的女儿得以完全拒绝婚姻。"（中译本第 247 页）该书认为，佛教在中国思想和文化史的研究中一直处于边缘，"但我们长期以来迄未看到，这种边缘化正是我们过于依赖儒家的男性精英的观念和著作的结果。而一旦将研究转向中国的女性，立刻就可以看到佛教在清朝中叶的社区生活和每一个家庭的事务中起到的重要的中心作用。我们要再一次强调，社会性别作为一种分析视角，打破了学术探究中的无形壁垒"（中译本第 248 页）。

却又偏多获旌表的节妇烈女。也不妨延伸此一思路,尝试着解释同一地区以名士风流著称,同时又偏多恪守伦理规范的"粹儒",易代中偏多忠臣义士。地域文化的丰富性,士的取向的多样性,是否也正与该地经济社会发展水平相关?

所谓"儒家意识形态"从来就有罅隙,而典章制度与"生活实践"又不免错位。儒家之徒有关"夫妇"的言说,与实际的处夫妇未见得一致。有必要区分人的所言与所行,规范与其实践。① 差异尚在不同社会阶层间、经济社会发展水平不同的地域间,当然也一定在同一阶层、同一地域的不同个人间——与教养与性情均应有关。有通行的行为规范,也一定有不同的个人取向。影响伦理实践的因素也如影响其他行为的因素一样丰富。夫妇如此,君臣、父子、兄弟,无不如此。

涉及伦理,历来都有通达之论,尽管是分散的、个别的、难以估量其影响,却可以据以想象"主流思想"的缝隙,据那些分散、个别的言论,推测其时士大夫的思想所能抵达的边界。万历间李贽论男女,最惊世骇俗(参看其《答以女人学道为见短书》,《焚书》卷二;《司马相如传》,《藏书》卷二九)。本篇所论的时段,也有见识近之者。曾师从黄宗羲的郑梁就说:"男女皆人也,自先王制为内外之别,于是一切修身正心以及齐家治国平天下之务,皆以责之男子,而于妇人无与焉。一若人生不幸而为女,则凡人世之所可为者皆不得为,此固天地

---

① 杨筠如《春秋时代之男女风纪》引《礼记·内则》云"聘则为妻,奔则为妾",却说事实是,其时(即"春秋时代")"男女可自由结合","直接成婚","奔即男女之自由结婚,废去一切聘逆之礼者"(原载 1928 年 3 月《国立中山大学文史学研究所月刊》第二卷第十九期,收入李又宁、张玉法编《中国妇女史论文集》第二辑第 22 页)。同文还说当时男女之防,并不如礼记所谓"男不言内,女不言外"等"种种严厉限制","妇女贞操问题尚未发生"(第 23 页)。以诸种材料推测"似当时男女方面,并无严厉之防,每可任意淫乱;而家庭伦理,亦似毫未顾及"(第 35 页);"男女两方面,皆极放任"(同上);"当时贵族方面男女风纪,可谓异常紊乱",平民阶级当更有甚者(同上)。结论是:"观春秋时代男女风纪之紊乱,可知儒家所兢兢之礼防,实当日救时良药耳。岂惟此一端,凡一切礼制,皆当作如是观。"(第 37—38 页)

间不平之甚者也。"(《琴友张氏诗稿序》,《寒村诗文集·寒村安庸集》卷一)唐甄的有关议论,更有进于此。他说"夫妇相下":"盖地之下于天,妻之下于夫者,位也;天之下于地,夫之下于妻者,德也。"(《潜书》上篇下《内伦》,《潜书校释》第106—107页)虽不否认"位"而申"德"("德位之不相掩"),亦如说男女之"一",不否定宗法制之"本",却强调"情""义",属于同一论说策略,亦巧于申论者。没有什么"颠覆",却有"发覆",援引经典,揭示诸不情以救弊。① 至于处清中后期、被今人许为意识超前的俞正燮,其《癸巳存稿》卷四"女"条,所引《玉台新咏》傅玄《苦相篇》、白居易《妇人苦》,均有体恤、怜惜妇人女子的命意。同卷"妻"一条则说妻"与夫齐体"云云,乃"后起义",引《礼记》之《昏义》《曲礼》,说"妻不为齐,明也"(《俞正燮全集》第二册第148—150页)。我们由古人的言论中往往会察觉某种"逻辑可能性"。尽管不过是"可能性",却也提示了古今间并没有那样天悬地隔。读唐氏该书,总会遇到出人意表的文字。即如说到为传统社会所轻的妇、孺:"男子溺于世而离于天者也;妇人不入于世而近于天者也。""孺子未入于世而近于天者也,丈夫溺于世而远于天者也。"(《潜书》上篇上《充原》第26页)如若以为其所谓"天"义近"自然",是否可以理解为妇人孺子较之男子丈夫更有可能存天性自然?

　　夫妇的法律地位,基于婚姻制度,基于关涉女性的律令,以及与其功效相当的朝廷的诏谕。律、例之为教化手段,不止于"潜移默化",因具有强制性,效果近于"灌输"。在传统社会、"乡土中国",更是实用知识,另有其传播途径。陈鹏《中国婚姻史稿·例言》:"中国婚姻礼制,历代相承,体例虽略有增删,原则初无更易,惟礼律繁文苛

---

① 唐氏说:"人皆以为夫妇之爱常厚于四伦,其实不然。吾见以为夫妇之相好者,皆由于溺情;溺情,皆由于好色,非是则必相疏,甚者或至于乖离。"(《潜书》上篇下《居室》,同书第110页)在《内伦》篇中更说:"今人多暴其妻。屈于外而威于内,忍于仆而逞于内,以妻为迁怒之地。不祥如是,何以为家?"(第107页)乃出于对家庭关系的细致观察。该书屡次描述其妻、妾、女,可感唐氏家庭关系之和谐。

禁，往往与俗悬殊，且有适相反者。如礼无二嫡，而贾充置左右夫人，律禁有妻更娶，而唐户籍中有注二或事三妻者。不宁惟是，礼与律亦有相径庭者，如子妇无私货，无私畜，礼也，而汉律有弃妻俾所赍之文，此中国婚姻法制之又一特色也。"（第 1 页）该书还说，见之于礼者未必定于律。"能遵礼而行者，亦惟少数儒家习礼之士，至一般庶民之家，鲜有知之者矣。"（第 498 页）至于少数人的伦理实践对习俗的影响，是难以考察的题目。①

父母/妻子

传统社会——不限于"传统社会"——夫妇一伦非止二人关系，是要置于家族关系中考量的。今人所谓"小家""大家"，所要说的无非"权重"，古人也有类似思路，只不过"大""小"所指有别罢了。"小家"相对于"大家"为"私"。面对父母、家族不可"私妻子"，就成为道德要求。

陈鹏《中国婚姻史稿》说："古婚姻之礼，重于成妇，轻于成妻，妻与夫同居之义，实对舅姑及夫家之全体而言，非只对夫之个人也。"（第 555 页）"夫妇"用语广于"夫妻"，或可由此得一解释。唐宋以降，宗法观念渐衰，其表征之一，即在"成妻与成妇不复分别。成妻成妇皆在成婚之时"（陶希圣《婚姻与家族》第四章"大家族制之分解"第 93 页）。虽对于"家族制度"的冲击，至五四新文化运动为烈，诸种萌动、变异，却早已在潜滋暗长，绝非发生在一朝一夕间。

将父母置于妻子（即妻孥）之上，是对夫妇一伦中"夫"的道德要

---

① 《剑桥中国明代史》论及明律中关于妇女的条款，并与前此朝代进行了比较。比如谈到明律保留了唐律禁止对怀孕妇女进行刑讯的条款，"但在庇护妇女方面更超过了它们"；其婚姻法"也可以被认为多少比唐代的做法更加开明"。与以前的朝代相比，明代的有关法律条款"必须被视为一个相对的进步"（下卷中译本第 172—173 页）。同时又认为，"从使妻子依附丈夫这一点看，明代与中国其他前近代时期相似"，"法律非常重视维护男尊女卑这一'自然'的等级制"（同书第 174 页）。

求,由本篇所论这一时期士大夫的文字中不难读到——不便认为那只是一种表述或姿态。至于金声的如下自述,已近乎不情。他说自己儿时"初见《恩纶录》,阅恩及父母,殊色喜;已尚及身之后,亦及其妻,觊然起,而与塾师执而力争,以为夫妻途人也,而以因缘适相遭于一室,其何功而与罔极之父母共徼推恩也"(《寿张年嫂裘孺人序》,《金忠节公文集》卷七)。金氏当年的早熟的确异于常儿。也可见即使年尚幼,某种观念也已经深入其心。金氏以为"以夫贵"不若"以子贵"。但既然"妇人无阃外之称",那么"以子贵"而"徼推恩",岂非也已不再囿于"阃内"?

《礼记·曲礼》:"父母存,不有私财"。《内则》:"子妇无私货、无私蓄,不敢私假,不敢私与。"①家族内之公私尤在财产。吕留良说:"凡货财产业,一进一出,必禀命于尊长,不得擅自主张。若有欺父母、瞒公婆、私藏器物、私造饮食、私护僮婢、私置田产、私放花利、私自借债、做会等,此是第一不孝,查出即行重责、离逐。"(《壬子除夕示训》,《吕晚村先生文集》卷八)张履祥也说:"古者父母在,不有私财。盖私财有无,所系孝弟之道不小。"(《训子语下·正伦理》,《杨园先生全集》卷四八第 1364 页)黄宗羲则录其"师说":"以财物为己有,出纳不禀于父母,便是好财货私妻子。"(《孟子师说》卷四,《黄宗羲全集》第一册第 120 页)②与张、黄同在刘宗周门下的陈确称

---

① 清代律例及律注中有"卑幼与尊长,同居共财,其财总摄于尊长,而卑幼不得自专"一类内容(清代沈之奇《大清律辑注》卷第四、第十八,转引自阿风《明清时代妇女的地位与权利——以明清契约文书、诉讼档案为中心》第 7 页)。《明律》的注释则谓"同居共财,孰非己有。但总摄于尊长,卑幼不得而自专也"云云(转引自同书第 9 页)。日本学者沟口雄三比较日中间"公私关系结构上的不同",就谈到中国"把本来是私人的民间组织——宗族内共有的财产叫做公产"(沟口雄三《公私》,《重新思考中国革命》第 57 页)。

② 其师即刘宗周。刘汋撰其父刘宗周年谱,在《录遗》中记其父"八九岁在外家,诸舅母有私食于中表者",刘氏"必引避之"(《刘宗周全集》第五册第 547 页),所谓"非礼勿视"。

道其亡妇,说其妇"事吾父母,不可谓孝,然未尝私作食"(《妇王氏传》,《陈确集》文集卷一二第 280 页),奉父母为公,自奉为私。不"私作食",也就合于为人妇的起码要求。①

家为相对于君、国的"私",而夫妇则为相对于父母/家族的"私"。所谓"私妻子",即以夫妇(及子女)为核心(此处由近代所谓"核心家庭"取义),而不顾家族的共同利益。陈龙正以为"慕亲为亲",而"慕色慕妻子"则为身,也就是为己;己即私(《几亭全书》卷一五《学言详记》十二,转引自沟口雄三《中国前近代思想的演变》中译本第 383 页)。张履祥说:"夫妇固亦人之大伦,然较之宗祀,则轻重悬绝矣。""人之娶妻,为传先人之绪也,故曰:'娶妻非为养也。'"(《与潘澄伯》,《杨园先生全集》卷九第 270—271 页)②刘宗周所拟《证人会约·约戒》云:"一戒不孝。……甘旨不供,阴厚妻子(及妻子触忤公姑)者上罚。"(《刘宗周全集》第二册第 585 页)即使仅由经验也不难想见,一种道德律令,必相对于大量与之悖反的事实。你因此大可相信"私妻子"之为现象的普遍性。③

浦江郑氏六世同居,号称"义门"。"同居"的条件中,就有以父母为重而以妻为轻。该"门"据说郑绮(号冲素处士)最孝,初娶丁氏,甚爱之,只是因了对郑母奉食稍缓,郑母恼怒,"即出之"。重娶

---

① 《司马温公居家杂仪》:"凡为子为妇者,毋得蓄私财。俸禄及田宅所入,尽归之父母舅姑。当用,则请而用之。不敢私假,不敢私与。"(陈宏谋编辑《五种遗规》之《训俗遗规》卷一)

② 吴蕃昌有意续娶,张履祥欲沮其事,说:"近代教衰,女子尤甚,人伦莫重于父子兄弟,此际尤不可不慎。"(《答吴仲木十二》,《杨园先生全集》卷三第 59 页)。

③ 有"孝衰于妻子"的说法。明末贺逢圣说:"尝闻嘲诗一联:'三党全一党,五伦灭四伦。'求其故,为私于其妻者言之也。"(《家课浅说五[夫妇伦辨]》,《贺文忠公集》卷一)贺氏以为妇德败坏,那一党一伦,也未得"全"。清人唐彪主张媳妇"以劝夫孝为第一","要使丈夫踪迹,常密于父母,而疏于己身"(陈宏谋编辑《五种遗规》之《教女遗规》卷下《唐翼修人生必读书》)。刘宗周、贺逢圣及下文将要提到的倪元璐、吴麟徵,均为明末著名忠臣。

阮氏，妯娌间不相能，"复出之"。有人以为这种做法太甚，郑绮的回答是："以一妇人故使一家乖戾，绮义不为。"（《国榷》卷一第285页）至于见诸记述的，更有不但恪遵礼法，且有超出必要的发挥，不惜为不情的种种事例，被时人所乐道。黄宗羲记裘永明事母之孝："舍中失火，君但负母而出，不问余物，其妻妾怨之，君曰：'斯时吾止见太夫人，不见汝等也。'"（《都督裘君墓志铭》，《黄宗羲全集》第十册第483页）黄氏还记某孝子，其父鳏居，其人"侍寝，不入私室者三十年"（《瑞棠杨公传》，同书第599页）。《明史》王敬臣传，记王氏事继母，"妻失母欢，不入室者十三载"（卷二八二）。非但不情，且违反自然。如裘氏、如上述孝子的做法，未见得非好名之误。

至于危难关头，士大夫往往更要强调君、国为重而家为轻，师友为重而家室妻小为轻，不如此即不配言"忠""义"，或虽"忠""义"而难以"淋漓足色"。冯梦龙据传闻记倪元璐死前"南向拜辞老母，不别妻孥"（《绅志略》，《甲申纪事》卷二，《冯梦龙全集》第十七册第16页）。同书记吴麟徵"将掌垣时所书驳事一一简出，授家人，一言不及家事，从容自缢"（同上第18页）。均时人所以为的忠臣所以成其"忠"。李颙记某义士临终勉人以道义，"语不及私，妻问以后事，麾去曰：'何言！'"（《吴义士传》，《二曲集》卷二〇第252页）其语所不及的"私"，也应当包括了其妻子日后的生计的吧。[①] 当然，上述诸人，也有可能由于情境的限制与表达的困难，甚至不过出自记述者的趣味。父母/子/媳，乃家庭内的等级序列。母与妻的分量自不可同日而语。顾炎武以继母遗命为理由辞清廷之召，而吴梅村的应召，则因了"双亲"惧祸而催迫。当这种时候，其妻的态度，是不值得提及的。

---

① 孙承宗记天启阉祸中左光斗就逮前"私语弟曰：'父母老矣，吾何以为别？'已而曰：'为忠臣不能为孝子矣。'妻子环泣，不问。勉其弟曰：'率诸儿读，勿以我为戒，而谓善不可为。'"（《明都察院左佥都御史赠右副都御史太子少保浮丘左公墓志铭》，《高阳诗文集》卷一七）

倘若为情势所迫必得舍弃,则妻可弃而父母不可弃;甚至妻可弃而兄弟不可弃——于此不惜违拗人的"自然感情"。若更在妻、妾中选择,自然弃妾更合于礼之为教。冒襄在流离中对董小宛的处置就是如此。对此,下文中还要谈到。全祖望记陆圻于"庄氏史狱"后离家出走,被其子寻归,为其弟疗疾八月余,"与弟同室卧,终不入内",以"不入内",即不进入属于夫妻的内室,示人以不回归正常生活的决心。其弟病愈,陆圻也就"一夕遁去"(《陆丽京先生事略》,《鲒埼亭集》卷二六)。① 陆氏因"史祸"中的屈辱而自我放逐,既惩创了自己也惩及其妇——后者岂不较他更无辜? 见识明达的唐甄,也说"夫妇之道,以和不以私。和则顺于父母,私则妨于兄弟";他以为"好内者,君子之大戒;戒私也,非戒和也"(《潜书》上篇下《居室》,《潜书校释》第110页);将夫妇一伦置于家族关系中考量,也依然未出"公私论"的视野。

士大夫夫妇的故事中,偶或令人瞥见父(母)子(媳)的故事。由张岱的记述看,其母能决断,有担当,"戮力成家",面对"性卞急"、态度严厉的婆婆,却能"克尽妇道,益加恭慎"(《家传》,《琅嬛文集》卷四第167页)。极简的文字背后,令人不难想见为人媳者的酸辛。关于叶绍袁、沈宜修夫妇的故事,美国学者高彦颐的《闺塾师——明末清初江南的才女文化》述之已详;基于本节的题旨,我所关心的,更是叶氏笔下母子、婆媳的故事。叶绍袁在《百日祭亡室沈安人文》中,对其亡妇沈宜修说:"君深心之委曲,与苦情之忍默,即我不能尽知之,知之亦不能尽言之也。"(《午梦堂集·鹂吹·附集》第209页)纵然不能尽言,也仍不能不言。于是半吞半吐,欲说还休。沈氏的"委曲""苦情",三十年间"郁不能吐,怀莫为舒"者,无非处婆媳之难。叶氏说其妻方归,不过十六岁,就已有超出其年龄的警觉,对叶氏寡母"靡言曼色,婉性柔情",曲意迎合。自己婚后为了举业,入沈

---

① 也有相反之例。全氏记周齐曾易代间逃禅,"每一归家,必入其令人之室",曰其人"欲长留父子夫妇之义于天地间"(同书外编卷二〇)。

氏"帏幪"，与其妻"披对"，"经年无几日耳"，"甚且腊尽年除，尝栖外馆"，不是自己无情，乃因母命不敢违拗（同上第 210 页）。祭文要紧的几句，必须说、不能不说、不说即无以对其亡妇的，应当就是上面那些话的吧。

格于祭文的体例语焉不详的，又在《亡室沈安人传》中言之，尽管仍然不能尽言。该传说自己与沈结褵后，沈氏因作诗，而"稍拂"叶母意；终因叶母不欲其作诗，"遂弃诗"（同上第 225—226 页）。直至夜深，叶母"犹刺刺女红不休"，要得其许可，沈氏方能入室。即使如此，叶母仍要命小婢侦伺其是否作诗，倘作诗，"即忭忭形诸色"（同上第 226 页）。该篇重复写到了自己慑于其母的威严而苦攻举业，"不甚居家中"，即居家中，亦不敢私自入沈氏帏。未得其母许可，即"寒篝夜雨，竹窗纸帐，萧萧掩书室卧耳"（同上）。由该篇看，叶、沈夫妇的婚后生活，大半笼罩在叶母的阴影下；即使在叶氏考取了功名后，也仍在严威下，"余夫妇夔夔斋慄，三十年一日也"（同上）。这种故事太古老，但在士大夫，一向有表述之难。出自无名氏的《焦仲卿妻》，未知是否实有其事的陆游、唐婉故事，任一时代都不少见，却难得为当事者本人讲述。叶氏的叙述尽管也不免曲折隐晦，闪烁其词，其妇的苦况，仍透露于文字间，由此正可感作者对其妇的痛惜，及对其夫妇处境的万般无奈。高彦颐该书，有对于五四新文化运动女性论述的针对性（见下文），但被该书作为论述对象的沈宜修这一个例，却很可以为五四的女性论述作注脚，也证明了历史生活的复杂性。①

冒襄《影梅庵忆语》中，冒母、冒妻只是配角，据该篇，两个女人以其善意保障了冒襄、董小宛间的爱情。但同出冒氏的《祭妻苏孺

---

① 王夫之写其母之事其舅姑（即王氏的祖父、祖母），"起恒不待晓色夜则暗坐彻丙夜。茗浆酒饵以进者，不敢使烹饪刀砧之声闻于外。隆冬不炉，惧烟焰之达也；盛暑不扇，惧其作声响也。与侍婢语，必附耳嚅呢，虽甚喜笑，不见齿也"（《姜斋文集》卷一〇《家世节录》，《船山全书》第十五册第 224 页）。亦子媳对舅姑的自虐式的"孝"。

人文》《告祖父墓文》(均见《巢民文集》卷七),却将其妻所处伦理困境,呈现得惊心动魄。冒氏父母显然介入了冒氏兄弟之争,间接地对冒氏夫妇造成了损害。《祭妻苏孺人文》说其老母"钟爱抚视,总在弟家"。其母年过七十,因火灾的惊吓得健忘症,其夫妇接回其母,"侍药十余年,不复记忆一物"。而在那次火灾中,其母"半生随宦,一世掌家,所积扃置弟宅",均遭火焚。冒氏夫妇故事背后的父(母)子(媳)故事,使冒氏家族无可弥缝的裂隙呈露。冒氏大篇陈诉的背后,想必有积之既久不可遏抑的冲动。与冒家关系密切的陈维崧,在其《苏孺人传》(冒襄辑《同人集》卷三)中补述了如下细节:冒妻苏氏去世后,健忘的冒母已年逾八十,"发氃氃白",每日黄昏必拂冒妻的屏帐而问曰:"吾妇安在?数日何不一视老人也?"令人凄然。

相关于夫妇一伦的,尚有内夫族而外妻党,系夫妇之为等级的延伸。《汉书》刘向传:"妇人内夫家,外父母家。"严别内外,是对夫妇中"妇"的要求。这里的"内""外",绝非仅止于表述,是有与之配套的一系列要求的。金声说:"妇人大义笃于夫家而裁于其父母,与男子大义笃于父母而裁于其妻子,正相反焉。以为妇人从夫,义不得专行于天地之间,而不得不以礼制、以义裁。"(《寿旌表贞节吴母程太君八秩序》,《金忠节公文集》卷七)"妇人大义笃于夫家而裁于其父母","男子大义笃于父母而裁于其妻子",也即妇人不可私"外家"而必以夫家为重,男子则不可私其妻子而必以父母为重。不但夫妇中的"夫"以妻子为相对于父母的"私",以其夫妇为相对于家族的"私",且夫妇中的"妇"以娘家为相对于夫家的"私"。刘宗周说:"史乘所载一二贤妇人既富且贵者,往往讳言外家私恩,政不欲以私恩掩公义,以示所隆于内则如此。"(《公祭商母刘太夫人》,《刘宗周全集》第三册下第1066页)。不以"私恩"掩"公义",被作为妇人应当依循的准则。

魏禧对门人说:"每见世俗有疏同父异母之兄弟,而亲同母异父者,可谓大惑。同父异母兄弟,辟如以一样菜种,分种东西园中,发生起来,虽有东西之隔,岂得谓之两样菜。同母异父者,则以两样菜种共种一园,发生起来虽是同处,岂得谓之一样菜。"(《魏叔子日录》卷一《里言》,《魏叔子文集》)譬喻很有意思,只不过也囿于"内""外"之见罢了。

就我阅读所及,也有见识明达的丈夫,对此种不情的要求并不谓然。唐顺之称道其妇,特异处在竟能欣赏其妇为"娘家"计虑之周,不因婚嫁而"少内外之",甚至临终尚嘱以"田五亩以遗吾家",尤可见出唐氏本人的通脱,处人伦的顺乎人情之自然。① 归有光记其亡妻之贤,亦举有类似的事实,说其妻非但"能孝于吾父母",且孝于其母;即遭危疾,仍"扶而归宁"。"将绝之夕,问侍者曰:'二鼓矣。'闻户外风渐渐,曰:'天寒,风且作,吾母其不能来乎?吾其不能待乎?'"归氏于此慨叹道:"呜呼!颠危困顿,临死垂绝之时,母子之情何如也。"(《祭外姑文》,《震川先生集》卷三〇第 674 页)②子之于母族,即使不能与父族等视之,通常亦不相远。甥舅关系自古就紧密。夫之于妻族("外家"),有唐顺之、归有光的心胸的,未必多见。其欣赏妻对于娘家的态度,也正示人以其本人之于妻族,对妻的体贴即在其中。缘此是否也可窥嘉、隆间人物气象的阔大?

本篇所论的时期,男子处父党、母党而能平情,也为人称道。刘汋说其父刘宗周"事外祖如其祖","抚甥如其子,抚甥孙如其孙",对母族、外家,"恩谊周洽,不以亲疏而间焉"(《刘宗周年谱》,《刘宗周

---

① 唐氏说:"自父母之慕,虽男子或移于妻子,而女子于父母家,记《礼》者亦'外'而不'内'。"自己的夫人虽与自己有二十余年之欢,却"未尝一日辍其母子之恋,其所为父母家计者,亹亹焉悉其乏而排其难,较其家事,未尝少内外之也"(《封孺人庄氏墓志铭》,《唐荆川文集》补遗卷五)。与世俗所谓"妇德",有标准之异。

② 归氏《张母王孺人寿序》(同书卷一四)可自注其关于内/外、夫族/妻族之见。唐人议礼,说:"人情于外族则深,于宗庙则薄,所以先王制礼,割爱厚亲。"(《日知录集释》卷五"外亲之服皆缌"条第 129 页)唐顺之、归有光对此必不谓然。清初唐甄也主张"礼外论情,服外论义","重于祖而亦不得轻于外"(《潜书》上篇《备孝》,《潜书校释》第 102 页)。

全集》第五册第 528 页）。特为提出，却也可见不同寻常。① 唐甄的表述更有进者。他尝试着"礼外论情，服外论义"，对于礼文，据"情""义"而有所补正。他说："父母，一也，父之父母，母之父母，亦一也。男女，一也；男之子，女之子，亦一也。"（《潜书》上篇下《备孝》，《潜书校释》第 102 页）并不否定男性本位（"人之为道也，本乎祖而非本乎外，本之重如天焉"），却强调在"所生"的意义上，"男女一也"；"外"亦同重，女之父母与舅姑同尊——有二元论倾向；也如其人的论君臣，令人不难感知"逻辑方向"上的平等论。②

于是你看到了不同层级上的公/私——适合用"相对于"这种说法，即相对于某种私的公，或相对于某种公的私。公永远居上位，永远优于、重于私。由此也可见公/私（以及与之配套的尊卑上下等伦序、相位）这一对范畴覆盖之广，对"日常生活"深入的程度；却也读到了若干异论，看出了伦理实践中士人的不同取向，可据以想象社会的某种宽容度，推测不同取向赖以并存的条件。还应当说，动荡时世，既有较平世为大的道德压力（涉及贞节、操守），又有较平世稍大的缝隙、空间。极端道德化的选择固可能因于时势，蔑视流俗的个人选择，也未尝不凭借了王纲解纽的机缘。

---

① 宋代袁采《袁氏世范》虽对妇人有苛论，却也仍有体贴人情之言。如说："大抵女子之心，最为可怜。母家富而夫家贫，则欲得母家之财，以与夫家；夫家富而母家贫，则欲得夫家之财，以与母家。为父母及夫者，宜怜而稍从之。"（陈宏谋编辑《五种遗规》之《训俗遗规》卷一）

② 唐甄《潜书》中每有自传性内容，关于自己生活的记述，记及妻、妾、女儿安、其父、其妻之父等，以此佐其论说，或引发议论，亲切，亦一种文体的平民性，且示人以其时平民之士的生活状态，亦是一格。如说己之喜怒"忧恚"："凡所遇者，大抵少所宜者也，故尝詈仆妾而怒养子，而亦求备于妻。"（《潜书》上篇上《悦入》，同书第 46—47 页）《潜书》非纯粹学术或纯义理性，包含了内省，其所自得、所悟。这种个人化亦避免了因袭，亦一种"有我"的论说。论男女、夫妇、主仆等，均有平等论倾向，构成该书的一种特点。这种议论并其文体的"平民性"，及"平等论"（缩小尊卑等级差别）的倾向，亦其前于"时代"者。

日常的处夫妇

论夫妇见识迂陋的儒家之徒,处夫妇有可能并不乏人情体贴,更不消说对于妻、子的责任感,面对其妇辛劳的怜惜,以至于愧怍。

尽管如上文所说,俞正燮关于夫妇"齐体"有别解,近人却仍然认为,"夫妻妃匹,义本平等,故士大夫于夫妇居处之间,礼仪酬酢之际,偶有以敌体相尊者"(陈鹏《中国婚姻史稿》第527页)。凡此,既基于士夫对礼意的领会,或也基于性情。①

高彦颐《闺塾师——明末清初江南的才女文化》的绪论"从'五四'妇女史观再出发"中说:"伦理规范和生活实践中间,难免存在着莫大的距离和紧张。儒家社会性别体系之所以能长期延续,应归之于相当大范围内的灵活性,在这一范围内,各种阶层、地区和年龄的女性,都在实践层面享受着生活的乐趣。"(中译本第7页)与通常的描述不同,该书描画了"另一幅图画","在这幅图画中,女性的家庭和社会生活充满活力,同时她们还明显享有某种非正式的权力和社会自由"(同书第10页)。曼素恩也说:"明清时期远远不是所谓女性受到绵延不断的压迫的时代,事实上,这是长达数个世纪的一个动态的、多样化的时代,社会、政治、经济的变化导致了社会性别关系的深刻变化,这就要求我们采用新的分析方法。"(《缀珍录——十八世

---

① 敌体,齐体。《白虎通》:"妻者齐也,与夫齐体,自天子至庶人,其义一也。"《礼记·内则》郑注:"妻之言齐也,以礼见问,得与夫敌体也。"陶希圣则据《礼》有关丧服的内容,证明妻不过夫的"附从体",所谓"夫妇一体",是以"消灭妻的人格"为条件的(参看其《婚姻与家族》第二章"宗法下之婚姻妇女及父子"第43页)。陈顾远以为,"妻之言'齐',言'贵妇',当系因妾而生之义,离妾而言,则妻亦卑矣"(《中国婚姻史》第五章第176页)。

纪及其前后的中国妇女》中译本第7—8页)①

上文写到的刘宗周,伤悼其妇,写其妇耐得清贫,"亲操井臼","日御裋褐而操作",似乎不自知其为官人妇。自己攻举子业,其妇则"入夜仍挑灯佐读,往往后余而寝,先余而问旦"。其妇代刘尽孝,不但侍婆婆疾,且侍大父疾,还要为刘氏家族承担其他义务(嫁姑、为从叔娶妇、抚孤甥、为甥娶妇、为孙甥娶妇,等等)。②刘氏还说其妇深明大义,激励刘氏尽忠。其性情也像刘氏一样严正"刚明","一生无谑语、无绮语","举止端重,虽处闺阁无惰容"——刘宗周这样的"粹儒"岂不正宜有此妇?刘氏说其妇"性不慧",显然不以此为缺憾(《刘子暨配诰封淑人孝庄章氏合葬预志》,《刘宗周全集》第三册下第910、912页)。由如上记述也可知刘氏关于夫妇一伦的评估标准。

刘宗周之子刘汋,则说其父婚后,昼则受业于师,早晚则与其母"执炊爨"侍奉其祖母。有时其父舁水,其母瀚衣,或其母"涤溺器",而其父秉烛引路,"见者谓有梁、孟之风"(《刘宗周年谱》,《刘宗周全集》第五册第99页。按梁,梁鸿;孟,孟光,见《后汉书》梁鸿传)。对家务躬亲从事,不使其妇独任辛劳,在士人中想必并不多见。我在下文中还将写到祁彪佳为其妻的操劳——足证一个丈夫对妻的爱惜。这类形而下的毫无诗意的琐屑世俗经验,士人通常是不写的,端方正肖其父的刘汋,却老老实实地写了。在其父对其母的体恤中,有

─────────────

① 杨筠如《春秋时代之男女风纪》:"吾人确信在春秋时代,或春秋以前,曾有关于男女间礼制之规定;其繁简虽不可知,大致不至如仪礼礼记所载之完备。至其实在情形,则并不受礼制之束缚;而所谓惨酷之礼教,当时并未梦见。"(原载1928年3月《国立中山大学文史学研究所月刊》第二卷第十九期,收入李又宁、张玉法编《中国妇女史论文集》第二辑第21页)此文作于1926年,显然以不久前的五四新文化运动中的有关论述为对话方。可知五四后不久,即有以学术方式表达的异议歧见——或更是补充、校正。

② 刘汋所撰其父刘宗周年谱,《录遗》记其父"登第十年,始买一婢子";前此官京师,将一婢赠其姊,"宁使夫人自操井臼"(《刘宗周全集》第五册第548页)。"宁使"云云,亦堪玩味。这或许是清官廉吏妇的一份代价。

一种朴素的温存在,在刘宗周,与"刑于"并无扞格,而刘汋当书写的时候也很坦然。① 依我的阅读经验,此种记述十分罕见。你无从知晓有多少类似事实。因此对于士大夫,不便仅据其有关夫妇的言说推想其处夫妇。持论极严者,有可能与其妇感情甚笃,是如刘宗周那样的因体恤而分担辛劳的丈夫。②

刘宗周门下的陈确,用了调侃的态度向友人讲述其夫妻生活,说其妇"老丑而病,去死人不远",虽夫妇"时共衾席,正自萧然有旅馆风味"。这种情况下已无需"绝欲",因已"无可欲"(《与韩子有书》,《陈确集》文集卷一第 65 页)。仅由上述文字看,陈氏的夫妻生活毫无"韵致"可言,而陈氏对此则坦然处之。其妇先于陈确二十七年卒。陈确也如傅山,妇死不更娶,也从未纳妾。③ 陈氏在《祭妇文》中说:"子病,每劝我买妾,我不买;子病将死,又劝我早娶后妻,我不欲娶。"(同书文集卷一三第 314 页)文字中的陈确不乏幽默感。他的其他写个人生活的文字,气象宽裕,气氛和煦,尽管也曾致羡于朋友家的肃穆(《暮投邬行素山居记》),他本人却不大像是会终日俨乎其然。

陈确不讳言其妇的性格缺陷("多言而善怒"),却由极实际的方面评价了其妇对家庭的贡献:对其父母"奉甘旨",尽了人子供养的

---

① 刘汋在年谱中,也描写了其父母日常相处的情景,说其父"读书至丙夜",其母"纫绣刺佐之"。其父"读罢拈一题,须臾脱稿,而夫人所纫绣刺未竟一二也"(同上第 101 页)。较之上文所引刘宗周所写父,刘汋笔下的刘宗周仍然更平易,处夫妇也更近人情。

② 刘宗周遗命夫妇合葬,并预撰合葬墓志,即上文所引《刘子暨配诰封淑人孝章章氏合葬预志》。

③ 据王士禛自撰年谱,其祖父王象晋"生平喜澹泊,室无滕侍"(《王士禛年谱》第 4 页)。由当时士人纳妾的风气看,无论陈确、傅山还是王象晋,都属例外。年谱记颜元妻患病不服药,说自己不育,而颜"坚不置再醮",而处女又不轻易为人做妾,不如自己死了,颜可娶处女为继室云云。颜元却劝慰其妇,"强之药"(《颜元年谱》第 37 页)。由此略可感颜氏处夫妇温情的一面。吕妙芬《颜元生命思想中的家礼实践与"家庭"的意涵》一文,对颜元与婚姻、男女之道有关的思想有深入的分析(该文收入高明士编《东亚传统家礼、教育与国法》)。

责任;管理家庭经济,保障了他作为读书人的物质条件。他说其妇对自己的父母尽管做不到"色养",却由供养的一面作了弥补,对其妻表现出相当的体谅(《妇王氏传》,同书文集卷一二第 280 页)。"奉甘旨"方面的不私,在陈氏看来,无疑较之"色养"更重要,虽不尽理想却难能;没有诗意可言,却是实实在在的牺牲与奉献。生长江南,陈氏拥有何种关于夫妻生活的理想不得而知,他理性地对待夫妻生活的现实,则是可以相信的。女子是否"宜室宜家",出于夫家的考量;嫁的是"夫家",仅宜于其夫是不合格的。陈确想必深知这一点。

在《祭妇文》中,陈确一再痛心疾首地忏悔,说:"吾累子,吾累子! 吾以贫累子,贫而懒愈累子。"又说:"吾实不学,子谬以我为学,不敢以家累吾学。吾有父母,子为吾养,吾不知;吾有子女,子为吾衣食,吾不知,遂积忧劳而有此病也。"(同书文集卷一三第 313 页)非"怜香惜玉",而是怜其勌劳,感激中夹杂了愧恶。陈确或许认为精致品味无助于艰苦条件下的生存,也承认因了自己的无能,不能给妻一份无所用其辛劳的生活。陈的不纳妾,是否也出于这种怜惜与愧疚? 陈确不但早年饶才艺,而且直到晚年,还富于灵感与活力、审美的人生创造的能力,即如别出心裁地自制竹冠(《竹冠记》《再作湘冠记》)。但写亡妇,示人的,却是"日常生活"干燥粗糙的质地。处夫妇的陈氏,更是俗世中人,与其妇同为凡俗男女。在这一方面,于江南的名士文化绝无沾染,无愧于刘门弟子。

陈确、傅山均饶才艺,傅山且有被认为猥亵的文字,却不同于同一时期流连于旧院的名士——出于个人选择,与南北风气像是并无关系,不过立身处世的姿态不同罢了。对于解释人的行为,"风气"只有有限的解释力。从来有风气之中、风气之外,或此种、彼种风气。何况较之草民,士大夫一向更有理性选择的能力。如黄宗羲所见,女性琐屑的日常行为如何纳入严肃的史学体裁,的确是个问题。因了既有的史学体裁的"严肃性"与制式化,有幸作为传主的女性的生活史,往往被依了标准样式剪裁,令人难以窥见传主的眉目神情。因而陈确那种出诸至亲至近者的文字，虽委婉却较少讳饰，就更为难得——尽管仍不免于男性关于女性的偏见。

士人中之通达者，爱妻也爱得坦然。陈维崧记黄永与夫人浦氏"伉俪最笃"，邹祗谟开玩笑，说："君得毋昔人所谓爱玩贤妻，有终焉之志乎?"黄答："下官正复赏其名理。"(陈辑《妇人集》)《静志居诗话》记周世逊、梅生夫妇，说周氏赴试，梅寄诗表达思念，周氏"省诗，悽怆不入锁院而返"，朱彝尊以为由此"足以见伉俪之重"(卷二三第725页)。伉俪为重，功名即为轻。彭士望《与门人梁份书》说易堂同人(包括了易堂之友与其伯、季、诸子、门人)对于魏禧，"率以其服内太笃，待之太过，白璧微瑕，乃在于是"(《树庐文钞》卷二)。可知魏禧之笃于夫妇。叔子辩护阎再彭(阎若璩之父)的笃于夫妇(《阎再彭六十叙》，《魏叔子文集》外篇卷一一)，也可以读作自辩，自注其处夫妇不惜"过情"，虽然那意思很平常，议论也并不精彩。

从来有佳偶也有怨偶。张履祥对吴蕃昌说："近见一、二同志，往往于夫妇之道殊苦。"(《答吴仲木十四》，《杨园先生全集》卷三第63页)张氏对此语焉不详，应有难言之隐。但他的女儿被其婿鸩杀，在其所处圈子中，却是一"伦理事件"。① 无论如何，极端的例子从来稀见。更庸常的，在两极之间，却也因此难以见诸记述罢了。

士大夫的悼亡诗，由潘岳、元稹，到王士禛，以及苏轼、纳兰容若的词作，是深情的一脉，其中日常琐屑的悲欢，与普遍的经验相通，尤能动人哀感。未必惊天动地，却平淡、柔韧而绵长。散文形式的悼亡之作，即如本篇所引刘宗周、陈确的记其亡妇，虽不能拟之于上述经典，却也以朴素平实胜。没有所谓的奇情，无可惊艳，本色质朴，其中有常人所历悲欢，世间随处可见的人生相，亦自有感人之处。悼亡之

---

① 俞正燮《癸巳存稿》卷一四"不昵妇人"条所引《汉书》朱博传，《吴志》刘繇传注引《吴书》关于顾悌，《南史》徐勉传、《北齐书》邢劭传，均系常人看来处夫妇不情的例子。俞氏对此的解释，是诸人"或由勤于人事，或历忧患，亦或由天性"(《俞正燮全集》第二册第616—617页)。所引《瓮牖闲评》云"苏轼与友朋群居，性不昵妇人"(同书第617页)。但苏氏有悼亡妇的词作《江城子》，有为人所艳称的与朝云情事。

外,更多的,如"赠内""寄内"之属,略近于私房话(只能说"略近于";当书写之时,还是会想到"发表"的),其中或有缠绵的情思,令人略窥夫妇的私密空间(至少近于"私密"的情感生活)。①

关于夫妇一伦,所谓的"钥匙权"系题中应有。《颜氏家训·治家》曰:"妇主中馈,唯事酒食衣服之礼尔。"实际情况殊不然。陈鹏《中国婚姻史稿》说到"妻得综缆家政,主持一切,自唐以后,已成惯例"(第558页)。"儿媳受姑命,主家政,夫虽在,仍不敢夺其权,母权之重,观此可知。""妻既统理家政,故有独立处理家产之权。""妻既主持家政,司一家财产之权,遂往往控制其夫。此种现象,在士大夫家,尤多见之。"(第559页)上述情况,考量夫妇关系,自不能放过。②

《礼记·内则》:"男不言内,女不言外。"王夫之《周易内传》解释《周易·家人》卦象辞所谓"女正位乎内,男正位乎外",说:"'正位',刚柔各循其道,内外各安其职也。女与梱外之事以妄动,固家之索,男子而问及酒浆瓜果丝枲鸡豚之事,以废人道之大,家亦自此衰矣。"(《周易内传》卷三上,《船山全书》第一册第314页)还说:"《周礼》所谓'阴礼',宫中妇人之治也。前朝后市,后市为阴。近利之事,亦阴事也。"(卷三上第318—319页)陆世仪说:"教女子只可使之识字,不可使之知书义,盖识字则可理家政,治财货,代夫之劳,

---

① 史景迁注意到,"张岱并未解释家中妻妾奴婢的种种来历,也极少提到她们的名字";写到艺伎时,"反倒是恣意挥洒,不似写到自家妻妾那般矜持"(《前朝梦忆——张岱的浮华与苍凉》中译本第37—38页)。后者是可以部分公开的社交活动,前者则是不容窥视的隐秘生活。因此如刘宗周、陈确那样记其妇的文字,并非总能读到。

② 张邦炜《宋代妇女的再嫁问题和社会地位》一文谈到宋代妇女为法律所肯定的如下权利:"妻子可以用自己的名义购置田产,并在改嫁时带走;妇女出嫁,可以分得一份财产作为陪嫁;父亲死后,未出嫁的女儿可以分得一份财产,如无儿子和未出嫁的女儿,已出嫁的女儿也可以分得一份",等等(收入鲍家麟编著《中国妇女史论集·三集》第72页)。

若书义则无所用之。"(《思辨录辑要》卷一)①

士大夫往往自得于其"不事家人产"。《明史》祝允明传,说其人"不问生产,有所入,辄召客豪饮,费尽乃已,或分与持去,不留一钱"(卷二八六《文苑》二)。耽于声色,却鄙薄支持其这份享乐的生产性活动。声色征逐是名士行径,而一言钱便俗。据说茅坤长于营产,他本人却说,自己罢官后,所事乃读书作诗,放情山水间,"而于治生事,半闻半不闻",赖其夫人"内则管钥米盐,外则按督诸僮奴臧获十余辈力田里",纺织之外,兼以放贷,"家亦稍稍起"(《敕赠亡室姚孺人墓志铭》,《茅坤集》第 701 页)。只不知"半闻半不闻"是何种样的姿态。② 刘汋所撰刘宗周年谱也有前后矛盾之处。《年谱》万历二十九年,记刘"以饔飧不给","力耕自赡"(同上第 107 页);却又说,其父"平生不问生产,家政皆操自夫人"(《刘宗周全集》第五册第 355 页)。当然也可能所谓"力耕自赡"由夫人主持。

唐顺之自说"癖于书,平生不一开口问米盐耕织事,则以孺人为之综理也"(《封孺人庄氏墓志铭》,《唐荆川文集》补遗卷五)。钱谦益说万历间邢侗,罢官后"读书识字,焚香扫地,不问家人生产。四方宾客造门,户屦恒满。减产奉客,酒铛簪珥,时时在质库中"(《列朝诗集小传》丁集下《邢少卿侗》第 617 页)。王沄笔下的陈子龙也"不问家人生产"而好交游,赖有其妇"躬自操作,巨细井办","尝节缩衣食以应之"。陈"慷慨好施",其妇"常先其意"(《三世苦节传》,

---

① 陆氏还说:"诗云'无非无仪,惟酒食是议'二语,真教女子良法。少读内则,怪其多载酒浆笾豆之事,由今思之,知古人良有深意。"(同上)

② 冯梦祯说茅氏"才智聪明不尽用于官,而用于家";茅坤妻姚氏"聪明刚果,治家严。内谨管钥米盐,外督诸臧获。田桑纺绩、子女婚嫁,绝以不烦公,故公得一意于著述,以成其名",称赞其妇为女中丈夫(《明河南按察使司副使奉敕备兵大名道归安茅公沺配赠孺人姚氏合葬墓表》,《茅坤集》附录一第 1360 页)。屠隆所撰茅氏行状记茅坤妻,曰"孺人贤明,赞公内秉家政农桑,外供宾客酬应……婚嫁庶务,悉孺人一身肩之,毛发不以烦公,以故公得专精极力千秋业"(《明河南按察司副使奉敕备兵大名道鹿门茅公行状》,同上第 1354 页)。吴梦旸《鹿门茅公传》也说"姚孺人固有心计,善操内秉,逐十一之息,无锱铢爽。居数岁,赀遂与里中豪埒"(同书第 1369—1370 页)。

《陈子龙诗集》附录二第 738 页）。① 尽管其妇在今人讲述的陈、柳（如是）故事中，扮演的是破坏者的角色。

这样的士大夫家庭，自不免由妇人持门户。钱谦益《长沙赵夫人张氏墓碑》说张氏乃"当家之妇"，辛苦支撑，"健妇良胜于丈夫"（《牧斋有学集》卷三三第 1189 页）。黄宗羲则记某妇人长于治家理财，"左握算子，右征市历，官租岁计，转运贮积，会要不爽毫发"（《卓母钱孺人墓志铭》，《黄宗羲全集》第十册第 376 页）。可惜这份才具只能施展于家门之内。他笔下的另一妇人，则非但能持门户，应付米盐琐细，且不乏"林下之风"，较之徐淑、陆卿、管道昇，贵在能兼（《安丘张母李孺人墓志铭》，同书第 489 页。按东汉徐淑、元代陆卿，均能诗；管道昇，元代书画家）。② 士大夫关于妇人的记述中，往往说其家的衣食之资由妇人的十指出。所谓"十指"，主要应当指操作纺锤（织布、缲丝）与针线（缝纫、刺绣等）。而在事实上，妇女对家庭物质生活的贡献往往不止于此。由上引文字可知，家庭中女人的理财，机杼针黹外，更涉及了经营田产以及"权子母"（即放贷）。士夫家庭固有可能由女性管理田产，贫苦农家"健妇把锄犁"，也未必只在世乱之时。在实际的经济生活中，这些并非当然的男性活动的领域。③ 由《海瑞集》中的《禁妇女买卖行走约》，可想"琼俗"与内地之不同：

---

① 陈子龙自撰年谱崇祯二年己巳："太安人以予既婚，遂谢家政。予母唐宜人，素善病，好静，不任事。乃以筦钥属予妇，予始有晨昏之累矣。"（《陈子龙诗集》附录二《陈子龙年谱》卷上第 643 页）还说自己任职绍兴推官，"吴、越邻壤，饔飧之需，半给于家"（同上第 669 页）。看来多半赖有其妇操办。王夫之在《家世节录》中，也写到其母的长于理财（《姜斋文集》卷一○）。

② 宋代袁采《袁氏世范》虽对妇女多有恶评，却也有持平之论。如说："妇人有以其夫蠢懦，而能自理家务，计算钱谷出入，人不能欺者"，以之为"贤妇人"（陈宏谋编辑《五种遗规》之《训俗遗规》卷一）。

③ 境外学者注意到"妇工"与"女工"的不同，认为前者被赋予了道德意义，甚至"妇工"一名也包含了道德暗示（参看美国学者白馥兰《技术与性别——晚期帝制中国的权力经纬》中译本）。白馥兰引了张履祥《补农书》中妇人的勤惰关系家道兴衰的话："夫妇女所业，不过麻枲茧丝之属，勤惰所系，似于家道甚微，然勤则百务俱兴，惰则百务俱废。故曰：'家贫思贤妻，国乱思良相。'资其辅佐，势实相等也。"（转下页）

妇女在其时的经济生活中，以及她们的社交活动（第445—446页）。孔齐《至正直记》就已经写到元代浙西的妇女，有不但主持家政，且从事经营而独立核算者——非仅满足于"钥匙权"而已。①

如上的记述往往见之于江南士大夫的文字。士大夫乐于强调其妇在家庭经济生活中的作用，有以"不事生产"为清高的潜在语义，也有对一件事实的认定，即女性付出的辛劳，使其得以维持"读书人"的身份、体面。当然士大夫的处夫妇，他们对其妇的评价态度不足以例其余，却可证"传统社会"父权、夫权文化的差异性，"实际生活"原本的丰富性。②至于后果，朱彝尊由男性的视角看到的，是夫由此受制其妇，不得遂行其志。"即为善之念，油然根于心，而管钥

（接上页）（同书第196页。按语见张履祥《补农书》下《总论》，《杨园先生全集》卷五○第1426页）曼素恩在其《缀珍录——十八世纪及其前后的中国妇女》中说："在盛清时期，社会分层体系对于男人和女人的主要，区别体现在他们与体力劳动之间的关系。对于男人来说，有机会远避体力劳动是他地位上升的一个标志。对女人则正相反，闲暇或得以从体力劳动中脱身的自由，却绝不是地位提高的标志。与此相反的是，勤勉地从事生产性劳动，尤其是纺线和织布——对于上层妇女而言还有刺绣，对于无论什么阶层的妇女来说，都是有妇德的表现。"（中译本第15页）关于生产性劳动与道德规训的关系，该书第六章有细致的分析。上文所引白馥兰《技术与性别——晚期帝制中国的权力经纬》谈到古代中国"男耕女织"的性别分工，说："工作是分等级的，'基本'的生产活动是农业"，"其他形式的工作比之耕作皆处于辅助性地位"，包括纺织（中译本第34页）。由我所读士大夫的文集看，至少在士大夫家庭，男女在经济活动中的分工，非"男耕女织"所能描述。这既因相当一部分士人不事生产，不但不从事耕作，甚至不直接管理田产；他们家庭中的女性，承担了管理的职责。商业较为发达地区的一般情况与此相似，男人外出经商，女人持门户。这种家庭的女性，未必亲操纺锤，或也是这些"家庭副业"的组织者、管理者。上述性别分工对女性在其家庭中实际地位的影响，是不难想见的。白馥兰说，自宋代以后，发生了"女性角色之典范的修正"："强调各种形式的生育而不重视我们认为是生产性的工作"，"描述妇女越来越依据其母性或对于婚姻的忠诚，而排斥了其他社会角色"（同书第140—141页）。但本篇所引收入文集的关于士大夫家庭中女性的叙述，提供了不同的例证。"持门户""操井臼"仍然是一个女子受到欣赏、肯定的理由。

① 该书说："浙西风俗太薄者，有妇女自理生计，直欲与夫相抗，谓之私，乃各设掌事之人，不相统属，以至升堂入室，渐为不美之事。"以为纵使其夫酗酒赌博，也应当苦谏使其改过，而不应当"自拟为男子之事"，以此为"人家之大不祥"（卷二"浙西风俗"条第48页）。

② 魏斐德《洪业——清朝开国史》说："在晚明对妇女的日益重视（显然这也与她们文化知识的增长有关），可能反映了她们新的、更为重要的经济作用——许多时候（转下页）

恒司于内,虽铢两之需,不谋诸妇不可得",不少人"由是失其初心"(《曝书亭集》卷七九《孙恭人墓志铭》第1116—1117页)。

讨论"钥匙权"这样的问题时引入"平等"一类概念,不免将问题简化,导致混淆。李塨所撰颜元年谱,记颜氏教问道者"齐家先严内外"(《颜元年谱》第73页)。在严分内外(此处指夫家与妇家)的历史环境中,不便对"钥匙权"作过度诠释。所谓的"钥匙权",在实际生活中通常并非财产权,而是财产的管理权。管理、掌控并不意味着拥有。由伦理规范而言,即使由女性管控的财产,也被认为属于夫家以至夫所属家族,尽管实际情况要远为复杂。①即令如此,上述现象仍然启发、丰富了关于古代中国家庭关系的认知。

曼素恩说:"在这样的家族制度中,女性既处于边缘也处于中心。作为女儿,她将要出嫁,她们在娘家只是暂时的成员,但是作为养育了儿子的妻子,又是被长久祭拜的祖先之一。"(《缀珍录——十八世纪及其前后的中国妇女》中译本第11页)还应当说,"处于中

(接上页)她们为家庭带来的副业收入,要远远高出土地正常耕作所带来的收入。"(中译本第566页)美国学者白馥兰发现,在中华帝国晚期,"处于中华帝国父权制最高等级的男人们不希望妇女在家庭中的生产作用被遮蔽——他们想要重建妇女的地位,彰显其作用,并赋予这种作用以女性美德的特殊荣耀。在曼素恩的近著中,提到有关中华帝国后期对妇女为家庭财政所作的经济贡献的广泛认可"。而仅由逻辑推论,"遮蔽妇女生产对家庭经济的贡献",本应"有利于加强中国家庭的父权结构"(《技术与性别——晚期帝制中国的权力经纬》中译本第187页)。

① 经由对明清契约文书、诉讼档案的研究,阿风以为"妇女在家庭中的地位与权利,只有在作为父亲的代位者——寡母(寡妻)时,才得以充分表现出来。如果有亲生儿子的话,母亲的地位主要体现在日常生活的管理与家产的处分与分析上。而无子寡妻则要面临'择子立继'的问题"(《明清时代妇女的地位与权利——以明清契约文书、诉讼档案为中心》第17—18页)。其夫生前,妇女在经济活动中承担的主要应是"管理者"的角色,而非财产的所有者,没有处分财产的权利。但同书也说,"成文法关于妇女继承权的规定只是说明了一些基本的原则",实际生活中的情况及处置却要复杂得多;有必要"通盘考虑成文法与社会通行的民事规范"(第236—237页)。"虽然国家认定土地登记以男子为中心,但在普通民众的心里,仍然是以房的概念来讲'母子同居家庭'"(同书第63页)。此外,女性在家庭中的地位,还可能有地域差异(参看周绍泉、落合惠美子、侯杨方《明代黄册底籍中的人口与家庭——以万历徽州黄册底籍为中心》中的有关分析,张国刚主编《家庭史研究的新视野》第253页)。

心"不止在享受后代子孙祭拜的场合,还有可能在她们生前主持家庭、家族事务之时。高彦颐《闺塾师——明末清初江南的才女文化》所写到的杭州才女顾若璞,是上流社会的女性家长之一例(中译本第250—251页。该书的另一处又译作"女族长",第263页)。①

正如论者一再说到的,这种性别角色的分工,并不足以更改"男尊女卑"这一事实,导致女性社会地位的提升。但在一个具体的家庭内部,女性的地位却可能有因人之异。"女性家长"不论,下层社会持门户、把锄犁的健妇,士大夫家庭亲操井臼甚至"权子母"从而掌控着物质生活的女性,地位均有可能不"卑"。② 这里有法律地位与实际生活中地位的非一致性。在这方面,士大夫与"民间社会"的情况应有其相通。或许可据此推测,上文所引出诸士人的叙述,有可能蓄意掩盖了妇女在经济活动中处于强势这一事实对于婚姻、家庭关系的影响。当然,"法律地位"毕竟具有规范性、刚性,属于即使诸多个别事例也不能改变的制度事实。

---

① 曼素恩在其关于清中期(所谓"盛清")女性生活的研究著作中,曾论及"老年"这一生命史阶段对于(上层社会)女性的正面意义(《缀珍录——十八世纪及其前后的中国妇女》中译本第三章第83—85页)。由所举之例看,寡居的女性受益于她们因才学而树立的威望,也受益于她们的长寿。你可以理解为,她们在婚姻关系结束后的漫长岁月中赢得了某种自由。另一位学者高彦颐在其《闺塾师——明末清初江南的才女文化》第六章中,正是这样谈到了明末著名忠臣祁彪佳的夫人商景兰,说"长达30年的寡居生活,使她在家内领域拥有了自由和受人尊敬的空间"(中译本第239页)。对此尚可参看伊沛霞《内闱——宋代的婚姻和妇女生活》中译本第十章"寡居生活·儿子已长大成人的老年寡妇"。

② 初版于1937年的陈东原《中国妇女生活史》,引《三风十愆记》关于常熟丐户的记述说,"三千年来男强女弱的观念,都是受经济权力所支配,若男子依靠女子生活时,便要变成男弱女强了"(第七章第176页)——未免有五四以降流行的"经济决定论"的影响;对于解释个例,却仍然是有效的。王跃生《清代中期婚姻冲突透析》也经由考察认为,若"男子不能养家糊口",也就"使夫权失去了发挥的基础",由此角度看,"民间社会中,夫权并不是神圣的东西"(第80页)。该书认为,在清代中期,"经济地位决定家庭地位的法则同样是适用的"(第81页)。甚至说,"或许在一般平民家庭中本没有夫权的存在,有的只是一种大男子主义"(第84页)。夫权在士大夫的伦理生活中的实际存在,是否也尚有质疑的空间?

却也仍然有相对于上文所述现象的"另类"。由关于茅坤的记述看，茅氏的多赀，固然赖有其妻的善于经营，却也未必不凭借了茅氏本人"不尽用于官"的"才智聪明"。只不过茅氏"不屑营营执牙筹"、亲手操办而已（参看冯梦祯《明河南按察使司副使奉敕备兵大名道归安茅公泊配赠孺人姚氏合葬墓表》，《茅坤集》附录一第1360页）。据唐顺之说，茅坤父即善治生，曾种桑万余。"其治生，操纵出入，心算盈缩无所爽。"（《茅处士妻李孺人合葬墓志铭》，《唐荆川文集》卷一〇）在古人那里，为政与理家本有其相通。干练的官员也可能运用其精明于家事。范蠡致富的故事（参看《史记·越王句践世家》），常被用于证明施政能力可以用来自饶其家。文人书生之于"家人产"，本不可一概而论。被书写的文人书生，不足以尽其类，也是可以相信的。①

日记中的祁彪佳有文人情趣而又不避俗务，一旦家居，即亲自料理"米盐琐杂"，与那些声称不问家人产、赖夫人十指维生者，显然不同。② 他与其妻商景兰的共同生活，也包括了分担琐务。据日记，崇祯十一年三月初六日："至寓山，内子督诸婢采茶，予督奴子植草花松径中。"（《自鉴录》）崇祯十二年三月十四日，"内子率诸婢采茶"，祁氏本人则"简木料"、更定楼址（《弃录》）。他为官能治繁剧，亦应因了耐劳苦。而其处理政事的精明干练，使胥吏无所用其奸欺，多少也应得自躬亲理财的训练。

清初儒者中，张履祥是常常谈及谋生，以及与谋生有关的日常琐

---

① 唐顺之记某人"故饶于赀"，却仍然"督耕课织，赢入而缩出"（《赵府奉祀正王君墓志铭》，《唐荆川文集》卷一〇）。

② 参看祁氏崇祯十一年日记（《祁忠敏公日记·自鉴录》）。《自鉴录小引》："年来于米盐琐杂，喜身为料理。虽厌苦之，而不能已于怀抱。"自惭于"嗜欲深而天机浅"。日记中大有"会计田亩"，简点"世产"的记述，甚至当有所兴筑，即亲自"会计石工""点验砖料"。他的崇祯十一年、十二年、十三年日记，颇记为泥水、木作、石工估算工账一类琐事，似乐此不疲。见诸日记，他还"为老母会计岁租"。崇祯十年岁末，"灯下会计出入数"；翌年年初，则"灯下会计丁丑年出入数"。亲力亲为，不同于自命清高的文人。

屑的。由他的《补农书》不但可知其人对农事的熟稔，且可推想其对经营田产的热衷，所补无非得自其躬亲从事的经验。[①] 刘宗周门下有此种经验且见之于著述者，张履祥之外应无他人。《张杨园先生年谱》也说张氏躬亲农事，即使家中的"米盐日用之事，亦躬亲料理"（《杨园先生全集》第 1516 页）。[②] 由此看来，儒家之徒又何尝可以一概而论！

明清之际的动荡中，夫妇关系既有常态，也有变异。其实何为"常态"，难以实证。关于"常态"的判断应依据量化分析，基于对该历史时代婚姻状况的覆盖城乡、士大夫与草民的普遍考察。这种考察事实上难以进行，也因此仍不能不诉诸假设。这种假设就包括了礼、法作为规训的成效，制度对于社会风俗的塑造。经典论述、典章制度（包括律以至例）化民成俗，其间有诸多中介，但其成"化"，是毋庸置疑的。那应当是一种缓慢而又持续的渗透的过程。尽管在庶民间渗透的深度广度，难于率尔论定[③]，对于士大夫伦理意识与伦理实践的规范，却由士大夫的大量书写作了证明。

即使在被认为非常态的婚姻关系中，这种规范的效果也不难察觉。据沈虬《河东君记》，柳如是与钱谦益结褵后"稍自敛束"（《牧斋杂著》附录第 966 页）[④]，也证明了家庭伦理作为规范性力量，即使

---

① 他所躬亲从事的，是经营而非实际操作。参看《补农书（上）》（沈氏原著）后张履祥按语（《杨园先生全集》卷四九第 1409 页）。

② 张履祥《训子语下·正伦理》："古人有言：'牝鸡司晨，惟家之索。'妇人专家政，鲜不骨肉乖离，六亲疏弃。是以主权不可旁挠，内命不得擅出。"（《杨园先生全集》卷四八第 1368 页）张氏的躬亲农事，亲理米盐琐细，也应当是在实行其主张。陆陇其《陆子全书》中收入的《治嘉格言》，却有"男子不可陋"条："士大夫若逐日在家庭动用间，量柴头，数米粒，号定升合，使其妻孥无所措手足，此等人必无出息。"

③ 出版于 1930 年代的陶希圣的《婚姻与家族》说，固然有大量违背礼、法的事例，"但是这些理论上的规律，流传为后世的法律规定。这些规律，统制了中国逾二千年。它们的精神与性质，因社会的转变而不无转变，大纲大目却遗留到今者颇在不少数"（第 51 页）。

④ 陈寅恪《柳如是别传》以为该传的"可取之处"，在捕捉了陈以为可信的态度、神情；"归钱之后，稍自敛束"云云，"甚能写出河东君之为人，并可分辨其适牧斋前后之稍有不同"（第三章第 234 页）。

对于柳这样"能独立"（见下文）的女子也仍有作用。但丰富的差异也正在规范与士大夫的伦理实践的缝隙间显现出来。

以下所说的"变异"，不同于法学术语所谓的"变例"（"变例婚姻"）。"变例婚姻"据说包括了入赘、招夫、童养、蓄妾等婚姻形式，而下文中所举诸例，有的更属于"变通"，无论因于时势等外缘，还是出诸主动的选择。我关心的是那一时期伦理生活的社会宽容度，由此所决定的"非常态婚姻"的可能性。①

屈大均记述了如下反常事件：崔君先娶邓，以城破夫妇散失，更娶李。"亡何，邓淑人复归，崔君乃并嫡之。邓生子京柱，李生子文冲，君尝命之曰：子无嫡庶，母无大小，生事死葬，祭祀各尊所生。临终复遗书以为言。"（《翁山文外》卷九《书李淑人行状后》）屈氏对此的解释是"礼于是缘情而起"，表现为对事实的尊重，亦可以归为处乱世的经、权。② 魏禧所记如下事例未见得缘于世乱。魏氏说："古之负担挽鹿车，莫不与伉俪偕隐，而君夫人衡宇相望于数十里之间，各适其志以自适"，岁时过从，夫妇相敬如严宾。对这种夫妇分居，魏禧非但不以为异，反而说"其加于古人一等"（《龙令君夫妇六十叙》，《魏叔子文集》外篇卷一一），取欣赏——至少不非议——的态度。魏氏还说："夫君先臣，男先女，正也，常也。然时值乱离，惧强暴之见逼，则女可求男。《诗》曰：'求我庶士，迨其吉兮'，是也。"此所谓"时之变、道之权"（《论屯卦》，同书卷二二），亦伦理实践中必要的灵活性。

---

① 陶希圣的《婚姻与家族》第一章第五节，讨论的即是"异于宗法理论的风俗制度"（第33页）。

② 陈鹏《中国婚姻史稿》："东汉之末，迄于魏晋，丧乱相乘，南北间阻。羁旅再娶，另立家室者，往往而有。迨事平之后，旋归故土，遂两妻并存，不分嫡庶。议者谓是礼之变，可序后先，不分嫡侧，而时俗亦以二妻能敬让为贤，不以并嫡为非。"（第425页）以至"双妻并嫡，既成流俗，议礼者亦不以为非"（第426页），无非顺乎人情。所谓"序后先"，即讲先来后到，如"前嫡""后嫡"，或分左右。可知与屈大均所记类似的事例，早已有之。至于余飏《莼变纪事·析骨》中写到的明清之际婚姻关系之畸变种种（第14—15页），属于另一问题，宜于在别一场合讨论。

朱彝尊为两个老妇人铭墓,说其中的一位老妇当年少时,父母欲嫁之,她却说自己"好直言而貌朴","好直言,必获罪翁姑;貌朴,则不礼于婿"。与其勉强嫁人,受困于夫家,不如从兄嫂以居,而为父母养老送终(《冯媪冢铭》,《曝书亭集》卷七九第1227页)。另一老妇则"十年之中,凡五嫁",无非因夫贫。"铭曰:妇人五嫁,理则不可。贫实驱之,否谁依者。伤哉贫乎,乃至辱其身乎!"(《叶妪冢铭》,同书同卷第1228页)值得注意的,是朱氏的态度。尽管也以为"辱身",却以为其情可悯,平情,没有道学脸。

任何历史时代的婚姻形式均有相对于常态的变异,有特例,有出常的事例。有常有变,才成其为"社会"。古代中国的伦理世界,从来有弹性空间;而制度性的变动,未尝不也由漫长历史岁月中的变异的积累作为一部分(即使不那么重要的)背景。只不过发生在易代之际的变异往往由时势促成。即使如此,变异的幅度也不宜夸大,是个别事实,不足以摇撼婚姻之为制度。可资考察的,是"社会"对于非常状态的理解——你所能依据的,仍然不能不是士大夫的文字。士大夫则因所受教育,最有可能尊礼守法;同时也因所受教育,较有个性的自觉,有不受制于流俗、自主选择的可能。

妻/妾

关于传统社会的男性心理,俗谚有所谓"妻不如妾,妾不如妓,妓不如偷,偷着不如偷不着"[①]。有此诸"不如",妻处境的尴尬可知,尽管其社会地位非妾、妓所能比,通常也非后者所敢觊觎。

据说古印度《欲经》专章讨论妻的行为规范,妻妾关系,再嫁寡

[①] 陈东原《中国妇女生活史》引此谚,说明初江盈科《雪涛小说》已载之(第七章第207页)。美国学者柏文莉(Beverly Bossler)《宋代的家妓和妾》一文中说:"宋代家庭中森严的'妻——妾——婢'等级制度早已失去作用却仍载于法律条文,尽管法律最大限度地保护妻子的地位,但对妇女在家庭内外的飘摇状态已无力干预。"(张国刚主编《家庭史研究的新视野》第216页)

妇、弃妇和国王深宫内后妃、宫女的行为准则,夫君与妻妾相处之道①;古代中国规范夫妻、妻妾关系,则有《礼》与《律》。

吕坤《闺范》:"有家之凶,嫡妾居其九。"(陈宏谋编辑《五种遗规》之《教女遗规》卷中)古代中国严别嫡庶。② 妾作为男子的配偶,与男子同样具有法律意义上的婚姻关系,与妻却有法律地位之别。妻妾乃不同伦理地位的"妇"。《礼记·内则》:"聘则为妻,奔则为妾。"《诗·南山》:"取妻如之何?非媒不得。"《唐律疏议》:"妻者,齐也,秦晋为匹。妾通买卖,等数相悬。婢乃贱流,本非俦类。"(卷一三第256页)由称谓看,"侧""副""偏"相对于"正",主次分明,等级俨然。③ 冒襄的《影梅庵忆语》引杜濬(于皇)的"大妇同行小妇尾"。尾即尾随,所写冒氏与"大妇"(即正房苏氏)、"小妇"(即董小宛),未见得出自亲见,或许只是以为理应如此。④ 陈维崧为其庶母作传,说其庶母之德,在"不自见其德",惟善体其夫之德,以大妇之德以为德(《敕赠时太孺人先庶母行略》,《陈维崧集·陈迦陵散体文

---

① 参看沈卫荣《〈欲经〉:从世间的男女喜乐到出世的精神解放》,《书城》2009年4月号。

② 张履祥训子,说礼"莫大于名分之际";名分淆乱,"其端多始于嫡庶、主仆之际"(《训子语》下,《杨园先生全集》卷四八第1363页)。温璜却说:"凡人家处前后嫡庶妻妾之间者,不论是非曲直,只有塞耳闭口为高。用气性者,自讨苦吃。"(陈宏谋编辑《五种遗规》之《教女遗规》卷下《温氏母训》)

③ 陈鹏《中国婚姻史稿》:"依礼,妾之身分低于妻,不得与夫齐体,故妾称夫为君,称妻为女君,事君与女君如事舅姑。"引陈铨的说法,"称为君者,同于人臣也"(第715页)。同书还说:"妾之身分既低于妻,故其见嫡妻须下拜,嫡妻坐而受之,不答拜。"(同上)苏冰、魏林《中国婚姻史》说,明清"从关于攻击罪的量刑、丧服、日常礼仪诸方面,见出家庭关系依旧是夫、妻、妾的等差尊卑关系"(第六章第306页)。该书却又认为"从文化分野角度看,嫡庶分明的多偶制委实属于城市士大夫文化"(第194页)。阿风由一份徽州的分家书,说到"母以子贵",侧室因生有三子,即"可以与丈夫、正妻共同在阄书中署字画押"(《明清时代妇女的地位与权利——以明清契约文书、诉讼档案为中心》第48页)。但这种情况应并不普遍。该书注释中说:"在有的家庭中,虽然子皆妾生,但分家仍以嫡母为主。"(见同页注2)郭松义《伦理与生活——清代的婚姻关系》:"妾对丈夫在性关系上充当妻子的角色,在身份上通常与奴婢归于一等。"(第337页)

④ 据陈鹏《中国婚姻史稿》,"小妇"的说法至少汉代就有(参看该书第675页)。

集》卷五第 110 页），不但无私，而且无己——这或也是世俗所认为的侧室的最高境界。同篇所写其母汤孺人，也正像下文所要写到的冒襄妇苏氏，正合于大家主妇的风范。在本篇所写的时期，"妾妇之道"，仍是极鄙之辞，意谓自拟于、自处于、自甘于卑贱。张履祥的如下一番话，无疑是深于世故者之言："娣之从嫡，必当如跛者之履，而不足以与行，则无僭上之疑，而嫡妾之分明。妻之从夫，必当如眇者之视，而不足以有明，则无反目之嫌，而夫妇之伦正。是妾妇之常道也。"（《读易笔记》，《杨园先生全集》卷二九第 815 页）要如跛（妾）如眇（妻），夫妇一伦中的妇（妻、妾），若无一定的表演才能，则难以做到的吧。①

卢象昇有一篇《寄训室人》，说自己"为官一十三年……日惟国事苍生为念，不敢私其妻子"，"惟愿作吾匹者体吾心，以媳代子"，"以母代父"——使其妇承当了太沉重的责任。对妾的训词则是："惟尔为糟糠之亚，宜佐阃政于无愆，诚心以抚诸儿，小心以事亲上，修母道而循妾规，理中馈维勤，安清贫若素……"（《寄训副室》，均见《卢忠肃公集》卷一一）在当时，卢象昇这样的忠臣，宜有此家书。《甲申传信录》记陈良谟殉明前其妾有身孕，陈嘱其族侄，自己死后，可携那女子南归，"若诞生男，使守；汝能始终膳给之，甚善。若生女，且不能守，则凭若处分，可也"（卷三第 46 页）。这遗嘱亦堪玩味。

魏禧记某人妻李氏对妾，俨若君臣，"每女红间则持《女孝经》及《女小学》正席南向坐，二妾坐东西向，为讲章句大义，旁及古今贞淫善恶感应事，二妾递当日供茶果饵以为常"（《泰宁三烈妇传》，《魏叔子文集》外篇卷一七）。只不过妾所坐乃东西向而非北向而已。颜元与同道习礼，"参用《仪礼》训练其妻妾"，命其妾田氏"随女君（按即其妻）拜祠，拜君（按即他本人）、女君皆四"（《颜元年谱》第 63—

---

① 《朱子治家格言》所说"婢美妾娇，非闺房之福。奴仆勿用俊美，妻妾切忌艳妆"（陈宏谋编辑《五种遗规》之《养正遗规》卷下），自是深于世故者之言。

夫妇一伦

37

64 页）。李塨撰颜元年谱，所记魏帝臣其人处妻妾的情景，颇有几分戏剧性，说魏"与妻宋氏相敬如宾，每外退必入宋榻，宋氏尝请之副室。或已至副室，宋氏辄来，副趋出垂手迎，搴帷肃入。夫妻坐谭久，副侍，不命不坐也。及宋氏卒，副祝氏以哭病亦死"（《颜元年谱》第41 页）。李塨的如上记述，当然意在表彰，只是由今人读来，会感到不舒服罢了。

上文提到的颜元妾田氏，是颜元、李塨一致认为合于妇德的妾。据李塨说，"先生（按即颜氏）自外过中门，侧室田氏急掩扉避，先生遥嘉之曰：'可谓能守礼矣。'"（《颜元年谱》第63 页）据年谱，田氏"有女德，柔顺而正"，"事先生十八年，未尝一昵近，未尝仰首一视先生面也。事女君如慈母"（第81 页）。"未尝一昵近""未尝仰首一视先生面"，有违常情。只能说，有此夫不难有此妇。

陈确有诗《闻君将买妾》，为朋友计，写得很贴心。该诗劝其友买妾"毋过求精细"，说"精细必娇痴，娇痴大娘忌"；为子嗣考虑，"精细多怯弱"，不利于生育（"怯弱鲜孕字"）。这样看来，"莫若田家子，貌质任粗砺。粗砺宠不深，日常少淘气"；此外还有经济方面的考量，买村女"省黄金"，"货低价不贵"（《陈确集》诗集卷二第634 页）。在陈确看来，这些道理都显而易见。这番话，也非深于世故即不能说出。陈确本人妇死不续娶，亦未曾纳妾，也应因了那份世故。但这样极务实的话倘若说给冒襄一流人听，或许会掩耳疾走的吧。

严于嫡庶分际，系维护家族秩序的重中之重，具体处置却也有因人之异。屠隆所撰茅坤行状称赞茅妻"贤明"，却说那妇人尤为难能的是，其因所生子豪侈，而主张析产，"或曰：'孺人肩百苦，起家有今日，孺人子不当与诸姬子偶。'孺人曰：'子，均也，安得以老妇故，有所轩轾？'"（《明河南按察司副使奉敕备兵大名道鹿门茅公行状》，《茅坤集》附录一第1354 页）妇人的"深明大义"，也应见之于这种场合。①

　　上文已经说到,关涉人伦,尤当涉及"色"与"性",名士与儒家之徒对规范的理解未见得总有不同。查继佐好声色,家中畜有"歌儿"。② 庄氏史案中,查所畜女伶柔些(应系姬妾)追随北行,"几欲身殉"(《查继佐年谱》第 32 页)。其所宠爱者,另有蝶粉、雪儿等(同书第 110 页)。其门弟子拟查于谢安、马融(同书第 70 页;《东山外纪》序,同书附录一第 74 页)。门弟子却又说,查氏"勤门内之学,语及人伦,虽燕处色笑时,必正色俨对。与人极和,独以此规谏,不惜苦口";对于越轨的行为不无宽容,"但儇薄者不得入座"(《东山外纪》,同书附录一第 85—86 页)。查氏本人曾"挟歌儿与游",诗曰"手持少女看佳句"(同上第 84 页)。"逢山水最佳,推篷倚月,清响裂寒空",查则"洞箫和之"(第 125 页)。凡此,想必不自以为"儇薄"。其弟子所谓"门内之学","处夫妇"自是题中之义。他向弟子传授经验,说:"居室为学问最大,此处打不破,诸不可为矣。对妻妾,如临大敌。《大学·齐家》章'好知恶''恶知美'二语,疗妒之法无过是矣。"(同上第 90 页)自然得自"过来人"的体会。据此想象,查氏夫妇相对,很可能一本正经,与挟"歌儿"时是两副面孔。③ 同篇记查氏避地某处,将离去,邻家少妇"炙鹅为饭以别,偕其姑邀先生

---

① 郭松义《伦理与生活——清代的婚姻关系》引《大清律例》关于嫡庶子男、妻妾婢所生子财产均分的条例(第 382 页)。但由上引文字看,均分应并不普遍。妾的财产权问题更复杂。对《宋刑统》所谓"寡妻妾无男者,承夫分"这句话,日本学者就有不一致的解释(参看阿风《明清时代妇女的地位与权利——以明清契约文书、诉讼档案为中心》第 59 页注 1)。同书记有婢妾出现在土地买卖文书中的情况,虽则如著者所说,这种情况十分少见,"也与婢妾身分不符"(第 91 页注 3)。

② 据有关研究,士大夫已有蓄养家妓的时尚,亦称"侍妾"。参看美国学者柏文莉(Beverly Bossler)《宋代的家妓和妾》一文,收入张国刚主编《家庭史研究的新视野》,第 211 页。

③ 查继佐的家庭关系似乎相当复杂:妻,继配,诸姬妾。"歌儿"的身份,似乎介于姬妾与优伶之间。《东山外纪》还有查氏对"女先生"(亦"女校书",查氏称"书记")陈因一往情深(同上第 88 页)。陈不为"吴姬"所容,一病不起。凡此,自然给了查氏体察"门内"关系的充分机会。至于查氏如何协调上述关系,则有关他的记述语焉不详。

（按即查氏）及从者与共席。先生局促,立引一曰,谢去"（同上第98页）。则对他人之妇与对歌儿又不同,后者可狎,对前者必庄——亦其所掌握的分寸。名士不同于儒家之徒的,或在自律而非他律,行其所以为的"是"、不随人俯仰。

刘承幹撰《东山外纪·跋》,指摘该《纪》涉歌儿,"近于猥琐",说撰写者"知尊其师,而不知其所以尊也"（《查继佐年谱》附录一第145页）,也不免是陋见。《外纪》成书于查氏生前,可知查氏不讳其事,更不以为门生冒犯。至于其妇(应指蒋氏,见下文)的态度,钮琇的说法是,该妇"亦妙解音律,亲为家伎拍板,正其曲误"（《觚剩》卷七《雪遘》,《查继佐年谱》附录二第162页）。蒋士铨更说"美鬟"乃其夫人蒋为查氏所"市"（《铁丐传》,同上第164页）。如此,则甚为圆满。

夫风流而妻不妒,最称难能。张岱《陶庵梦忆》有《祁止祥癖》一篇,说祁氏癖娈童,"去妻子如脱躧耳,独以娈童崽子为性命"（卷四第39页）。祭祁氏妇,则说其夫"有周郎之癖,声伎满前,夫人未尝顾而一问。且有如夫人者数院,家政一委贤能",与其夫"相敬如宾,无一言交谪",感叹着祁氏之"风流旷达","皆夫人有以玉成之也"（《公祭祁夫人文》,《琅嬛文集》卷六第279页）。只是那贤德夫人的感受,又有谁真的愿意知晓!

陈寅恪《柳如是别传》关于王沄说柳如是乃"吴中大家婢",曰"婢妾之界线本难分判,自可不必考辨"（第三章第53页）。[①] 复社领袖张溥因系婢出,不为宗党所重,未成名时曾为强奴欺凌,死后遗属尚为恶仆所欺,须门生友人伸张正义。[②] 受限于"历史条件",张溥作

---

① 关于婢妾,陈鹏《中国婚姻史稿》称:"惟妓、婢虽与妾连称,其身份实低于妾。""唐制:妾与妓、婢,良贱悬隔,妓、婢欲升为妾,须得幸生子或先放为良而后可。"（第677页）同书却又说:"元时妾与婢同,不得视为良人。"（第680页）

② 陆世仪《复社纪略》卷一说,因溥婢出,其伯父的家人"遇之尤无礼",曾构陷其父,"溥洒血书壁曰:'不报仇奴,非人子也。'奴闻而笑曰:'榻蒲屦儿,何能为!'溥饮泣,乃刻苦读书",后终于报仇。关于其身后友人、门弟子处置其仆,参看吴梅村《清河家法述》。

为出身低贱的"成功人士"，不足以"颠覆"嫡庶尊卑的秩序；也如刘宗周、张履祥等人的倡导善待佃仆，毋宁说只是示人以其作为"开明士绅""开明"的限度。

妻为夫家的后嗣计而劝夫、助夫纳妾，亦古代中国所谓"贤德妇人"的通常做法。到本篇所写的时代，仍然被士民所称道。归有光《毛孺人墓志铭》称道毛氏之贤德，曰其夫"方少年，即为买妾，以广继嗣。久之未效，则增置者不一，而抚之，人人各得其所"(《震川先生集》卷二一第519—520页)。据陆陇其说，侯方域女嫁陈贞慧子，多方为其夫置妾，"有螽斯不妒之风"(《陈母侯孺人圹记》，《陆子全书·三鱼堂文集》卷一一)。宋惕哭奠其妻，说其妻"中年无产，吾前后置二妾，吾妻接待以礼，始终无间言。或吾数月不御，辄相劝抱衾。世俗妇人有见及此者否?"(《哭奠妻郭氏文》，《髻山文钞》卷上)颜元妇为使颜氏纳妾以求继嗣，竟"病不服药"以求死(《颜元年谱》第37页)，上文已经提到。

柳如是、顾媚、董小宛，是明清之际以名妓而主动安排自己的命运，以或妻或妾的名分进入士大夫家庭生活的可资比较的例子。无论陈(子龙)、柳(如是)还是钱(谦益)、柳(如是)的故事中，各有一个处于阴影中的人物，即陈、钱的夫人。陈寅恪的《柳如是别传》已将两人由阴影下请出，只不过意在指认其所扮演的尴尬角色，而未将其本人作为关注的对象罢了。冒襄夫人的形象较为正面。至于龚鼎孳的元配童氏，见诸记述，态度有一点微妙。龚氏仕清，童氏不随宦京师，而是居合肥。据说其人辞清朝诰封，说："我经两受明封，以后本朝恩典，让顾太太可也。"(《板桥杂记》中卷《丽品》第34页)这番听起来大度的话，似乎大有弦外之音，未必不隐含了对顾媚的轻蔑。①

陈子龙的门人王沄撰《三世苦节传》，说陈子龙妇张孺人"通

---

① 朝鲜人所著《皇明遗民传》据此而以龚妻为遗民(参看孟森《皇明遗民传序》，《明清史论著集刊》上册第190页)。

《诗》《礼》、史传,皆能举其大义,以及书算女红之属,无不精娴,三党奉为女师"(《陈子龙诗集》附录二第 738 页)。① 但这些显然不足以令陈子龙满意。其所重或许在彼而不在此。该传极写张孺人为无可挑剔足为楷模的贤德妇人,说张孺人"屡举子女不育。为置侧室",且特别强调所纳为"良家子"(《陈子龙诗集》附录二第 738—739 页)。② 陈寅恪以为陈子龙纳蔡氏为妾,出于张孺人"欲藉此杜绝其夫在外'流连声酒'"的良苦用心(《柳如是别传》第三章第 99 页)。该书一再写到柳如是不为陈子龙家庭所容,感慨于陈、杨(按杨爱,即柳如是)因缘的"卒不善终",追问"谁实为之,孰令致之"(同上第124 页)。答案甚明。③

关于董小宛在冒襄家庭中的地位与处境,本篇附录一有专文分析,这里先用一些笔墨于较少引起关注的面向,即冒襄及其友人笔下的其妻与其妾——那正是我在这一时期的文献中所读到的合于其时士人理想的妻妾关系。张明弼《冒姬董小宛传》有"姬(按即董小宛)南征时,闻夫人贤甚,特令其父先至如皋,以至情告夫人,夫人喜诺已

---

① 吕坤《〈闺范〉序》说:"先王重阴教,故妇人有女师。"此"女师"当由字面解释。张岱祭祁止祥妇,说祁夫人"不特为一家之母范,实且为通国之女师"(《公祭祁夫人文》,《琅嬛文集》卷六第 279 页)。魏禧死,其妇绝食以殉,彭士望"即枢前拜为女师"(彭氏《与门人梁份书》,《树庐文钞》卷二)。《静志居诗话》写对黄尊素的夫人,刘宗周、瞿式耜"皆目之曰'女师'"(卷二三第 727 页)。陈维崧《奉贺冒巢民老伯暨伯母苏孺人五十双寿序》(《同人集》卷二)亦以冒妻苏氏为"女师"。此"女师",应系女性楷模。

② 颜元《哭奠友人冯绘升》说:"令兄之断弦也,年过半百矣,为择名门处子续之。某心折谓友人曰:'绘升诸德可友,此则宜师矣。'"(《习斋记馀》卷八,《颜元集》第 545 页)所择亦"名门处子"。即纳妾、续弦,也有此严格的标准。

③ 该书写张孺人之干预陈、柳关系,多系猜测。如想象张孺人"号称奉其祖母高安人继母唐孺人之命",将"率领苏嫔……驱逐"柳如是(同上第 265 页)。说陈子龙"遣去"柳如是,"当不出于'阿母'即唐宜人之意,实由卧子(按即陈子龙)妻张孺人假祖母高太安人之命,执行其事"(第 285 页)。说陈氏之家,"人多屋狭,张孺人复有支配财务之权,势必不能更有余地及余资以安置志士独立门户之河东君"(第 309 页)。但你也尽可想象柳主动离开,而非直接受到了陈的家庭的逼迫。倘如此,岂不更可证柳氏掌握自己命运的冷静与强毅?

久矣"云云(冒襄辑《同人集》卷三)。以冒氏所写其妇的慈惠,《影梅庵忆语》中其妇的善待董小宛(以及其他姬妾),应当是可信的。其妇的心胸气量,确也非寻常妇人可比。林璐所撰《丁药园外传》的丁澎妇,也如其夫的豁达大度,富于幽默感。该篇说丁"数得孺子妾",仍心怀不满,"主妇贤,家人多不直丁君"(《虞初新志》卷四第63页)。关于丁澎其人,下文还要写到。

冒襄妇苏氏与其夫同年,三岁订婚,十九岁结褵,康熙十一年以六十二岁卒。冒氏《祭妻苏孺人文》说:"妻之事夫,白首无违,至矣。"其妇做到的,却远不止此。她不但"色养翁姑,又代养祖翁姑",更要侍奉膝下无子的伯祖父母、祖姑、外祖父母、姨母、诸舅、舅母。做冒氏妇,有如是之辛苦!此外还要对她自己的父母尽孝。其他对冒氏之姑("翁妹")之姊之弟,无不委曲求全。祭文写其妇对弟媳曲意迎合,以长嫂而"必抑其年,降其身,顺逊其语言,以媻就之",可以想见冒氏从旁看得心痛,对其妇的体恤怜惜,以及隐忍既久的不平、愤懑。由祭文看,其妇较冒氏更宽容,能忍冒氏所不能忍。无怪乎冒氏愤然道:"世有为侄妇、为弟妇、为长嫂,谦己善下,舍己徇人,至于死而不懈如此者乎!"冒氏祭文刻画的妇人,依了当时的标准,岂"贤德"二字所能尽!祭文写其为人妻,为人媳,为人孙媳,为人弟媳,为人长嫂,为人侄媳……一个妇人在家族中所任角色、所承重负,似是无过于此的吧。"大妇"处冒氏家族的上述艰难,是"小妇"董小宛于侍奉公婆与"大妇"外不必承担的。冒氏感慨道:"通计妻入吾门四十四年,历富贵贫贱、兵火患难、疾病死生、仰事抚(年谱作'俯')育、婚娶丧葬,呼吸旋转,一言一事一步,何一不恃有吾妻也!"这样的文字,那一时期士夫的悼亡之作中殊不多见。尽管不如《影梅庵忆语》的哀婉动人,却悲慨淋漓,文字间可感的伤痛,并不在《忆语》之下。人们但知冒氏有写董小宛的美文,却少有人知其祭妇之文另有其感人处。

在冒氏笔下,其妇的慈惠,及于"父执远友,夫妇贫老,忽来就养"者,及于"里中文士""方外游者",及于仆妇婢子,甚至"厨下廊间,徙倚多老妪,皆无告携归,养之十数年数十年者"。冒氏的一再躬亲施粥,从事赈济,正有其妇的从旁支撑。① 由此看来,其能善待董小宛,确也可信。

以大妇处姬妾,能"不悭不妒""不吝不私",在传统社会至为难能。冒襄笔下的苏氏却不止于此。《祭妻苏孺人文》写苏氏对董小宛:"桃叶载归,小星入侍,怜爱如左右手。"冒氏"年过五十,复为聘老友蔡氏女,视如己女";待苏氏故去,该女即"事老母,娱鳏夫,代主两世中馈"。不惟此,自幼抚养的金、张二姬,"共侍左右",冒氏说,"皆吾妻所赐也"。为其夫设想、预计有如是之周密,这样的"大妇"岂是常人能做到的!②

陈维崧《苏孺人传》说苏氏"端庄缜密,寡言笑,持重晓事理","通变务大体",正是大家主妇的风范。另文说冒氏夫妇"极尽家庭之乐"(《奉贺冒巢民老伯暨伯母苏孺人五十双寿序》)。冒、陈世交,陈维崧居冒家近十年,应得自就近的观察。该篇写到冒妇去世后,年迈健忘的冒母每日黄昏仍寻找其媳。接下来说,冒襄有两岁的幼女,系其妾所出,"每早起,必过孺人之灵帏而号呼曰:'吾母其何往乎?谁复以果饵啖我乎?吾母果安往乎?'大声哭,哭哀极"。该传关于苏氏的叙述,较之冒襄祭文撕心裂肺的诉说,似刻意冷静、平淡,收束处使你感到的震撼,却只能出自陈氏手笔。陈维崧毕竟是较冒襄更

---

① 陈维崧《苏孺人传》中说,冒氏崇祯十四年、顺治九年两次赈荒,"所全活者不下数十百万,皆孺人脱簪珥以助之"(冒襄辑《同人集》卷三)。此前陈氏在《奉贺冒巢民老伯暨伯母苏孺人五十双寿序》中也说,当冒氏救荒时,苏孺人"典当钗环食饰诸器具"以助之(同书卷二)。

② 冒氏所纳妾不止于该文所说。由年谱看,尚有姚氏、苏氏,及未及正定名分的吴扣扣,近于今人所艳称的"妻妾成群"。只是其妾似皆有貌而无年——不止董小宛。据年谱,顺治十一年妾苏氏来归,康熙九年即卒;康熙四年蔡女萝来归,二十五年卒。汪懋麟撰有《蔡女萝墓志》(收入冒襄辑《同人集》卷三),曰蔡氏名含,字女萝,侍冒襄二十二年,卒年四十。侍儿吴扣扣,顺治十八年十九岁,冒氏欲纳其为妾,先期卒;用了世俗的说法,所谓福薄。冒襄得享高年,也就不能不眼看着这些美丽的女子随风飘逝。

优秀的诗人,更有掇掇文字的技巧,知道可以用何种细节、怎样的文字组织击中你。

　　冒襄的《祭妻苏孺人文》《影梅庵忆语》,一写其妇,一写其宠妾,是可资比较的文本。或要两篇文字(以及冒氏的《告祖父墓文》等)并读——当然,《祭妻苏孺人文》表达的,毋宁说更是感激,对于其妇为冒氏家族的贡献与牺牲,以及亏欠其妇的愧疚,不同于《影梅庵忆语》的两性相悦、凄美缠绵,却也一往情深,且令人看到冒氏的处伦常,也是他更"日常"的境遇。至于祭文中的夫妻恩爱,则体现在不惟辅助其夫且以一身承担冒氏家族的重负,应对伦理困厄,为此而承受种种压力及委屈上;善待姬妾,在冒氏的祭文中,还只是小节而已。

　　这里或有士大夫关于妻、妾在家族中位置的认知。妾因地位的卑下,其位置主要在与士大夫个人的关系中,而妻则要承受来自整个家族的评估。对此,由冒襄悼亡妇与亡妾(董小宛)文字的书写方式,即不难感知。冒氏对其妻、妾之死都不胜痛惜。他自以为有负于董小宛(尽管只是"微有负")①;而有负于其妻的,却毋宁说是冒氏家族,尽管此意他并不曾直接说出。《影梅庵忆语》也写了董对于冒氏长辈的"开眉解意,爬背喻痒",董小宛之为董小宛,却显然在与冒氏的关系中;而《祭妻苏孺人文》中的苏氏,面对的是冒氏家族,承担的是那个家族加之于她的不堪承受的重负。由《忆语》看,董小宛并未也不被认为有必要或可能分担"大妇"所任之重。当然,冒氏妻、妾仍然属于个例,即使是有分析价值的个例。冒妻在冒氏家族中

----

① 《影梅庵忆语》的好处,是不有意隐藏故事的残酷性,即如写董小宛在冒故示冷淡后的追随不舍,进入冒家后的刻自敛抑,流离中所处尴尬境地,承受冒氏病中的坏脾气;却未可读作忏悔。那"残酷"或许更是我们这样的读者从中读出的。冒氏《亡妾董小宛哀辞(并序)》,对董小宛的亡灵说,自己"逊然瞿然,似微有负于子,子反不以我为负子者"——只不过"微有负"而已。《忆语》中的怀念无疑是真诚的。由字行间看,有愧却未见得有悔;固然有追怀与痛惜,却也不无自得。这一层潜流削弱了该篇的悲剧性。

的处境，或许也是稍微极端的例子。但考虑到关于其时士大夫婚姻生活的传记材料的稀缺，虽冒氏上述文字所讲述的故事较为特别，不足以概其余，对于考察士人家庭中的妻与妾，仍不失为有价值的文本。

关于冒襄的侍儿吴扣扣，陈维崧为其撰有小传，自谓材料得自冒襄本人的叙述。该篇说吴姬名湄兰，字湘逸，小字扣扣，"举止娟好，肌理如朝霞，眉妩间作浅黛色"（《吴姬扣扣小传》，《陈维崧集·陈迦陵散体文集》卷五第 122 页），"性情才识，不异宛君"（同上第 123 页。按宛君即董小宛）。该篇说，董小宛对吴"见而怜之"，私下里对冒氏说："是儿可念，君他日香奁中物也。"（同上第 122 页）则非但苏氏不妒，董小宛也不妒，无不为冒氏着想，则冒襄何其幸运！① 苏氏鼓励冒襄纳吴扣扣为妾，"怂恿不置"（同上）。吴姬不但能如董小宛般侍笔砚，且也如董般长于理财，"家中出入，悉出姬手"（同上第 123 页）。对侍儿信任如此，愈见出苏氏的豁达。毋宁说较之董小宛、吴扣扣，此妇更稀有难能。但也应当说，冒襄笔下的苏氏，多少出乎常情。你不免会想，关于此妇，是否有未被讲述也不欲讲述的故事？清中后期的俞正燮说，男子纳妾而责妻以不妒，是不情的要求。甚至说，"夫买妾而妻不妒，则是恝（按即漠然）也，恝则家道坏矣"（《癸巳类稿·妒非夫人恶德论》，《俞正燮全集》第一册第 634 页）。何等精到！这层意思，是冒襄一流人不曾想到的吧。用这一种眼光看冒氏妇，以至看陈子龙妇、顾炎武妇、方以智妇，所见想必会有不同。

冒氏为其妇写祭文，在其妇辞世四年之际。② 年谱但写顺治八年董小宛卒，"有影梅庵题咏"，不详是何题咏。收入《如皋冒氏丛

---

① 与冒氏妻妾类似，汪价自说其有妻妾二人，"雍容井臼，各生二男，共保抱之，无异视。四子友爱，一如同产"（《三侬赘人广自序》，《虞初新志》卷二〇第 394 页。按汪价，字介人，一字三侬）。你也不由得要说：汪氏何以如此幸运！
② 何焯《义门读书记》关于潘岳悼亡之诗，说："悼亡之作盖在终制之后。荏苒冬春谢，寒暑忽流易。是一期已周也。……古人未有丧而赋诗者。"（卷四六第 904 页）

书》的《亡妾董小宛哀辞》，篇末冒襄附记，曰"哀文积于胸臆六十五日，两日夜成"，则应于董小宛去世两个月后写就。收入该《丛书》的《影梅庵忆语》，或更写于《哀辞》后。也证明了同为悼亡之作，对于妻、妾，仍严格依循了既有的规矩。

由明至清，关于妾均有平情之论，如归有光所说"古之女子，不幸而为侧室，而其贤德终不可泯者，如《小星》之'寔命不犹'，《归妹》之'以恒相承'，圣人皆书之于《经》"（《张通参次室钮孺人墓碣》，《震川先生集》卷二四第574页）。对妾的处置被认为合于情理的，则如颜元所记阎翁，该翁"得何、乔二女侍巾栉久，一旦谓之曰：'吾老矣，焉用误尔青年为也。'各令携所有可百金，召其父兄载归"。颜元说此翁的行事往往"迥迈寻常"（《习斋记馀》卷八《再奠大来阎封翁文》，《颜元集》第543页）。只是二女"载归"后的命运，就未必是该翁所关心的了。①

至于冒、董故事，以及钱、柳和龚、顾故事，人们仍然更乐于作为名士名妓的故事讲述，而刻意忽略女方的家庭角色、身份，或贬抑其在家庭中的地位。尽管钱对柳以妻相待，当时后世的有些文人，却仍指柳为钱的"副室""小妾"。《板桥杂记·丽品》说龚鼎孳以顾媚为亚妻，顾且受封。孟森《横波夫人考》据此说："横波之称夫人，实受清廷封诰，非泛泛美称。"（《明清史论著集刊正续编》第458页）而当时的记述，也仍然坚持称顾为妾。

刘宗周《论语学案四》："闺门，风化之始也。故称名之礼，夫子盖尝举之。曰'邦君之妻'，则系重于邦君矣，故君称'夫人'，明有匹也；自称曰'小童'，明有尊也；邦人称之曰'君夫人'，尊君也……循名责实，则妾媵固不可以僭夫人，夫人亦不可以耦邦君，而邦君所以端刑于之化者，自不容已矣。"（《刘宗周全集》第一册第598页）其所

---

① 黄宗羲记述其母，说其父黄尊素在天启阉祸中，遗命"五子抚之，群妾嫁之"；其母"不忍嫁群妾，皆听其母家迎去"（《移史馆先妣姚太夫人事略》，《黄宗羲全集》第十册第530页）。"载归"被时人认为更合乎情理，是无疑的。

拟《证人会约·约戒》诸戒中，有"戒闺帏"，曰"弃妻宠妾、以妾为妻、妾饰拟主母者上罚"（同书第二册第 585 页）。王应奎《柳南随笔》论钱谦益次苏东坡《御史台寄妻》诗，说钱氏"原配陈夫人，此时尚无恙也，而竟以河东君为妻，并后匹嫡，古人所戒。即此一端，其不惜行检可知矣"（卷一第 3 页。按钱诗即《和东坡西台诗韵六首》，《牧斋有学集》卷一）。① 王另在《柳南续笔》中记龚、顾，说金是瀛（天石）游金陵，值龚鼎孳大会诗人四十余辈于青溪，"伶人请演剧，天石命演《跃鲤》，举座失色。盖龚自登第后，娶名妓顾眉为妾，衣服礼秩如嫡，故天石以弃妻讥焉。龚为俯首，而天石傲岸自若"（卷四第 202 页）。

陈寅恪所激赏的，更是柳如是勇毅，说："夫女子之能独立如河东君，实当日所罕见。"（《柳如是别传》第 185 页）柳之"个性特强"（同上），"能独立"，也在对"嫡庶"问题的坚持（参看同书第 421 页）。这也应当是柳与顾媚、董小宛大不同处：非顾、董可比，也非顾、董所能。但钱之于柳，龚之于顾，也非当时知名之士中仅有的例子。《静志居诗话》就说茅元仪序杨宛诗，"必称内子"（卷二三第 767 页）。查继佐侧室蒋氏称"夫人"，查亦曰"内子"，曰"妻"（《查继佐年谱》第 30、69 页）。正室病卒，"蒋夫人继理家事"（同上第 31 页）。杭州城降清，查氏"偕夫人蒋氏避乱庙湾"（同上第 40 页）。查氏陷庄氏史狱，眷属饱受惊吓，蒋夫人欲从死（同上第 30 页）。查曾与及门弟子为"继配"蒋夫人做寿，查亲笔大书"令妻寿母"四字（同

---

① 据郭松义《伦理与生活——清代的婚姻关系》，直至清代，纳妾仍一沿前代旧例，"既不讲求明媒正娶"，且有"'纳妾不成礼'的惯例"（第 338 页）。陈寅恪《柳如是别传》引谈迁《枣林杂俎》和集丛赘"都谏娶娟"条云："云间许都谏誉卿娶王修微。常熟钱侍郎谦益娶柳如是。并落籍章台，礼同正嫡。先进家范，未之或闻。"（第 640 页）对此陈氏分析道："至牧斋以匹嫡之礼待河东君，殊违反当时社会风习，招来多数士大夫之不满，乃必致之情势。……在他人如宋辕文陈卧子辈，早已不敢冒天下之大不韪而为之，今牧斋则悍然不顾，作此破例之事。盖其平日之心理及行动，本有异于宋陈之徒。……故河东君与宋陈之关系，所以大异于其与牧斋之关系，实在嫡庶分别之问题。"（第 642 页）

上第 69 页）。①

"称内子"，称"妻"，称"亚妻"，"礼同正嫡"，"衣服礼秩如嫡"，无非蓄意模糊界限，更像是一个花招，一种表达、宣示，既明确又暧昧。而柳、顾、杨等人介于妻妾之间的地位的模糊性，也证明了弹性空间的存在。等级似森严而实有缝隙，便于钱谦益、龚鼎孳这等文人"弄狡狯"，为自己所爱的人谋求一种不至太屈辱的名分。问题确也更在"名分"，至于实际待遇，则本不是问题。

《大明律》卷六《户律·婚姻·妻妾失序》："妻在，以妾为妻者，杖九十，并改正。""若有妻更娶妾者，亦杖九十，离异。"据近人所撰婚姻史，事实上的重婚似乎从未禁绝。"并后""匹嫡"，无代无之。②古代礼法、典制毕竟不同于现代社会的法律、制度，有关的律令往往不敌既成习俗的力量。禁者自禁，娶者自娶，自古已然。至于战乱导致的"复嫡"的被认可，亦有先例（参看苏冰、魏林《中国婚姻史》第150 页）。但有此律文与无此律文，仍然是不一样的。

以钱谦益、龚鼎孳的博学，自然熟于有关掌故，其"并后匹嫡"，处之泰然，笑骂任人笑骂，也因违禁不必付出代价。钱、龚固可自行其是，有关的士论也绝非一律，极迂腐与极通达之论并存。在极迂腐者，钱、柳、龚、顾被认为伤风败俗的，不止于"并嫡"，还有违反了"良贱不婚"的禁制——尽管也从来就是"禁者自禁，而婚者自婚"（陈鹏

---

① 据说查氏殁后，蒋氏遁入空门（《国朝杭郡诗辑》卷二《查继佐》，转引自《查继佐年谱》附录二第 146—147 页），其诸妾的下落，不再被提起。

② 陈鹏《中国婚姻史稿》："周人严嫡庶之别，虽得多妻，不许并嫡"；但当时即有并嫡、二妻并存的事实（参看该书第 423—424 页）。此后几成"流俗"，甚至有"三娶而并嫡"者（第 428 页）。其间曾有异族风气的浸染（参看同书第 427—428、434—436 页）。据同书，明代虽对亲王、品官"再娶并嫡"有禁，亦有人因"有妻再娶"下狱，"然民间双妻之俗，仍难尽绝"（第 436 页）。该书还说："唐律严嫡庶之别，妻、媵、妾、婢，不得互易其位，违者有罚。""综观律文所定，可谓详备，但朝臣以婢妾为妻者，仍比比皆是，且有封国夫人者。"（第 729 页）"盖律文虽设，实等空文。宋人以妾为妻之例之多，不亚于唐，哲宗且亲犯之"（第 730 页）。明代律法虽有上引内容，而以妾受封，亦有其例（第732 页）。

《中国婚姻史稿》第 437 页）。① 徐芳《柳夫人小传》说，因柳如是挺身以一死纾家难，钱谦益子钱孙爱"德而哀之，为用匹礼，与尚书公（按即钱谦益）并殡某所"（《虞初新志》卷五第 81 页）。倘然，则并非柳所出的钱孙爱，也承认了柳的夫人地位。

陈寅恪《柳如是别传》以为崇祯八年陈子龙与柳如是"当已同居"，柳之于陈的关系，"与其谓之为'妾'，不如目之为'外妇'，更较得其真相也"（第三章第 235 页）。② 对于考察其时士大夫的婚姻、两性关系状况，此类"真相"绝非无关紧要。必也正名乎。对于名分，柳如是当年固然在意，陈寅恪写作《别传》时也仍不能不在意。名分与实际有可能不一致，却仍然是了解其人所处伦理地位的显明标识。陈、柳情缘也证明了即使风流放诞如柳如是，也不甘于、安于"妾身未分明"的暧昧状态。但"亚妻"（顾媚）毕竟有一"亚"字；钱娶柳"礼同正嫡"，也到底是"拟之于"，也即相当而非等同于——保留了微妙的差异。

名分与实际的家庭地位，确有可能并不一致；贵妻贱妾，落实到家庭关系处置，或大不然。柳、顾之于钱、龚，显然如此。清初孙垍龄攻龚鼎孳，疏中说到龚取悦顾媚，"置其妻孥于度外"（参看孟森《横

---

① 陈鹏《中国婚姻史稿》："唐律无禁官吏娶娼之文，社会观念亦未尝以娶娼为非。"（第484 页）"宋时判例始有此禁，自士以上娶娼者，为名教所不容，杖八十、离异。""然依当时之社会观念观之，士大夫娶倡生子，未闻有讥刺之者。"（同上）"而朝廷品官，娶倡为妻者，且可受封。"（第 485 页）"元时禁职官娶倡，始定于律。"（同上）"明律只禁文武官吏娶乐人，庶民娶者不禁。"（第 487 页）但毕竟有此禁。同书还说明代"士人娶妓作妾者，亦颇有以娶妻之礼行之者"，所举为孙艾的例子（第 709 页）。可证礼法约束的废弛。李清《南渡录》记弘光元年三月，刑科徐方来疏纠许誉卿等，其中有"誉卿……娶名娼王媺，听与旧狎游饮，为卖奸之正人君子"；据李氏说，其时"人哂其言"（卷五第 238 页）。

② 同书另一处也说："若就陈杨（按杨爱，即柳如是）之关系严格言之，河东君实是卧子之外妇，而非其姬妾。"（第 278 页）一说再说，恐读者"别生误解"（同上）。而这一事实也的确重要，即柳无论对于陈子龙抑钱谦益，均非"姬妾"。陈鹏《中国婚姻史稿》："若娶妾置于外宅者，又称外妇。"（第 679 页）同书卷一二注 8 却又说："外妇之称，始见于汉。"指"仅与私通，而蓄之于外舍，尚未成妾"者（第 738 页）。

波夫人考》,《明清史论著集刊正续编》第 453 页）。顾苓《河东君传》,说柳如是"颇能制御"钱氏,钱"甚宠惮之"（转引自陈寅恪《柳如是别传》第 344 页）。陈寅恪更有意用了世俗的说法,即谁受谁的气。[①] 张履祥之女为其夫所杀,其友陈确的说法是"宠妾杀妻"（《与张考夫书》,《陈确集》文集卷三第 124 页）。至于大妇受小妇的气,即到了近代,也绝非罕见。"婢作夫人",虽是一句挖苦话,背后却大有事实。姨太太僭夺了家族的控制权,是上个世纪通俗小说依旧在讲述的故事。[②] 或许正因了种种对伦理规范的破坏,与妻妾、嫡庶有关的礼制,才有必要一再重申。

《影梅庵忆语》极写进入冒家的董小宛近乎自虐的敛抑,却又说董为冒氏夫妇理财。"余出入应酬之费,与荆人日用、金错帛布,皆出姬手。姬不私铢两,不爱积蓄,不制一宝粟钗钿。"也应可佐证冒氏所说其妇的"不悭不妒""不吝不私"。关于董氏的长于理财、料理琐务,虽在流离中也井井有条,该篇多处提到。当然,仅此尚不足以认定董在冒氏家族的实际地位[③],却使"被接纳"具体化且落实于责

---

① 据《柳如是别传》,当柳氏"初访半野堂之时,牧斋家中党派竞争激烈,勾心斗角,无所不用其极"（第四章第 557 页）。而柳氏垂绝时,作遗嘱与其女云:"我来汝家二十五年,从不曾受人之气。"（参看第三章第 46 页、第四章第 541 页）首先应当是不受牧斋夫人陈氏的气,而陈寅恪更以为牧斋夫人受柳氏之气（第三章第 46 页）。柳氏能不受人气,亦其个性使然。

② 黄裳《关于柳如是》由钱谦益身后的"家变"认为,"二十多年中间钱家的经济大权是掌握在如是手里的"（《榆下说书》第 164 页）,或据王应奎《柳南随笔》钱昵柳如是,"财货出入,系柳主之"云云（卷三第 53 页）。陈鹏《中国婚姻史稿》以大量事实证明妾地位之卑下,却也说"家庭之内,贵妾仍可摄嫡,或独立处分家财"（第 723 页）。

③ 据郭松义《伦理与生活——清代的婚姻关系》第八章第二节"纳妾的理由",士人纳妾的动机,除了继嗣方面的考虑之外,尚有可能在使其协理家政（第 360—361 页）。当然,妾在这种意义上,更是功能性的存在。钱谦益《列朝诗集》一再提到所收女诗人"屏刀尺而事篇章",有诗云"但有图书箧,都无针线箱"（《列朝诗集小传》第 748、753 页）。《静志居诗话》说方维仪"以文史当织纴"（卷二三第 725 页）,都像是一种非此即彼的选择。冒襄《亡妾董小宛哀辞》中的董小宛,则不但"精理茗香,佐钞诗史",而且有俨若出诸天赋的治家才具,"琐瑟米盐,庖下春簌,偶经部署,循循条贯",堪称完人。

任。董承担了她难以承担的责任并从中感到满足而甘于"劳瘁"而死,其间有复杂的因果网络。

也如任一时代,发生于本篇所写这一时期夫妇、妻妾间的,也有如下的恶性事件。方文妻"中风暴死",妻家"移祸其妾","坼妾脑,堕胎死"(朱书《方盦山先生传》,《方盦山诗集》附录第892页),极其血腥。由传世的文字看,上述"人伦之变",似乎并未诉诸"司法"。上文已提到张履祥的女儿被其婿鸩杀,张的友人却劝其息事宁人。① 无论妻还是妾(尤其妾),人身安全难以得到保障,由此可以想见。

明朝末年,不乏家庭伦理事件为政争所利用的例子,无论母子还是夫妇。前者如郑鄤,后者则如倪元璐。《明史》倪氏传,说倪"雅负时望",为温体仁所忌,怂恿刘孔昭攻倪,说倪的妻子陈氏尚在,而以妾王氏"冒继配复封,败礼乱法";辩护者则说陈氏以过失被"出",继娶王氏非妾(卷二六五)。至于万历朝的吕坤因编撰《闺范》而卷入政争一件公案,见《明史》卷二二六吕坤传,亦一戏剧性的例子。

至于士大夫于危难之际的处妻妾,冒襄的《影梅庵忆语》亦一可供分析的例子(见附录一)。下文还将谈到陈子龙、顾炎武当时局动荡、本人漂泊之际的处妻妾,谈到祁班孙当长流宁古塔时的处妻妾。至少以上数例中,士大夫于艰困、厄难中,在其身边的,是其妾而非妻。孙临、葛嫩同死的故事,惨烈悲壮,被人所乐道。② 据钱澄之说,孙氏当危难之际,与其妻方氏诀别,嘱其妻"自为计,觅路归报太夫人"。其妻"从一老妪匿草间,转入村家",得县令资助返回家乡(《田间文集》卷二一《孙武公传》第410页)。孙氏不像当时有些忠臣义

---

① 张履祥本人曾说,对于"怨","当权其轻重大小,轻且小者可忘忘之,重而大者,报之为直,不能报为耻";且自注曰:"小如陵侮侵夺等类,大则义关伦纪者也。"(《训子语》上,《杨园先生全集》卷四七第1355—1356页)或可推想其对此恶性事件的态度。

② 关于葛嫩之死,有不同说法。参看李金堂校注《板桥杂记》第27页注15。

士那样,要求其妻身殉。倘钱的说法是实,则当是时,其妻方氏、妾葛氏均在身边,而孙临的处置不同。自然不便据此而得出某种结论,但士人在自己能做出安排的情况下,对妻妾的处置,似乎确有某种未必明言的"规范"。陈子龙以为仅一妾在身边可免家累;顾炎武将其元配妻子留在家乡,而在漂泊中纳妾;孙临当临难嘱其妻归,而与妾葛嫩同死;祁班孙当长流时,其妻在母亲而非自己身边。这些例子自不足以概其余。清初流人中,就有夫妇同流如吴兆骞、方拱乾者,也有携妾流放的丁澎。但上述诸例仍可玩味。①

再说一点既在题内又在题外的话。收入《甲申朝事小纪》的《崇祯宫词》中的崇祯,是由《明史》读不出的。在与"后""妃"(田、袁贵妃)关系中,崇祯的举动、反应更近于常人,拥有的女子较普通男人为多的男人。该书的如下记述,颇能入于曲折微妙。"六月每日,后著真珠暑衫,每珠五粒,簇一宝石为梅花,缀于衫上。对镜梳洗,上从后调之,后展手以捍,几犯上颊。适为进瓜内侍所见,后深恚焉。"(上册第441页)"苏州织造局进女乐,上颇惑之。田贵妃疏谏云:'当今中外多事,非皇上燕乐之秋。'批答云:'久不见卿,学问大进。但先朝有之,既非朕始,卿何虑焉!'"(上册第453页)"久不见卿,学问大进"云云,甚有意味。谁说崇祯没有幽默感!该书所记的,自然有帝的冷酷以至"家暴"。"后尝以京师急于寇警,微言曰:'吾在南尚有一家居。'上曰:'谁与言之?'因不语。"(同上)"上尝在交泰殿,与后语不合,手推后仆于地。后愤懑不食,欲自裁。上寻悔,命中使持貂茵以赐,且问起居,后勉为一餐。"(上册第449页)"四月八日,上持斋,近侍吴某捧大龙磁碗以进午馔,失足破于阶,声震响。正宫正将治罪,上徐曰:'来!得毋惊恐乎?'戒勿问。"(上册第455页)但帝、后、妃毕竟非常人,即寻常事也属"朝事",并不被认为系其人之

---

① 据有关的研究,妇为夫置妾,或也为了当其夫宦游或有其他流动时,代其陪侍、照料起居(参看郭松义《伦理与生活——清代的婚姻关系》第八章第二节"纳妾的理由"第360页)。因此陈子龙、顾炎武、祁彪佳等人的以妾陪伴,依循的或也是惯例。

"私"。明亡，禁中秘闻即流出。生前不免于朝官、内臣的监督，身后更理所当然地被公诸天下。也因此，臣民看到了一个与他们的经验不甚相远的皇帝。其燕居处后、妃，正令人想到士绅的处妻妾。而其对田贵妃的一往情深，又不得不强自敛抑；皇后在田、袁两贵妃间的关系处置，都刻画生动——"第一家庭"也仍然是家庭。

"古风妻似友"

这个题目涉及了古代中国士大夫生活中较为诗意的方面。归庄有诗曰："古风妻似友，佳话母为师。"（《兄子》，《归庄集》卷一第100页）据邑志，归庄书门联云："一身寄安乐之窝，妻太聪明夫太怪；四境接幽冥之宅，人何寥落鬼何多！"（《补辑·归庄门符》，同书第603页）不但可感其本人的诙谐，其夫妇相处中的谐趣亦可想。

"五伦"中"友"之一伦，最平易亲切，虽不便拟之于近代意义上的"平等"，却有"平等"的意味，在传统社会等差格局中较为特殊。有所谓"友于兄弟""兄友弟恭"，有"亦师亦友"，也有以夫妇而兼朋友。黄宗羲说臣之于君，若"以天下为事，则君之师友也"（《明夷待访录·原臣》，《黄宗羲全集》第一册第5页）。以上表述中，"友"均提示了社会、政治生活的和谐面，隐含了古代中国人对于人与人关系的美好体验与憧憬。明人、明清间人，以妻为友——至少作类似表述——者，不乏其人。茅坤说其妇"畅名理、解文义，当与古之辛宪英、徐淑略相似"；还说"予所共结发而床第者四十五年，未尝不师且友之"（《敕赠亡室姚孺人墓志铭》，《茅坤集》第702页。按西晋辛宪英，明于识断；东汉徐淑，能诗）——非但"友"之，且"师"之。叶绍袁在写给其亡妇的祭文中说："我之与君，伦则夫妇，契兼朋友。"（《百日祭亡室沈安人文》，《午梦堂集·鹂吹·附集》第211页）该篇中的叶氏与其妇，"或以失意之眉对蹙，或以快心之语相诼；或与君庄言之，可金可石；或与君谑言之，亦弦亦歌……"（同上）钱谦益记某书生"合卺之夕，犹张灯夜读，夫妇相庄，师弟子如也"（《和州鲁氏先茔神道碑铭》,《牧斋有学集》卷三五第 1226 页）。其《列朝诗集》说韩邦靖夫妇"诗文倡和,如良友焉"（《列朝诗集小传》闰集《韩安人屈氏》第 729 页）。妾亦不妨"似友"。冒襄《亡妾董小宛哀辞（并序）》说董姬"非余爱妾,乃余之静友也";更说董虽"流离患难疾病死生"而"不渝其志",则其又"非仅余之静友,实余之鲍叔、钟期也"。《板桥杂记》记卞敏（卞赛妹）"归申进士维久。维久宰相孙,性豪举,好宾客,诗文名海内,海内贤豪多与之游。得敏,益自喜,为闺中良友"。该书上海古籍版李金堂校注,说"闺中良友"只是余怀的说法,据吴梅村《画兰图》及注,卞敏归维久"不得志"（中卷《丽品》第 39页）。这类误传误信想必还有。

"妻似友"既是"古风",也就非为文人所专。其时的大儒,也有以其妇为友者。孙奇逢祭其妻,说:"尔虽吾妻也,实吾友也。"（《祭亡妻槐氏文》,《夏峰先生集》卷一〇第 378 页）刘宗周为将来与夫人合葬预撰墓志,说当其妇死,自己哭之曰:"失吾良友!"（《刘子暨配诰封淑人孝庄章氏合葬预志》,《刘宗周全集》第三册下第 913 页）在人们的想象中面目严冷举止僵硬的刘宗周,亦以其妇为友,可证"似友"确属"古风",而"古风"通常被认为是美好的。

同属"似友",不妨有境界的不同。刘宗周子刘汋编撰的刘氏年谱,说其母"性刚明,举止端重,处闺阁无惰容"（同书第五册第 355页）,的确与其夫匹配。① 另一大儒黄道周,其妇也堪称其净友与同志。黄道周本人博学多能。蔡夫人系黄道周继配,"性贞慧,能诗善书,最工绘事";"夫人之书,王渔洋（士祯）评之曰:'能得夫君之法,造次视之,殆不易辨。'"与黄"同以正楷中杂分隶,字画端劲,不类妇人书",故往往有黄氏书"或出夫人之手者"。"画以写生为主,得五

---

① 至于吃苦耐劳与严苛自律,也与刘氏相仿。据年谱,当刘氏授徒,"夫人御短褐亲操作,以供蔬粝,足迹不至公庭。即造庐者拒弗见"（同上第 121 页）。

代人遗法,一花一叶,俱极生动。"①黄道周崇祯十三年因言获罪时,"夫人写《心经》百卷,以慰夫君";隆武朝抗清兵败被执,"夫人致书曰:'到此地步,只有致命遂志一着耳! 更毋转念!'"时人拟之于宋代王炎午的生祭文天祥,"洵闺阁中铁汉也"(同上)。此蔡夫人虽才华较刘宗周妇远过,但与其夫黄道周的情性亦何其相似!

即使如刘宗周妇的不长于诗画,至少也应当与夫子相知,心意相通。唐顺之称道其妇,说"余最迂癖寡合,入门则欢然若得朋,以孺人素能得余心事也"(《封孺人庄氏墓志铭》,《唐荆川文集》补遗卷五)。这种知己之感,闺中最为难得。却也仍然以不但同心、共患难,且谐琴瑟、能唱和,更合于理想。理想的文人妇,应当美而慧,禀赋优异,与其夫有同样精致的品位,教养与才智相当。陈维崧《妇人集》谓董小宛"明秀温惠",与冒襄"雅相称"。"相称"即彼此匹配,方可成"佳耦"。退而求其次,也须略解风雅,否则就难免会煞风景。这种文人妇,通常出自名门。

高彦颐《闺塾师——明末清初江南的才女文化》一书,以"伙伴式婚姻"为"社会性别平等的一种有限实践"。该书的作者说,通过"伙伴式婚姻",她谈的是"有知识的、琴瑟和谐的夫妻组合,他们相互间充满尊重和喜爱"(中译本第179页)。② 明清之际的文人,往往被由"名士风流"的一面想象。《板桥杂记》等所写,的确也是"传统社会"最旖旎的一片风景。夫妇一伦因其常态而被忽视,"文人妇"似乎不被认为是文人生活中的重要角色。高彦颐该书却使人看到了另一派风景。

前此最负盛名的文人夫妇,无非赵明诚、李清照,与赵孟頫、管道

---

① 参看傅抱石编译《明末民族艺人传·蔡玉卿(石润)》第45页。按蔡夫人名石润,字玉卿。杨凤苞《秋室集》卷一《书黄石斋夫人蔡氏玉卿孝经墨迹卷子后》,认为该卷的书写在顺治十二年(永历九年)前、顺治三年(隆武二年)后。按顺治三年黄被害,十二年闽中大饥,黄氏的三个儿子,伯仲皆为人所食,则蔡夫人所历,惨绝人寰。杨氏说:"夫人书法之善,钱少詹辛楣言之详矣,余无以益也。"
② 伊沛霞《内闱——宋代的婚姻和妇女生活》中译本则有"伴侣型婚姻"之目(第139页)。

昇。据说赵明诚赞李清照"亦妻亦师亦友",本篇所写的这一时期,仍被士大夫夫妇、更被名士才媛作为蓝本。黄宗羲《李因传》,写李为葛某副室,"夫妇自为师友","奇书名画,古器唐碑,相对摩玩舒卷,固疑前身之为清照";还说又有人拟之于管道昇(《黄宗羲全集》第十册第 569 页)。据钱谦益《列朝诗集》,名妓孙瑶华归新安汪景纯,为其鉴别古书画鼎彝,"不失毫黍",被许为"今之李清照"(《列朝诗集小传》闰集《孙瑶华》第 759 页)。《妇人集》所记妇人,多博学有才,能诗工画;有若干名妓,更多的是闺秀。由此集可知,士人妇中,有才调、擅诗文者,颇不乏人。如徐灿者,陈氏以为"南宋以来,闺房之秀,一人而已",与朱淑真、李清照在娣姒之间。①

　　但仅由上文所及亦可知,以才艺为人所艳称的,进入了士大夫家庭的青楼女子更甚。在旧院才媛,"色""艺"均为谋生之具,本不宜在"家庭"这种场景中展示,否则即像是隐含了对女性的家庭角色的挑战。而柳如是、顾媚、董小宛以特殊身份进入士大夫的家庭,却也宜于作为考察士大夫婚姻中女性角色的材料——虽不足以例其余。无艳遇不成其为"名士",或只能是有缺陷的名士。旧院才媛的才艺,是其"职业训练"的一部分,一朝做了文人妇(无论大妇小妇),"商榷图史,酬唱诗歌",即成文人风雅的绝好点缀。董姬为人艳称的,也是其人的经营"牙签湘轴"且能书善画。由冒襄的《影梅庵忆语》可知,董不但撰有《奁艳》,且侍冒裒集四唐诗,尽管不足拟之于李、管。② 同书关于顾媚,则说"顾夫人识局朗拔,尤擅画蕙兰,萧散落拓,畦径都绝"。较之画技,或许"识局朗拔"更为难得的吧。

① 吴骞说,陈氏《妇人集》"风流荡荡,有典午名士之习;然而故家遗俗流风,不与玉树后庭同其消灭者,亦仿佛于是乎见"(参看谢国桢《增订晚明史籍考》第 766 页)。按《妇人集》,确系名士口味,着眼于"才调""韵致",所记多为一时名媛。
② 据张明弼《冒姬董小宛传》,董姬归冒氏后,"与辟疆日坐画苑书圃中,抚桐瑟,赏茗香,评品人物山水,鉴别金石鼎彝。闲吟得句,与采辑诗史,必捧砚席为书之。意所欲得与意所未及,必控弦追箭以赴之……相得之乐,两人恒云天壤间未之有也"。

最为时人后人称羡的士夫的"闺中良友"，自当为"博涉书史"的柳如是。据说《列朝诗集》中关于女诗人的评论为柳如是所写。沈虬《河东君传》，说柳"知书善诗律，分题步韵，顷刻立就，使事谐对，老宿不如"；"在绛云楼，校雠文史。牧斋临文有所检勘，河东君寻阅，虽牙签万轴，而某册某卷，立时翻点，百不失一。所用事或有误舛，河东君从旁颇为辨正"（《牧斋杂著》附录第966页）：令你想到的，不就是赵明诚、李清照？这也正合于作者的意图。由文献看，朋辈确也以赵、李目之（萧士玮《读牧翁集七则》，参看范景中、周书田编纂《柳如是事辑》上编卷二第33页）。萧士玮题《牧斋初学集》，顾苓作《河东君传》，均以赵明诚、李清照拟钱、柳。顾苓（云美）《河东君传》记钱、柳定情后，钱"为筑绛云楼于半野堂之后……君于是乎俭梳靓妆，湘帘棐几，煮沉水，斗旗枪，写青山，临墨妙，考异订讹，间以调谑，略如李易安在赵德卿家故事"（转引自陈寅恪《柳如是别传》第四章第344页）。有意思的正是"略如……故事"。这或也是当年钱氏所在的文人圈子中的共识。①

钱谦益、柳如是，龚鼎孳、顾媚，为其时的"公众人物"，难免吸引窥视，有诸种传闻。陈寅恪以某种记述文字为"谤书"。关于有传闻说柳的诗文有人代作，陈氏说："推求此类诬谤之所由，盖当日社会，女子才学远逊男子，忽睹河东君之拔萃出群，遂疑其作品皆情人代替也。"（《柳如是别传》第四章第506页）陈洪绶"生平好妇人"，其所撰《题花蕊夫人宫中词序》，说凡佳诗文均可传，品类、节操是否有玷，不宜作为传与不传的条件——也无论其人是妇人还是男子。他为"花蕊夫人"辩，说即使其人"品"不足称，文字倘佳，也不妨传之后世。② 无论如何，在才艺以至学养上可与男性比肩、颉颃的女性，是

---

① 钱谦益《短歌题管夫人书画》（《牧斋有学集》卷一），被认为以赵孟頫、管道昇自况。
② 该文说花蕊夫人固无足称，"然男子而若是者辈辈，乌可以责妇人？男子而若是，又无夫人之才，诗文芜陋行于世者又辈辈，妇人而佳者可不传欤？"（《陈洪绶集》卷一第15页）

一道令当时的士大夫与俗众都心情复杂的风景。但即陈寅恪所说的"谤书",也自有考察价值——对于社会心理,及与性别有关的偏见。"谤"中或有补偿心理,如鲁迅所写女娲两腿之间的小丈夫,未必当真有那样强烈的道德义愤。

你不难注意到,上文所及女性,多产自江南。陈寅恪由吴越名士佳丽,说到《聊斋志异》的"托灵怪以写其理想中之女性",而蒲松龄悬拟之狐女,在吴越乃"真实之人",如柳如是一流,以见当时"南北社会风气"之"歧异"(《柳如是别传》第三章第 75 页)。然如蒲松龄经验中全无其人,也难以写到如此灵动的吧。安知蒲氏不曾遭遇灵秀黠慧如狐女的女子?山水的灵气并非仅毓于南方。无论南北,风气均难作一概之论。但总体而论,南北的差异是无可怀疑的——尤其滋养人物的人文风土。

上文提到了诗人的悼亡之作。写夫妇日常生活的,如老杜"昼引老妻乘小艇,晴看稚子浴清江"(《进艇》),"老妻画纸为棋局,稚子敲针作钓钩"(《江村》),均为写家居小景的佳句。明清易代后,钱谦益回首往事,写自己幼年时所见从祖父、祖母。其时为万历初年,自己家的全盛时期。"从祖父县雉于庭木,舍矢命中,顾盼自喜",从祖母则"鼓琴于房,桐弦铿然,声满窗户"(《明旌表节妇从祖母徐氏墓志铭》,《牧斋有学集》卷三三第 1193 页。按从祖父、从祖母,父亲的堂伯叔父、母)。将"琴瑟和谐"体现于具体情境,运用的自然是文人长技;取的是从旁观看的态度,与画中人的体验无干。这里,"情调""意境"较之生活的物质方面,无疑更被注重。上文说到归庄的诙谐。《世说新语》中有《排调》之目。据说计东妇吴夫人"善排调",计本贫士,尝置一妾,夫人揶揄之曰:"古闻糟糠之妾,如何?"(《妇人集》)夫妇间的雅谑,使得严肃、严重的问题轻松化了。宋代隐士杨述对君主说其妻调侃自己,曰"今日捉将官里去,这回断送老头皮",以示无意于仕宦。倘那诗果为其妻所作,而非杨述本人弄狡狯,那妇人的幽默、善谑,夫妇生活的氛围不难想见。①

　　提供了较多关于夫妻日常生活的描写如祁彪佳者,依我的阅读经验,并不多见。正史中的祁彪佳,是为官严正的官僚;文集中的祁氏,其教养与习癖,却十足是风雅文人。一部传世的《祁忠敏公日记》,尽管格于文体,记述嫌简略,作为本篇的材料却已足够珍贵。聊引几则,以见一斑。崇祯九年二月初二日,"与内子闲坐朝来阁,雨后山色,青翠袭人,不觉抚掌称快"(《居林适笔》)。同年十月初八日:"为内子诞日……晚,悬灯山中,与内子观之为乐。"(同上)崇祯十年四月十九日,"与内子至山,令奴子悬灯于水涯,波光掩映"(《山居拙录》)。日记中多有与夫人同游的记述。如崇祯八年六月初十日,偕其妇买湖舫游江氏、翁氏诸园,"泊于放鹤亭下,暮色入林,乃放舟西泠,从孤山之南戴月以归";同月二十三日,"偕内子放舟于南屏山下,予熟寐于柔风薄日中,梦魂栩栩,为欸乃声所触,醒"(《归南快录》)。游园,看花,观戏,听歌,对弈,访友。甚至行善施济,亦与其妇同行。② 更为难能的,是祁氏躬亲琐务。妇病,为其延医寻药,求签问卜,调治药饵。商氏产一女,祁氏说自己"内调产妇,外理家事"(《自鉴录》,崇祯十一年十一月二十六日)。商氏产女血崩,祁氏"为之彷徨者竟夜"(十四年十二月初九日)。其妇"体复不安,彷徨终夜"(同月十四日)。连日为其妇治药饵,外理应酬诸务,大之如岁暮交际,细至米盐琐屑,"皆一身兼之,苦不可言"(同月二十七日)。亦如刘宗周的与其妇分担家务,是切切实实的一份关爱,也是士夫笔下家庭生活的温馨一幕。祁彪佳对妻商氏的体贴,也要由这种文字,才更能读出。《静志居诗话》关于祁彪佳夫妇,说:"祁、商作配……伉俪相重,未尝有妾媵也。"(卷二三第727页)上文已经说到陈确、傅山的不纳妾,有可能出于对其妇的怜惜,

---

① 黄宗羲说"魏野所谓断送老头皮"(黄百家《先遗献文孝公梨洲府君行略》,《南雷诗文集附录》,《黄宗羲全集》第十一册第426页)系误记。杨述、魏野传,见《宋史》。
② 《山居拙录》崇祯十年十二月二十七日,"与内子驾舟至各村,给贫家赡米"。

家人父子

60

而祁氏的不置妾，更应因了"伉俪相重"；准确地说，应出于祁氏对其妇的钟爱与尊重。①

《静志居诗话》："祁公美风采，夫人商亦有令仪，闺门唱随，乡党有金童玉女之目。"（卷二〇第 623 页）冒襄弟冒褒注《妇人集》，引魏耕语，说祁彪佳"居恒有谢太傅风"，商氏则为当代贤媛之冠（《如皋冒氏丛书》。按谢太傅，谢安）。《妇人集》："会稽商夫人以名德重一时，论者拟于王氏之茂宏，谢家之有安石。"（按茂宏，王导；安石，谢安）则固有拟祁彪佳于谢安者，亦有拟商景兰于谢安者。② 商景兰不能比之于李清照、管道昇，但其人确也兼有美貌与才情。祁氏寓山别业的经营，就有她的一份慧心。日记中祁彪佳与夫人商氏琴瑟和谐，伉俪情深，像是没有狎游的记录，却也偶尔会一会柳如是，可证于礼法并不甚拘泥。其人对异性的鉴赏力，商氏对其夫的信任，都可据此推想。③ 商景兰于祁氏自沉后悼其夫，有"当时同调人何处，今夕伤怀泪独倾"句（《过河渚登幻隐楼哭夫子》，《祁彪佳集》附录《商夫人锦囊集》第 274 页）。祁、商之为"佳耦"，也正因夫妇"同调"。既同调，妻也就非夫的附庸。④

当祁彪佳于鼎革之际自沉，商景兰却并未从死。弘光朝，祁氏以

---

① 祁彪佳对其岳父大人说，"令爱妇道克修，家慈而下，盛称令媛"；说自己"违离老母，全得令爱孝养家慈，可谓竭力尽心，以是稍得放怀"（《寄外舅商等轩先生书》，《祁彪佳集》卷三第 54、56 页）。

② 据陈氏同书，黄运泰、毛奇龄撰《越郡诗选》，其凡例曰："闺秀则梅市一门甲于海内，忠敏（按即祁彪佳）擅太傅之声，妇人孕京陵之德。"

③ 据祁彪佳日记，辛巳年十一月二十六日，他曾至拥书楼"观秦心卿画柳如是"，托人代录其诗（《小捄录》）。祁氏访柳如是，见诸日记《弃录》己卯年三月二十九日："至吴弘文寓访柳如是，获晤。"

④ 高彦颐《闺塾师——明末清初江南的才女文化》第六章写到易代中的祁彪佳夫妇："商景兰有着自己的朋友圈，基本过着与丈夫分开的社交生活。"（中译本第 240—241 页）《宣统诸暨县志》卷六〇关于陈洪绶，说其妻来氏"承家学，工诗，清闺唱酬，颇饶韵致"。续娶韩氏，亦工诗。姜胡净鬘，女道蕴，"一门闺秀，尽能诗工画"（《陈洪绶集》附录第 628—629 页）。"韵人韵词韵事，与梅墅祁氏抗艳一时。"（同上第 631 页）"梅墅祁氏"即祁氏一门。可知祁氏一门当其世已被视为典范。

都察院右佥都御史巡按苏、松,曾招工疏浚院署的水池,指所濬池对其兄说,倘自己率将士战死,"若妻、子则归此"(《祁彪佳集》卷一〇杜春生辑《遗事》第 250 页)。濬池,更像是一种姿态,宣示其必死的决心。而自沉前的祁彪佳,与商景兰间应当已有默契。商氏诗作中有《悼亡》一首,曰:"公自成千古,吾犹恋一生。君臣原大节,儿女亦人情。……存亡虽异路,贞白本相成。"(同书附录《商夫人锦囊集》第 260 页)说得很朴素坦然,《琴楼遗稿序》中的解释反而显得多余。据《闺塾师——明末清初江南的才女文化》,商景兰大约死于 1676年,在丈夫死后生活了三十多年。上文提到过的黄道周妇蔡氏,于黄殉难后也未从死,且享高年,"抚孤立节,寿过九十卒"(傅抱石编译《明末民族艺人传·蔡玉卿[石润]》第 45 页)。

上文说到"友"之一伦有"平等"的意味,这里应当说,对所谓"妻似友",不宜作过度的想象与诠释。[①]《闺塾师——明末清初江南的才女文化》,范围明确,不但为"才女"(上流社会男性有文学、艺术才华的妻、女,名妓),且处"江南"(其时的发达地区)——凡此,都不足以例其余,甚至同一地域的其他阶层、社会身份的女性。女性世界中的少数精英,在当时乃是令其他女性望若天人的另一世界中人,属于极小的排他的女性圈子。该书引吴颢《国朝杭郡诗辑》记述明末清初杭州才女"蕉园七子"柴季娴与其女友活动的如下文字:"是时武林风俗繁侈,值春和景明,画船绣幕交映,湖湄争饰,明珰翠羽,珠髻蝉縠,以相夸耀。"季娴独漾小艇,偕其女伴,"练裙椎髻,授管分笺,邻舟游女望见,辄俯首徘徊,自愧弗及"(中译本第 248 页)——意识

---

① 《闺塾师——明末清初江南的才女文化》:"在个人层面上,一些女性在学问和文学的世界中,获得了与男性平等的地位,但在体制层面上则恰恰相反,对女性作家的推崇,反而强化了社会性别区分即'男女有别'这一前提。"(中译本第 70 页)"女性读者兼作者的兴起,在很大程度上标志着儒家社会性别体系的强化,而不是它的消亡。受教育女性将其新的文化资源,服务于了(了字疑衍)她的母性和道德守护天职。在博学的母亲和教师的支持和推动下,社会性别体系的基础甚至变得比以前更牢固。"(第70—71 页)

到自己的优越,甚至未必不是在刻意显示自己的优越,世家大族向暴富的伧俗人家显示的文化优越。"小艇""练裙椎髻",惟自信其优越才敢于如是质朴。不妨说,当此场合,"练裙椎髻"也正是身份的证明。

流离、播迁中的夫妇

我曾对明清之际士大夫的"游走与播迁"专文论述,这里接续这一话题,由易代之际士人的流动谈起,只不过将夫妻(及妾)均纳入考察范围;而后再进入一种特定情境,即清初流人之"流",同样以夫妻(及妾)为考察对象,据士人文字,看其人在如上的境遇中,如何处夫妇一伦。当然,主要材料为当事者的自述,与他们的"实际生活"不便混为一谈。"自述"作为材料价值在于,其中往往有为士人摄取的"生活小景",由笔墨间又可察知其处那一种非常状态的态度。这里有流动着的人,流动中的"人伦",人们眼中的"患难夫妻(妾)",患难中的夫妻(妾),以及士人于患难中如何处"夫妇"。非常态所以映照常态,作为常态的注释与补充。我的兴趣也依旧在"伦理规范"所不能涵括的丰富面相,尝试着关于古代知识人的生活,打开更宽裕的想象空间。

陈子龙自撰年谱,记自己甲申年三月治兵蛟关,"时予久遣家累,惟一妾在官舍,书卷数束而已"(《陈子龙诗集》附录二《陈子龙年谱》卷上第688页)。陈子龙曾先后纳蔡氏、薄氏、沈氏为妾(同上第649、662、670页)。此时在官舍陪侍的,未知是哪一个。由陈寅恪所考陈氏的家庭关系,不难知晓其以何者为"累"。据王沄所续陈氏年谱,顺治二年九月,陈氏"携家侨居于丁氏"(同书附录二《陈子龙年谱》卷下第710页),此时或妻妾同在。同年陈氏曾避地,其妇则"扶衰亲,抱幼子,展转流寓,备历艰险"(王沄《三世苦节传》,《陈子龙诗集》附录二第739页)。

易代之际士人于流离、播迁中的处妻、妾,可以顾炎武、方以智为例。顾氏于崇祯四年娶王氏,顺治六年纳妾韩氏,十年,更纳戴氏。顺治四年,有《将远行》一诗;年谱将《丈夫》一首系于顺治九年。①顾氏四十五岁那年北游,已是顺治十四年。十六年曾南归到扬州,十八年南归至杭州,其间或与妻妾团聚(以上参见张穆《顾亭林先生年谱》)。据《顾亭林诗笺释》,顾氏纳妾,"王氏仍以元配家居";顾氏北游,"音问亦未尝断"(卷五第 1004 页)。韩氏、戴氏外,顾氏似还有临时性的姬妾。据年谱,康熙十四年,纳妾于静乐。《亭林馀集·与潘次耕札》中有"去秋已遣祁县之妾",今春挈"幼子"往华下云云。同札还说李因笃"欲为我买田结婚之计,事虽未可必,然中心愿之矣"(《顾亭林诗文集》第 168 页)。似乎随所到之处而纳妾,且对此不无自得,说"他日南北皆可遗种"(《蒋山佣残稿·与李霖瞻》,《顾亭林诗文集》第 186 页)。

对其"留守"之妇,又不像是毫不介怀,甚至视其妇为畏友(参看《顾亭林诗笺释》卷五第 1007 页)。顾氏于康熙二十一年以七十岁卒于山西,前于此,十九年,其妇王氏死于昆山。年谱:"讣至,次日出署。十一日成服,设祭。逢七,祭奠焚帛如常仪。"②顾氏有《悼亡》五首,其一曰:"独坐寒窗望藁砧,宜言偕老记初心。谁知游子天涯别,一任闺芜日夜深。"(《顾亭林诗笺释》卷五第 1004 页)自顾氏北游,至此已近三十年,王氏的苦况可想。全祖望《亭林先生神道表》:"庚申,其安人卒于昆山,寄诗挽之而已。"(《鲒埼亭集》卷一二)"而已"大可品味,不过如此,而已。

方以智于明亡之际逃亡、流寓,更于永历朝覆亡后为僧,年谱偶有其妻妾的消息。明亡前方氏曾流寓南京,《卜寓》一诗中说:"作客常一身,出门何所顾。岂意故乡乱,家人尽南渡。"(《方子流寓草》卷

---

① 《丈夫》:"丈夫志四方,有事先悬弧。焉能钓三江,终年守孤蒲。……岂无怀土心,所羡千里途。"(王冀民《顾亭林诗笺释》卷二第 244 页)
② 《蒋山佣残稿》中《与李子德》(按李子德即李因笃)一札,提到"家中忽报亡室之讣"(同书第 185 页)。

二)携家流徙,乃万不得已。① 之后寓居京城,崇祯十三年除夕夜,侍父于狱,说"却将自古妻孥夜,竟作贤豪促膝时"(《方以智密之诗抄·痒讯·庚辰西库除夕》,转引自任道斌《方以智年谱》第100页)。三十二岁那年,方氏纳妾(《年谱》第113页);同年"迎家人入都"。甲申之变,方氏在京城被执,"乘间逃脱,弃妻小于不顾"(同书第125页)。事后方氏回忆南逃前的生离死别,说"妻孥跪涕泣""痛哭与我决"(《方以智密之诗抄·瞻旻·纪难》,转引自《年谱》同页)。抵达南京后,他的白发老亲高兴的却是他"怀忠弃妻子""家门无愧对钟山"(《瞻旻·告哀诗》,转引自《年谱》第128页)。弘光朝刊罪拘捕北都南归诸臣,方氏被迫逃亡,漂泊于南粤山水间。顺治三年,其父遣其妻及幼子来粤(《年谱》第138页)。永历年间(顺治四年)方一再"弃妻子""孤身远遁"(《年谱》第141、144页)。② 方氏由北京至南京至广州,在两广及湖湘漂泊,曾一年三易姓名,其妻孥即如此颠沛流离。据《年谱》,方氏隐居平乐平西山时,"僦居破庐,上漏下湿,鸡豕杂处,旧疾时发。又以僮瑶为伍,瘴疠相胁"(第170页)。其妻子应同处此境。永历四年(顺治七年),方以智在桂林纳妾(《年谱》第167页),此妾最终的下落不详。同年,其妻子曾"俱困集舟中"(同书第168页)。也是在同一年,方氏四十岁,被迫"剃发僧服"(第169页);次年,其妻孥由人护送北返(第172页)。同年冬作《自祭文》,"言自甲申之变后,心如死灰,所眷眷者,惟故乡老亲而已"(第173页)。为僧后,方氏于永历六年(顺治九年)曾"于青山逢妻及幼子"(第180页),除夕返桐城,三代团聚(第181页)。永历九年(顺治十二年)父卒,奔丧桐城(第194页),应与妻相聚。由《年谱》看,永历十二年(顺治十五年)春,方氏离桐城。永历十五年(顺

---

① 同书卷五《家徙》序曰,自己"不喜居井邑",扁舟东游。"及闻桐变,家人忽至。仓卒奔走,载细弱,发舟东下,僦市而谋饔飧,流离之苦,可胜太息哉!"

② 方氏说自己"数年之间……两弃妻孥"(《寄张尔公书》,《浮山文集前编》卷八《岭外稿》)。所谓"弃妻孥",或系将妻孥托付友人,以便只身流亡(参看同书第144页)。永历二年(顺治五年)在友人处与妻及幼儿团聚(第153页)。

治十八年)方氏"有归桐城之意"(第218页),未成行。此后"时有回乡终老"的意愿(第250页)。五十八岁那年,"回桐城终老之意已决"(第253页),其子"在桐城动工修报亲庵",欲迎方氏"归养"(第255页)。次年,"报亲庵"落成,方氏已作返乡准备(第258页)。第二年"预秋日还桐"(第260页),却又负约,迟迟不归(第266页)。康熙十年,方氏六十一岁,死于舟中,其孙"回桐城安慰祖母"(按即方氏妇)。

上文已经谈到易代间的"万里寻亲"故事。其时固然有子寻父的故事,也有妻寻夫的故事。方以智妻就曾携幼子由浙、闽至西粤寻其夫,有人为作《万里寻夫文》(参看任道斌《方以智年谱》第138页)。由钱澄之《方太史夫人潘太君七十初度》可知,方氏的夫人七十尚在。该诗序说,方氏"甫四十出家",二十年而殁。"夫人称未亡人,长斋奉佛,以迄于今。"(《田间文集》卷一九第378页)还说方氏为僧后,曾"间道归省老亲……亲殁,子事毕,出世青原"。"子事"既毕,从此也就真的为僧了(同上第379页)。① 未提及其妇。方氏固然是人子,也是人夫,后一种角色,在这种叙述中,似乎是无关紧要的。士大夫妻妾的人生片段,有时即零碎地嵌在其夫的传记材料中——只是"片段",通常连不成线,大片的空白留给你以想象填充。甚至并片段也无从搜寻,只有其夫婚娶的简单记载。记述简略或竟不记述,有诸种可能的原因,包括模糊的"隐私"意识,更可能出于轻视,或只是作为一种姿态的"轻视"。②

甲申之变后的流离中,冒襄说自己"一手扶老母,一手曳荆人",董小宛则"颠连趋蹶",竭力尾随(《影梅庵忆语》)——危难之时务将其妻(更不必说老母)置于姬妾董小宛之上,并未因仓促而颠倒了

---

① 对于方氏练习为僧的过程,钱氏曾有切近的观察。本篇也说,"公之僧固不易为也,然公自此真为僧矣"(同上)。"真为僧",夫妇一伦也就从此中绝。

② 未知王夫之任职永历朝及此前此后漂泊流徙"随地托迹"时,其妇在何处。其子王敔《大行府君行述》记永历朝内讧时,"仆妾惊泣"(《船山全书》第十六册第72页),可知有妾随侍。

伦序。冒氏在非常情境中对妻妾的处置,正可资考士大夫家庭中妻、妾所处位置,士大夫自觉遵循的伦理规范,所认为的合于"礼义"的处理家庭关系的方式。《豫变纪略》彭家屏刻本附录徐应芬《燕都志变》,记李自成西遁,作者与龚鼎孳等人一道逃难,"皆短袄敝裤",状极狼狈;顾媚因"美而艳",不得不一再"俯拾尘土自污"(《甲申史籍三种校本》第335页。按《燕都志变》亦题《遇变纪略》)。时甲申五月朔日。同系逃亡,龚、顾与冒、董,在当时人的眼中,自然是性质不同的故事,属于全然不同的境界。

关于明清之际(尤其清初)士人的谋食之游,我在关于江右易堂的文字中已经写到①,只是未取夫妇中"妇"的角度。与上文写到的方以智、下文将要写到的与方拱乾有亲戚关系的方文,明亡后以游食、卖卜、行医为生。其《夜坐赠内》的首联,有极家常的情景:"秋夜张灯掩竹扉,左边开卷右缝衣。"很温馨。"温馨",也正应当是当时方氏所感,因而有尾联的"虽然环堵安闲甚,始悔从前游不归"(《嵞山集》卷八,《方嵞山诗集》第296页。按上文已写到方文的家变,这里所写其妇或为继室)。但这种"悔"似乎留不住方文,因而有一再的游与一再的"悔"。《代内答》用了其妇的口吻,抱怨其夫"一年十二回明月,十一回明不在家"(同书卷一二第403页)。他自说出游乃为饥所驱②,说自己"年年作客轻离别",其妇则"事事持家多苦辛"(《六月廿六日为内人四十初度寄之》,《嵞山续集后编》卷四,同书第819页);《旅食叹》也写到"门户全凭健妇持"(同上卷五,同书第857页)。但"饥驱"或许也是太现成的说辞。《将之兖州留别内子》的收束处,就说了一句老实话:"不是轻离别,依人可自慊。"由女性的角度,岂不分明可见男性的自私?江右易堂"三魏"中的魏际

①　参看拙著《易堂寻踪——关于明清之际一个士人群体的叙述》、拙文《易堂三题》(收入《制度·言论·心态——〈明清之际士大夫研究〉续编》)。

②　"家食无长策,囊书复远游。"(《将之兖州留别内子》,《嵞山续集前编·鲁游草》,同书第548页)

瑞,诉说过"依人"的屈辱、不"自繇"。但看起来依人确有"自繇",即摆脱了"家累"的"自繇"。

至于动乱年代题写于邮亭驿壁上的妇人女子的诗,往往见诸野史、笔记,提供了想象的空间。钱谦益的《列朝诗集》、陈维崧的《妇人集》等,均录有此类不知其名的女子的诗作,通常也是其人留在世间的最后消息。那些题壁诗的作者,为人妻,为人母,为人女儿,只是事迹往往不可考罢了。

作为一种刑罚的"流",所导致的,是一种特殊的流离播迁,发生在平世,与易代之际的流离,又有风味之不同。据有关记述,汉明帝"募死囚减罪戍边,亦令妻子相随,自是以后,遂为定制"(陈鹏《中国婚姻史稿》第563页)。"《唐典》卷六:流移之人,皆不得弃放妻妾。""中叶以降,政弛法苛,狱繁吏酷,妻子因缘坐而流远者,颠沛流离,展转道路,苦楚呻吟,有逾于死。"(同书第566页)"宋时'配徙者,其妻子流离道路,罕能生还'(《宋史·刑法志》)。"(同上)古代中国的司法用语有所谓"妻子家产,籍没入官"云云,将"妻子"与"家产"分列。实则"妻子"亦一份"家产",可以如物件般没收了另行处置(即如发为奴)。较之于此,妻妾同流尚非最残酷者;何况由以下事例看,妻妾是否同流,似乎也还有讨价还价的空间。这种"播迁"因有强制性,由刑法强制执行,无可选择(包括迁至何地),较之易代间的流离,有远为屈辱的意味。从"流"的妇人,不消说也分有了一份屈辱。

关于流人的处"流",我将在其他场合讨论。本篇所关心的,限于流人写于流放中与流放地的诗文中的"夫妇"一伦,他们的妻(妾)在其流放生活中扮演的角色,流人对于同处此境的妻(妾)的书写方式。士人夫妇的故事是需要背景的,"流"即是一种特别的背景。清初尚阳堡、宁古塔多故事,其中就有流人妇的故事,患难夫妻的故事,男人的故事与女人的故事。承担这苦难,更要求女人的勇毅。顾存仁谪居庸,"孺人尚居京师。时寒冻,虽诸僮皆苦楚穷徽,莫肯往。孺人独以一女子,提衣粮,触风雪,为诸僮先,崎岖走塞上,就山人(按即顾氏)

会"(《盛孺人墓志铭》,《唐荆川文集》卷一〇)。于焉可感女性的坚忍,其承受苦难的内在力量,蕴藏于柔弱躯体中的强韧。也是在这一种特殊情境中,夫妇一伦中"妇"的功能凸显,尽管她们罕有自己的书写,难以直接发声。①

下文涉及的清初流人,有以妻相从者,有妻妾同流者,亦有携妾出塞者。孟森《科场案》,系考清初流人、流放地的名篇。据该篇,涉案的陆庆曾当流放时,"一妾挈幼子牵衣诀,行人尽为流涕"(《明清史论著集刊正续编》第342页)。陆贻吉腰斩西市,"家产入官,妻子长流尚阳堡。一子方四五岁,妻妾皆殊色,间关万里,匍匐道左,行人为之泪落"(同书第345页)。科场案中的知名案犯吴兆骞,兄弟不与同戍,"诸家纪载,但称兆骞妻葛白首同归,传为佳话"(同书第355页)。下文还要写到,其妻葛氏系自愿出塞与夫共此患难者。樊逢遭戍,在戍所另娶庶妻,生有一子二女。其子将其迎还时,庶妻与所生子女却留在了塞外,其子诗题中有"归途虽不落寞,而庶母及诸弟妹依依不忍分手,此时真难为情也"云云(参看李兴盛《增订东北流人史》第297—298页)。流放中有妾在身边的另如祁班孙。其妇留在会稽家乡,如上文所说,是这种情况下常有的安排。全祖望《祁六公子墓碣铭》,记祁氏妇朱德蓉工诗,祁被难时,其妇"尚盛年",其娘家"哀其茕独,以侄从之,遂抚为女。孤灯缥帐,历数十年未尝一出厅屏"(《鲒埼亭集》卷一三)。未知祁班孙在宁古塔,其妇是否曾在梦中。

《科场案》一文还说:"凡流宁古塔者,旨内有父母兄弟妻子并流之语,尤为奇酷。然据事实言之,则似妻子同流为可信,父母兄弟即有并流,有不并流,不尽同也。"(《明清史论著集刊正续编》第349

---

① 明代著名文人杨慎遭戍云南,最初"携家以往",后奔丧回四川;杨返回戍所,其妇即留在四川处理家政(《列朝诗集小传》闰集《杨安人黄氏》第730页)。董少玉之夫"两遭贬谪,间关万里",董氏"皆共之",且较其夫更有对困厄的承受力(同书闰集《西陵董氏少玉》第744页)。

页)《南山集》案中的方孝标，即"全家遣戍"远于宁古塔的黑龙江（第354页）。据同篇，尚有丁澎（药园），亦以全家往（第362页）。但由林璐《丁药园外传》看，丁澎似乎是挈妾赴戍，该篇写丁氏流放，未及其妇。《外传》记丁氏与其妾长流途中的问答，颇饶情趣。① 文字间丁氏固不颓丧，其妾的神情意态尤率真可喜，想必能在流放的艰难岁月中，与丁以沫相濡。记述流人，《外传》是极生动的一篇文字，刻画小妾的神情，何其传神，实在是灰黯背景上的"亮色"。这小妾不但随侍，作为流人的伴侣，甚至是其精神上的支撑。与身份地位的卑微相应的，是她们柔韧的耐受力，承担苦难的勇气，较之出身高贵的女子强盛健旺的生命活力。

　　落到了这一层地面，即使仍竭力维持"士大夫"的身份、体面（主要经由继续读书、写作），生活却不可避免地琐屑化了，士人也就有可能多了形而下的关怀。如下文将要写到的方拱乾之于自家菜园。家常琐屑，更是妇人的生活世界，这一世界是士大夫认为不宜也无需向外界打开的。因封闭而幽黯、暧昧，妇人的辛劳与苦痛也就难于为人所知。一旦在流放中，不免有了更多夫妇共同面对生存困境的机会。或许要在此情境中，方拱乾才会注意到其妇为生计的忧心。要证明夫妇关系在此情境中的亲密化，尚须更多的材料，你却不妨如此想象。尽管"贫贱夫妻百事哀"，但共同分担、负荷"贫贱"，也会是一种值得品味的经验。

　　较之其他流人，方拱乾的宁古塔诗确也多家常琐屑，其对妻的体贴即在其间。他写春米："病妻颜忽破，得意凌晨春。"（《朝春得米》，《何陋居集》第51页）说"老妻司管龠，田亩颇腴充。愧彼丞相女，乃饶贫家风"（同上第51—52页），对其妇的耐劳苦，持家理财、经营田

① 该篇记丁氏流放途中于邮亭驿壁读迁客诗，大喜。"孺子妾问曰：'得非闻赐环诏耶？'药园曰：'上圣明，赐我游汤沐邑。出关迁客皆才子，此行不患无友。'久之，粮尽，馁而啼。孺子妾慰劳曰：'卿有友，必箪食迎son。'药园笑曰：'恐如卿言，当先以酒疗吾渴。'"（《虞初新志》卷四第64页）同篇说丁澎"数得孺子妾"（同上第63页），未知随丁出关的，是哪一位。

产,怀了一份感激。却也由妻的一面写拮据:"老妻常数米,棘手胜攒眉。"(《数米》,同上第65页)贵族女子忍受这样一份生活,自然难能。方氏另在《老妻种葱盂中,笑而作此》(同书第55页)中,写本好种兰与水仙的妻,在此流放地却"种葱",虽无芳香,仍聊胜于无。方拱乾与其妻也从事诸如摘蔬一类简单的劳作。他写老妻亲手摘蔬(《雨凉》,同书第163页),写"老夫手种老妻摘"(《摘菜口号》,同书第269页)。无论在方氏还是在其妇,这都是新鲜、令人兴奋的经验。诗中这对夫妇的生活并不浪漫,却也不枯窘,甚至不乏温润,是纵然"患难"也未失乐趣的凡俗人生。① 据方氏说,蒙朝廷召还的那天,其妇的反应依然平淡:"不暇问妻子,但看颜色殊。艰辛三载事,悲喜一言无。"(《十月十八日得召还信》,《何陋居集》第315页)这种克制与冷静也自有动人处。

陈之遴《浮云集》中有写于戍所的诗,其妇徐灿却不能如同方氏的那些如话家常的诗作那样,现身在他这一时期的诗作中。一对共患难的夫妻,岂非更宜于作为咏歌的对象? 由此也可见不同流人不同的书写策略。而如方拱乾所写平易俗常的日常生活情景,并不都被认为适于入诗。②《浮云集》中大致可以断定写于流放中与流放地的诗作,如"朱颜多早凋,须发幸已白"(卷三《冬杪》),其妇应在其间。另诗曰:"一室栖幽洞,三冬卧冻云"(卷六《冬日杂兴》其七)。这"一室"自有其妻徐灿。还说:"岁寒谁可共,一室自行藏。"(同卷

---

① 方拱乾写到其妻的诗作,另如《夜话》的"积雪残书灯烬寒,妻孥拥被话艰难"(同书第79页);《茅斋即事》的"十笏茅斋无尺篱,老妻梵呗老夫诗"(同书第243页)等。

② 李兴盛《增订东北流人史》说,陈之遴及数子死于戍所,其妻徐灿遂布衣蔬食,不再为诗,后"蒙恩"扶陈之遴榇以还(第236页)。徐灿为清代著名女词人。据《清史稿》卷二四五陈之遴传,顺治十三年,陈被命"以原官发盛京居住。是冬,复命回京入旗";十五年,"流徙尚阳堡,死徙所"。陈之遴《浮云集》中写及、写给其妇或与其妇唱和者,均为"诗余"。由该集卷十二与徐灿有关诸作,或许可以想象伉俪情深。《西江月·湘苹将至》:"梦里君来千遍,这回真个君来。羊肠虎吻几惊猜,且喜余生犹在。/旧卷灯前同展,新词花底争裁。同心长结莫轻开,从此愿为罗带。"应作于乙酉(1645)前。

《冬日闲居》其一）其妇更是呼之欲出。卷六《追旧》六首，写旧日游谑之乐，虽未点明，那画图中自有徐氏；"三潭清似镜，长拟照红颜"云云，不胜今昔之感。① 其妇所付代价，这也是最显而易见的方面。吴骞《新刻拙政园诗集题词》说徐灿"身际艰虞，流离琐尾，绝不作怨悱语"，"不失风人之旨"（《清代诗文集汇编》第一〇五册第323页）。徐氏传世的诗作中极少日常生活描写。女性较之男性，或许更矜持，更有防范窥视、保护隐私的警觉，对生活的私密面刻意回避。但那心事却也仍有透露。其《立春日感怀》曰："千古荒凉地，春光到日迟。息心疏翰墨，呵手事机丝。"（《拙政园诗集二卷》，同书第336页）其《秋感》一首，说"弦上曾闻出塞歌，征轮谁意此生过"（同上第344页）。那对于她，确是意想之外的非常经历。

由祁彪佳日记看，当乙酉年危难之际，祁氏也曾想只身出走——在祁，未必不出于护惜妻、子之一念。流人也有以"休弃"开脱其妻妾者。苏冰、魏林《中国婚姻史》："唐律虽不准犯流应配者休弃妻妾，离异事仍有。"（第208页）民间本有"夫妻本是同命鸟，大难来时各自飞"的说法，但这种说法对于无论方拱乾、吴兆骞还是陈之遴夫妇，都不适用。阮籍有诗曰："一身不自保，何况恋妻子。"（《咏怀诗》之三）反其意，即使自身难保，依然顾念妻子的，也大有人在。吴兆骞尚在刑部狱时，致父母的书札中就曾说到"娘子为人甚善淑"，乞其父母"善待之"（《上父母书〔一〕》，《秋笳集》附录一第279页）。另札则说"娘子为人甚可怜"，乞其父母"照顾之"（《上父亲书〔一〕》第280页）。由宁古塔写给其父母的信中还说，"儿媳幸已不来，得在家中代儿侍奉父母，此极喜事。但怜他少年失所，又无一子，茕茕

---

① 同集卷一二《满庭芳·湘蘋寿》，有"岁岁朱颜长驻，依然是初嫁丰神"句，可据以想见其目睹徐氏在辽东荒寒地老去的痛心与无奈。顾永年有诗曰"可怜雪面迎风穴，翻令香肌拥铁衾"（《偕室人郑氏出塞于今三年矣作此慰之》，参看李兴盛《增订东北流人史》第321页）。方拱乾《绝域纪略·风俗》极写宁古女子之劳苦无助，"皆中华富贵家裔"（《何陋居集·甦庵集》附录二第504页），与本篇所说的流人妇，处境与命运又不可同日而语。

孤独,竟如寡居",乞父母"每事恕他"(《上父母书[二]》第 287 页)。其《辛丑七夕》一诗,有"塞外频惊七夕来,闺中应记三年别"句(同书卷二第 54 页),作于其妇赴戍前。

吴兆骞之子吴桭臣《宁古塔纪略》,说其父顺治十五年出塞后,其母"葛孺人日夕悲哭,必欲出塞省视,而以舅姑在堂,两女稚弱,不敢显言",后吴兆骞父察知其意,"哀而壮之,遂为料理出塞计",将两女"许字"或托付于人,"庚子冬,自吴江起行,遣家人吴御及沈华夫妻(按即吴兆骞所说仆婢)同送我母至宁古塔。辛丑二月初五日到戍所"(同书附录二第 324—325 页),时吴氏抵宁古已五年。如上文已提到的,葛氏并非"缘坐",是自愿到塞外照料丈夫起居的。《秋笳集》附录六《酬赠题咏》中,有为吴妇送行的诗作,可知时人因葛氏赴戍的感动。① 吴兆骞与人书中有"癸卯春,弟妇来,携二三婢仆,并小有资斧,因以稍给"云云。同札还写到"妇复多病,一男两女,薇藿不充"(《戊午二月十一日寄顾舍人书》,同书卷八第 265 页)。他说其妇"甚耐苦"(《奉吴耕方书》,同书附录一第 313 页)。妇人"耐苦",自然是吴兆骞的福分。另札却说"所携婢仆,奄忽都尽","外无应门之童,内无执釜之婢,茕然夫妇,形影相吊"(《与顾华峰书》,同上第 308 页)。倘若如此,则不但要亲操井臼,还要相夫教子,其妇的辛劳可想。②

因有全祖望的记祁六公子,祁班孙的宁古塔经历或更为人所知。由杨凤苞《书孔孟文事》(《秋室集》卷五)一篇看,祁班孙因魏耕牵连,终至长流宁古塔,案发应在顺治十八年、康熙元年之间。祁班孙《壬寅杂诗三首》写在启程赴关外之初,记有与妻子分离时的凄惶。"昔别吴东门,会嗟别离长。杳杳即永路,乃不在我傍。"(其一)"金

<hr />

① 如陈容永《送汉槎夫人赴戍二首》(第 388 页)。
② 吴兆骞诗作散佚较多,其传世的诗作中几乎没有令我们可以具体想象一个流人妇日常境遇的字句。写《秋笳集》卷四的《寄内二律》,尚在刑部狱中。诗集中有《秋山观姬人采花》一诗(卷二第 77 页),或有妾在戍所。

石非久长,恩情会有移"(其二),未知何指(《祁彪佳集》附录《紫芝轩逸稿》第 336 页)。至于《入都》中的"仓卒遵往路,芳心重致疑。岂君有他意,故不悲别离。含情今不吐,长途欲诉谁"(其二,同上第337 页),则系由妇人角度的设问。在艰难的行旅中,仍不免设想家乡思妇的牵挂。① 因详记流放途中所见,祁班孙的诗作对于考察流人,别具价值。其《出都》第一首写流人妇不得不抛撇哺乳中的小儿,"昔为名家母,今为边戍妻。独身行万里,不知所从谁"(同上第339 页)。第三首写流人夫妇的以沫相濡,应得之于目击:"妇女栖草间,憬憬结衣裙。更复怀中儿,啾唧惨鬼魂。男儿作餔糜,手指冻欲皴。斧冰吹野火,持哺何殷勤。飘零感亲故,况此骨肉恩。"(同上第340 页)抵达戍所,也仍然未到行程的终点,燕雀营巢衔粟,不过白费了气力。《复迁》:"兵车夹路傍,传呼何促迫。长安下羽书,云当遗军籍。牛马集前途,糇粮备今日。妇女尽随行,不得少休息。……"(同上第 342 页)抵达戍所,安顿下来,也就渐有了生趣。《迁所》十五首,其二有"弱妾能持春,作糜颇如酪。刍酒酿山花,聊亦忘其浊"云云。此"弱妾"或即当祁六公子逃归后留在了宁古塔的那位? 或许正因祁氏非如吴兆骞那样名重一时,诗中反而有较多的物质生活的细节,令我们可以想象"万里投荒"这种套话背后的事实:途中所见其他流人的苦况,到达戍所后的所见所闻所感。

由全祖望为祁班孙所撰《墓碣铭》看,祁班孙当流放时,其妇不曾相随。班孙由流放地脱身遁归,将一妾留在其地,是一种特别的安排。未知此妾系当年携去,还是流放中所纳。据说班孙为僧后,"亦累东游",或即与此妾有关——全氏只说其人在关外尚传佛法。尤有趣味的是,该文记班孙曾说"宁古塔蘑菇足称天下第一,吾妾所居篱下出者,又为宁古塔第一,令人思之不置"。思之不置的,当不止蘑菇。由上文所引诗句看,其妾较之出身名门的贵妇,应更耐得劳

---

① 《寒门忆别之作》未知是否为其妇而作。诗集中有《得内信作》一首。

苦,更有应对艰苦条件的生存能力。① 关于祁六公子的传说,证明了即使荒寒之地也未必就抑没了生机。经了全祖望那几笔点染,那片"绝域"顿然生动。金圣叹临刑,还唠唠叨叨地传授食经,相比之下,祁公子流放归来称道宁古塔的蘑菇,就不那么为人所知了,我却更愿意想象荒寒中那一层淡淡的颜色。

杨宾《祁奕喜、李兼汝合传》,说祁班孙由宁古塔脱身逃归后,曾"至苏州虎邱(按原文如此),大会宾客,一月乃归"。次年事闻当道,欲捕之,祁即于苏州尧峰为僧。为僧后,"家信至,不发,对众焚之",遣该奴归,曰:"嗣后不须来矣。"(《杨大瓢先生杂文残稿》)其时其母商景兰尚在。祁氏对于来自其家的召唤不为所动,态度决绝,也正合于时论的标准:如祁班孙这样的遗民拒绝返回世俗生活(包括家庭),是一种政治姿态。② 由此看来,祁氏的妻、妾,命运更凄苦的,是其妻吧。③

流人传状关于其人妻妾的记述,往往语焉不详。与流人妇有关的材料不过偶见于士人的笔墨间,因稀有而更加可珍。有清一代流人甚众,其中不乏知名之士,我只能援数例以讨论流人妇的境遇,自知这些个案不足以概其余。至于其他流人夫妇的命运,有李兴盛的

① 祁班孙于康熙三年被征调往乌喇(今吉林市)充当水军,四年"贿其守将脱身去",其妾因在宁古塔,未能同逃(参看李兴盛《增订东北流人史》第269页)。未知其妾此后的命运。吴兆骞《上母亲书(二)》说"祁奕喜(按即班孙)于丁巳十月初六日自乌喇逃归故乡矣"(《秋笳集》附录一第297页。按祁氏逃归应在康熙四年,在流放地度过了二十年)。

② 方文《麻城赠枯木大师四十八韵》写梅惠连因世变而逃禅:"他人逃禅者,尚不屏世缘。师于一切累,旷然无拘牵。有子才五龄,秀惠诞日天。厥母年始笄,娇弱尤可怜。继室亦兰茂,嗣君复珠圆。师悉不介意,弃之如浮烟。"(《方盒山诗集》卷一第28页)

③ 祁班孙康熙四年逃归后,五年落发为僧,十二年坐化,卒年三十九岁。其母商景兰约卒于1676年,其妻朱德蓉卒年不详。朱彝尊《曝书亭集》卷四有与祁五、祁六有关的诗多首,卷六则有《梦中送祁六出关》,尾联为"红颜白发双愁汝,欲寄音书何处传"(第95页)。

《增订东北流人史》所提供的丰富线索,兹不再赘。①

结　语

与"士人"同其丰富的,本来就有同一时期的"女人"。回头来看,在我所选择的诸多方向上,都有可能将关于女性的考察纳入。如女性于明亡之际对"救亡"的参与("任"),如女性的"游走与播迁",等等。或许问题可以套用一部美国学者有关十八世纪中国妇女的研究著作的方式提出,如果我们将女性置于历史研究的中心,那么明末清初看起来会是什么样子? 我们对这一时期的理解又会是什么样子? 该书的作者相信,"在将妇女引入传统的历史框架时,我们并不是简单地改变了框架的内容,我们或许还会摧毁这个框架本身"(曼素恩《缀珍录——十八世纪及其前后的中国妇女》中译本第8页)。这里的关注不止在女性所经历的明清之际,更在女性视角中的明清之际,女性的明清之际。但这不是我为自己提出的任务。我所聚焦的,是这一动荡时世中与士人的婚姻关系中的女性。更准确地说,我的兴趣更在士大夫有关婚姻的论述中的女性,他们的婚姻生活中的女性,因而是前此的"士大夫研究"的延伸。夫/妇,父母/妻子,妻/妾,"夫/妇"所讨论的,主要即夫之于妇;"父母/妻子",乃士人的处父母与处妻子;"妻/妾",固然会涉及妻之于妾,却也更着眼在士人的处妻、妾。

---

① 李兴盛该书说陆庆曾遣戍尚阳堡,临行时,其妻妾三人相从,对此陈祚明有"生平三妇艳如花,麻衣犯雪从风沙"句(第217—218页)。诸豫成尚阳堡,其妇则留在京城,诸氏说其妇"恨不同予徙"(第221页)。潘隐如死在尚阳堡,"其妇为盗所害"(第222页)。该书还说康熙二十一年,陈梦雷被判流徙盛京,其妻李氏相从;三十五年李氏积劳病卒(第286—287页)。李兼汝遣戍宁古塔,携一妾同行,其妾病死戍所(第270页)。杨越戍宁古塔,夫人范氏相从,曾有诗曰:"谁道完颜城上月,年年犹得照齐眉。"(第271、273页)范氏节日外出,"诸镇将妻若女望见之,争相邀过其庐,扶居南炕中,割鸡豚举酒为寿。有邀而不得者,则以为耻"(第428页)。

我在那本小书《易堂寻踪》中，以一小节的篇幅谈论"易堂诸妇"，不免简陋，也因了材料的相对匮乏。那是一些不为人所知的女性。女性中被较多关注的，似乎始终是才女——"名门淑媛"与"青楼伎师"①，而本篇中我处理的，更是士大夫家庭内部关系、婚姻关系中的女性——不限于才女。

还应当说不同于上述士大夫的流离播迁贬谪流放，以及普通百姓因了战乱或饥馑的流动（"流民"）的，尚有与经济生活方式有关的流动，以及由此造成的夫妻关系。魏禧《江氏四世节妇传》说到"徽州富甲江南，然人众多，地狭，故服贾四方者半土著。或初娶妇，出至十年、二十、三十年不归，归则孙娶妇，而子或不识其父"。说自己"尝心恶其俗，他日得志，当为法绳之"，却又赞赏当地妇人的"勤俭贞醇"，多贞女节妇（《魏叔子文集》卷一七）。②

古代中国史上的"妇女地位"问题，形成于五四新文化运动的主流论述已遭遇挑战。在我看来仍然是"挑战"而非"颠覆"。更大的视野，更多的个案，更丰富的材料，重提被忽略的事实、被遮蔽的观念，无疑有助于继续开发、拓展有关论题。

附录一

关于冒襄的《影梅庵忆语》

本篇所要谈的这篇作品，至少在一段时间里，略近于爱情宝典，

---

① "青楼伎师""名门淑媛"，见孙康宜《阴性风格或女性意识？——柳如是和徐灿的比较》，《古典与现代的女性阐释》中译本第 110 页。

② 廖肇亨研究海洋诗，以为"妇女面目的模糊是海洋诗学目前最大的遗憾之一"（《长岛怪沫、忠义渊薮，碧水长流——明清海洋诗学中的世界秩序》，台湾"中央研究院"中国文哲研究所《中国文哲研究集刊》第三十二期第 60 页）廖氏所研究的"海洋诗""海战诗"也涉及"漂流""漂流者"。该文引明清之际卢若腾《将士妻妾泛海，遇风不胜眩呕，自溺死者数人，作此哀之》（《岛噫诗》），所写为避清渡海的郑军将士的妻妾（同上）。

到了现代,却为钱谦益、柳如是故事的光彩所掩,淡出了年轻读者的视野,在我看来,多少有点可惜。冒襄的《影梅庵忆语》(以下即称《忆语》)写于其爱妾董小宛病故的当年,所写乃一段乱世奇情,叙事流畅,文字清浅,相当可读,至少可以作为古文读本的吧。当然其价值尚不止于此。明清间名士与名妓间的情缘,终成正果的,钱谦益、柳如是、龚鼎孳、顾媚、冒襄、董小宛,是传在人口的例子,由男性的一面看,固属艳遇;双方珠联璧合,确也被认为"绝配",难免汇集了其时社会心理的羡与妒。却要由《影梅庵忆语》这等文字,才能窥见"神仙眷侣"的凡俗生活——介于"仙"凡之间,固有诗性却也有世俗性,其中有常人所体验的人生悲欢。

余怀《板桥杂记》记董小宛,曰:"董白,字小宛,一字青莲。……性爱闲静,遇幽林远涧,片石孤云,则恋恋不忍舍去。至男女杂坐,歌吹喧阗,心厌色沮,意弗屑也。""随如皋冒辟疆过惠山,历澄江、荆溪,抵京口,陟金山绝顶,观大江竞渡以归。后卒为辟疆侧室。事辟疆九年,年二十七,以劳瘁死。"(中卷《丽品》第34—35页)"以劳瘁死"云云,或据张明弼的《冒姬董小宛传》(冒襄辑《同人集》卷三)。仅据此一端,董的就冒,未见得不是致命的选择。冒氏《亡妾董小宛哀辞》说董"周旋百事,细如毫发",亦俗间所谓的"劳碌命"。张明弼却又说"其致病之繇与久病之状,并隐微难悉"(《冒姬董小宛传》),难免启人疑窦。相信董小宛之死,除孟森辨之已明者外,仍然有未揭之秘。

张明弼该篇写冒、董初会,更像小说家言。但写冒襄的逡巡游移,董的追随不舍,应当为其时冒氏"同人"所共见,或较为近真。冒氏本人的《忆语》,更将自己的内心隐微透露在了文字间。他在《忆语》中强调了自己的被动处境,被追逐、恳请,情非得已;他尤其强调了其母与妻对董的接纳——作为董终能进入这个家庭(家族)的重要条件。冒的迁延不决,不消说也因了这一重约束。陈维崧于董小宛病逝后说,冒妻苏氏"天性谨厚,知大义,视先生所爱之姬董,同于娣姒,姬殁而哭之恸,且令两儿白衣冠治丧焉,春秋祭祀不使绝"(《奉贺冒巢民老伯暨伯母苏孺人五十双寿序》,冒襄辑《同人集》卷二）。倘若真的如此,董小宛可谓幸运。

由《忆语》看,董、冒的结合,出于董的主动。冒曾不耐董的缠绵,力图脱身:"余虽怜姬,然得轻身归,如释重负",应当是老老实实的话。由他本人所述对董的态度看,他本不难负这小女子。据孟森《董小宛考》,冒氏当崇祯十四、十五年,所"昵"乃陈姬(据孟森的考证,陈姬乃陈沅,即陈圆圆),与董晤面,"彼此初无意也"(《心史丛刊》第 210 页)。读冒氏的记述,董小宛当日处境之尴尬屈辱可知。她在终于归冒后的刻自敛抑,固由性情,也应因了这一番周折的吧。这也是董与柳、顾遭际大不同处。董对冒"痛哭相随",甚至对冒"冷面铁心"的推拒,亦强自隐忍,则冒董的结合缺陷之大,就远过钱柳、龚顾,令人不能不想到董的宿命。而冒襄的自述也不难令人知道,冒的气概、责任感远不及其时的"风流教主"钱谦益;即使在接纳后,对董也不能庇护,使她保有足够的尊严。在《忆语》中,冒述及自己的游移、怯懦,未见得真有怎样的自责。冒对陈姬的以终身相托,也曾搪塞推托,只是狎之昵之;甚至说自己两过陈氏,"皆路梗中无聊闲步耳",语气轻薄,与寻常狎客无异。直至陈为势家所劫,仍然以为自己为了父亲,"负一女子无憾"。因而冒、董所成就的一段姻缘,未尝不出于偶然。其关键因素,在董不顾一切的坚持。冒襄的终于郑重对董,乃董单方面坚持及被接纳后自我牺牲的结果:他领受了董小宛所给予的感动。

孟森《横波夫人考》由顾媚说到"私订嫁娶,固青楼惯技"(《明清史论著集刊正续编》第 440 页)。据孟森之考,顾媚的"从良",因陈梁(则梁)的一劝。《板桥杂记》下卷《轶事》记陈致书顾媚,"劝其早脱风尘,速寻道伴,言词激切",顾"遂择主而事"(第 64 页)。妓女择人而事之,平世也每有,只不过易代之际更有紧迫性而已。[①] 其时

---

① 熊开元亦俗中人,多欲,其《金忠节公传》记自己天启五年"成进士,还,有名妓以千金自赎,请归焉",后经友人金声责让而"罢遣"。越数年,复有请归如前者,卒受之(《金忠节公文集》,按金忠节公即金声)。

名妓的被劫,就有陈沅(圆圆)、沙嫩等人。适人外的生存之道,包括了"匿影不出"如张宛仙①,"入道"如卞赛(即卞玉京)。柳、顾、董的主动姿态,或也多少因感知了世变将至的消息。② 只不过较之柳、顾、董的"脱风尘""寻道伴"更费周章罢了——当然,也因此更见出董的痴情与决绝。《列朝诗集》所述丘谦之、呼文如的故事,与冒、董故事有几分相似,尤其呼飞舟就丘的一节。"闻橹声咿哑,一小艇飞楫抵楼下。推蓬而起,则文如也。"(《列朝诗集小传》闰集第 746 页)可知痴情而能决断如董小宛者,曲中尚另有其人。

柳素平《晚明名妓文化研究》列举名妓与名士的"婚恋关系",以王微为许誉卿妾,以杨宛为茅止生妾。以名妓为妻者,乃柳如是、顾媚("亚妻")、呼文如。同书记扬州名妓沈隐,嫁新安夏子龙为妻,夏死于乙酉之乱,沈即以红丝自缢于夏身旁(参看该书第 95 页)。也有"遇人不淑",或适人而"未果",甚至"有婚约不果"者(参看该书第 204—205 页),"婚恋"的最终结局互异。"草衣道人"王微,钱谦益《列朝诗集》说其嫁许誉卿,"相依兵刃间,间关播迁,誓死相殉。居三载而卒"(《列朝诗集小传》闰集《草衣道人王微》第 760 页)。陈寅恪则说钱氏对王微本末"多所隐饰",该小传"不言其曾适茅元仪及后适许誉卿复不终之事实","盖为挚友名姝讳"(《柳如是别传》第三章第 143 页)。③《列朝诗集》闰集薛素素小传,谓薛"中年长斋礼佛,数嫁皆不终。晚归吴下富家翁,为房老以死"(《列朝诗集小传》闰集《薛素素》第 770 页。按"房老",年老而色衰的婢妾,亦称

---

① 关于张的"匿影不出",参看陈寅恪《柳如是别传》第 494 页。

② 陈寅恪因吴梅村的《圆圆曲》提示一"可注意之事","即顺治七年末,八年初,清人似有点取强夺秦淮当时及旧日乐籍名姝之举。此举或与世祖之喜爱戏剧有关"(《柳如是别传》第四章第 494 页)。此前脱秦淮乐籍适人者,颇有其人。

③ 《静志居诗话》卷二三《王微》:"初归归安茅元仪,晚归华亭许誉卿,皆不终。"(第 766 页)李清《三垣笔记上·崇祯》:"许光禄誉卿所纳名妓王微有远鉴,南渡后,微病,临终,以所缄一布袄授誉卿曰:'我死必乱,汝可启之。'及北兵入吴,誉卿将远离,乃启袄视之,则破衣一件,碎银一包也。"(第 84—85 页)倘王归许"不终",则如上记述亦不可信。

"房长")。"老大嫁作商人妇",是乐籍中人通常的归宿。至于杨宛的"堕落淤泥",被盗所杀,依钱谦益的说法,则因了她本人就不洁(《列朝诗集小传》闰集《杨宛》第773—774页)。[1] 陈寅恪写《柳如是别传》,说其深赏孙永祚《东山酬和赋》中状写柳的"留连徙倚,偃蹇犹夷。乍离乍合,若信若疑"等句,以为"最能得当日河东君之情况"(第四章第504页)。名妓当决意适人时,不惟有抉择之难,而且有对命运、结局的疑虑。

据《柳如是别传》,柳崇祯十三年仲冬至常熟,访钱谦益于半野堂,先居留舟中,而不寓拂水山房,后径移入钱氏常熟城中之住宅(第三章第163—164页)。同书另一处又说,柳访钱,"其初则居于舟中,有同于思光引船。继则牧斋急营我闻室迎之入居,亦是公瑾分宅。此点与钱柳因缘之能完成,殊有莫大关系也"(同章第309页)。[2] "分宅"之为条件,绝非可有可无。柳与钱的原配非同宅,是肯定的。如此"高调",固然可证柳、董处境之不同,亦见钱、冒处置之大异。董的超出必要的自我抑制,强烈的身份意识,也因其处在冒氏家族中。沈虬《河东君传》写钱、柳结襦舟中,松江缙绅"哗然攻讨","几不免老拳","满船载瓦砾而归",钱氏却"怡然自得"(《牧斋杂著》附录第966页)。你不能想象冒襄会有此种神情。用陈寅恪的说法,钱谦益不如他人之"拘牵礼俗",而"雅量通怀,忽略小节"(《柳如是别传》第四章第409页),是成就钱、柳姻缘的关键。

以董小宛的追逐冒襄与钱、柳的半野堂晤面比较,前者是一个厄难中的弱女子求救于富家子,所处地位异常软弱;后者则更像两个士大夫间的交往。董在归冒后的近乎自虐,并非"报答知遇"(如两个士大夫间),而是知恩图报。冒、董关系自始就是不对等的。这一点

---

① 《静志居诗话》卷二三《杨宛》略及于杨遇害经过(第767页)。

② 张融,字思光,《南齐书》卷四一本传记世祖问融住在何处,融从兄绪曰:"融近东出,未有居止,权牵小船,于岸上住。"《三国志》卷五四周瑜传:瑜与孙策相友善,推道南大宅以舍策。

对于董进入冒家后的心态、姿态，不能不有决定性的影响。陈寅恪告诉我们，柳之归钱，是有条件的，而且是当时伦理环境中苛刻的条件——由时人的讥评也可想象。归龚后顾的地位有提升，董则至死是冒的侍姬（尽管是"宠妾"）。冒襄显然不曾向其母其"荆妻"提出非分要求，董更不像是有非分之想；由冒的记述看，当时的董只求接纳，无任何附加条件，更没有"前提条件"。无从知晓董本人对"名分"是否在意，有无"妄念"。冒希望读者看到的，是董极致的柔顺、忘我。由此也可知，即使柳、顾、董色艺俱佳，也仍有等第——由其求偶中的姿态，也大略可知其所处地位，是不消说得的。但也应当说，无论出于何种考量，女性主动的姿态都值得欣赏。在婚姻严重地受制于制度、习俗的时代，主动安排自己的"归宿"，无疑是一件奢侈的事。柳、顾、董利用了自己拥有的可能性。

　　冒襄笔下的董小宛，较之于柳如是，情态更庄重，矜持而绝不佻挞，像是全无风月场中习气，属于宜于远观而不可亵玩的一类，与"风流放诞"的柳如是神情原就不同。陈寅恪所考的柳如是，吴梅村所写卞赛，均有锋棱；柳似乎更是进取型的，而卞偏于防守，紧紧守护住被职业生涯剥夺殆尽的一点尊严。冒笔下的董，柔若无骨，但对冒那种锲而不舍的追随，却也另有一种决绝。《柳如是别传》引翁同龢关于柳如是"狂草"的印象（"奇气满纸"），说"更足想见其为人"（第三章第67页）。吴梅村记卞玉京画兰，"好作风枝婀娜，一落笔尽十余纸"（《过锦树林玉京道人墓》，《吴梅村全集》卷一〇第251页）。冒襄说董小宛"书法秀媚"，"曾学画未成，能作小丛寒树，笔墨楚楚"（《忆语》）。应各如其人。你由此也可以想到，无论董还是柳、顾以至卞赛，她们的结局都不是命定的，是诸种内外条件及有限的选择的结果，埋了伏线在其生命之流中，也因而各自的结局并不突兀，像是一个意外。

　　由《忆语》看，冒襄的认识董小宛，更在其进入了冒家后。《忆语》说董小宛"在风尘虽有艳名，非其本色"；要在进入冒家之后，"智慧才识，种种始露"。《忆语》为人艳羡的，是冒、董间的浪漫柔情，我由本篇所设角度，聚焦的更是进入冒家、扮演"妾"这一角色的董小宛，冒氏对此的叙述及其指归。如下一段文字，最能刻画董小宛在冒家的姿态：

> 姬在别室四月，荆人携之归。入门，吾母太恭人与荆人见而爱异之，加以殊眷，幼姑长姊，尤珍重相视，谓其德性举止，均非常人。而姬之侍左右，服劳承旨，较婢妇有加无已。烹茗剥果，必手进。开眉解意，爬背喻痒。当大寒暑折胶铄金时，必拱立座隅。强之坐饮食，旋坐旋饮食，旋起执役拱立如初。……余出入应酬之费，与荆人日用、金错帛布，皆出姬手。姬不私铢两，不爱积蓄，不制一宝粟钗钿。……

"爬背喻痒"云云，几乎像是《礼记·内则》有关文字的现实版[①]；"旋坐旋饮食，旋起执役拱立"更超出了必要，令人看得不适。《忆语》记述进入冒家的董小宛，首先由"贤德"的方面肯定其人。冒襄在该篇中所要塑造的，是一个模范地扮演了家庭角色的旧院名媛。就冒氏的意图而言，董距她原先的活动空间、场景越远，就越值得赞许。由冒氏的《哀辞》看，即使未落妓籍的董小宛尚不免于"烟视媚行"；一旦进入冒家，即刻证明了自己的宜室宜家，"适丰适俭，不谄不骄。诚敬和惠，人益天陶"，甚至不乏幽默感（"善为解嘲"）。当时的士人由冒、董故事中读出的，想必也更是一个烟花女子转型、变身为贤淑少妇的故事。这故事既保留了对于名姝才媛的鉴赏态度，又以家庭伦理、家庭中的女性角色，作为肯定董小宛的最终根据。冒襄的用意显而易见：董小宛首先是冒家理想的姬妾，其次才是他自己的佳侣，只是后人尤其今人感兴趣者，在此不在彼罢了。柳、顾则不然。钱无意于"塑造"柳，柳更无意于扮演合于普遍期待的家庭角色。

陶宗仪《南村辍耕录》有"妓妾守节"条，所记王巧儿，由陈某携

---

① 《礼记·内则》："妇事舅姑，如适父母。"适父母舅姑之所，"下声怡气，问衣燠寒，疾痛苛痒，而敬抑搔之……"

至杭州,陈卒,"奉正室铁氏,以清慎勤俭终其身"(卷一五第 180 页)。董小宛则在被赎身之后,继之以自赎,不惟"清慎勤俭"而已。她对新的家庭角色是如此投入,将此角色完成得如是之彻底,大约是同一时期"从良"的妓女中少有的。这固然因了她在冒家的地位,也由于她的极力放低身段。妾亦有贵贱,有"贵妾"即有"贱妾"。① 由张明弼的《冒姬董小宛传》看,董之于冒,绝非"侍妾"所能比。《忆语》以相当篇幅写董之为理想的文人妇,煮水品茶、薰香、插花、玩月、制作美食,且精妙绝伦。冒襄却让你知道,董小宛要使自己合于最苛刻的关于"小妇"的标准,然后才谈得上用其巧、慧,展示其匪夷所思的想象力与才具,将冒襄的生活,作成一首精雅绝伦的诗。

《忆语》写董小宛的董理家务、长于理财,有"余出入应酬之费,与荆人日用、金错帛布,皆出姬手。姬不私铢两,不爱积蓄,不制一宝粟钗钿"云云;当局面混乱之时更显示了应变的能力。"老母、荆人惧,暂避郭外,留姬侍余。姬扃内室,经纪衣物、书画、文券,各分精粗,散付诸仆婢,皆手自封识。"逃难途中,冒襄的父亲问冒:"途行需碎金,无从办。"冒向董姬索之,"姬出一布囊,自分许至钱许,每十两可数百块,皆小书轻重于其上,以便仓卒随手取用",冒父见之,"讶且叹,谓姬何暇精细如此"。如此看来,董小宛在冒家的地位,又不宜论定:与冒襄,似友;侍奉太夫人、夫人,亦妾亦婢;乱离中(尤其侍冒氏疾),似婢;为冒家理财,至少分担了大妇的部分职能。

接续上文所作的比较,应当说,柳如是太传奇,比较之下,倒是董小宛更平易,更合于寻常士人关于伴侣的想象与需求。尤其为冒襄所渲染的董小宛料理饮馔的无穷灵感、相夫教子的认真,无疑更近人,贴近平常人家的家常生活。柳如是令俗人不敢逼视,所演绎的,

---

① 陈顾远《中国婚姻史》的说法是:"因周创宗法,严嫡庶之别,儒贵正名,为妻妾之判,于是一如多妻制中之次妃副妻,媵制中之正媵及侄娣,皆一律称其为妾,则在妾之来源上,又有聘而为妾及媵而为妾者矣。贵妾之称,盖即指此,其贱者或以侍妾称之。"(第二章第62页)

是一个更绚丽炫目更刺激情欲的故事,与常人相隔悬远,可望而不可即;冒、董虽也被目为"仙侣",仍较近凡间。或者说,董较之于柳,更可欲;其人其事,更与常人的经验相近。

冒、董故事中最不诗意的部分,一在董的侍奉冒母、冒妻,一为下文将要写到的流离中的颠沛与侍冒氏疾。当代诗人柏桦在其《水绘仙侣——1642—1651:冒辟疆与董小宛》中,对冒、董故事,用了"唯美"这一说法(第3页)。由该诗的取材,不难知晓在诗人看来,何种材料可以入诗——当然,还有何种东西不宜入诗。柏桦引布罗茨基语:"美学高于伦理学。"美学是诗的,而伦理学则是世俗的,不宜入诗的。柏桦以他个人的趣味,略过了冒、董故事中的"凡间"情境,冒襄本人却不能略过。对于冒襄,惟这样的董小宛,才当得他的妾,即令是宠妾、爱妾。日常行为的"侍坐",是冒、董生活中的散文。这散文却是日复一日的——由《忆语》看不出董小宛在这一点上改变行为方式;而烹茶、调制食物、焚香,更像是散文字行间的点缀、镶嵌。至于"避乱与侍疾",本不宜诗,但因非常态,更因关乎生死,也就入诗了。"侍坐"则不然,与"侍疾"有质地之别。

板荡中董小宛的被牺牲及安于甘于被牺牲,出乎常情,未免令今天的读者感到不适。杜濬写冒氏妻妾,有"大妇同行小妇尾"云云(《忆语》)。甲申之变后的流离中,冒说自己"一手扶老母,一手曳荆人",只能任董小宛"颠连趑趄",跟跄尾随。董则对冒表示"当大难时,首急老母,次急荆人、儿子、幼弟为是",自己"即颠连不及,死深菁中无憾也"。乙酉南都(南京)陷后,冒欲"侍两亲挈妻子流离","独令姬率婢妇守寓",又欲将董托之友人,只因两亲以冒"独割姬为憾",故携其同行。董小宛的回应,则是以愈加屈抑的姿态,作更为主动的自我牺牲,说冒"堂上膝下有百倍重于我者"。董小宛作为妾,不但意味着平世对于夫及大妇的服从、服侍,且意味着板荡之际为家族的牺牲。或因系公众人物,观瞻所系,有表率的自觉,冒襄写董小宛的自抑,更强调自己的严守伦理规范,不因流离而有苟且。以母为先,次妇,再次妾,于此"公私分明":父母在上,不可"私妻子";

有妻,则不可"私"妾。① 你不致因此而怀疑冒氏的情感取向,妻与此妾在其情感生活中孰轻孰重,却又正是即时的抉择,更可证伦理观念入人之深。至于董小宛,卑微而又自甘卑微,被牺牲且无怨无悔,固然合于普遍期待;弱质却忍苦耐劳,又未尝非其强,为男人所需要的强。这样的董小宛,堪称完人,是更理想的姬妾。只是较之冒襄笔下董姬的一味屈己从人,今人或许更乐于欣赏柳如是的刚烈、卞玉京的敏感自尊。

《忆语》更写此姬于自己重病中侍疾达百五十日,不自顾惜,而永诀时只想到因自己的死增冒氏的病痛,又顾念冒若病了没有自己服侍。于此孟森说,"小宛以三侍危疾,为诸家传状诗文所艳称"(《董小宛考》,《心史丛刊》第223页)。这种经历,为柳、顾所无。让一个小女子承担撑拄的角色——以肩背支撑自己的身体,毋宁说更可读作一种象征。这里也有《忆语》作为文本意涵的复杂性。你于此看到的,更是男性的自怜自恋,他们的自居弱者。由此你固然看到了"丧乱"之于人的虐害,却也看到了丧乱中男人与女人间的施虐与受虐。陈子龙诗《避地示胜时》中有"乱离忘岁月,飘泊憎妻孥"句(《陈忠裕全集》卷一四)。"飘泊憎妻孥",体验真切,故有此表达,可以相信是一份真实的情怀。至于冒、董,有董之于冒的撑持,冒的感受自有不同。据冒广生编《冒巢民先生年谱》,顺治二年,"避兵盐官";四年夏,冒"病甚";六年秋,冒"疽见于背";八年春,"董小宛卒"。

至此,"历史大主题"笼罩下的一对男女的故事,凄婉到了极致,却也因出乎常情而减却了对现代读者的吸引力。冒、董故事不如钱、柳故事的丰富,当时足资谈论,至今令人兴趣不衰,也因了《忆语》所讲述的董,依传统社会的标准几无瑕疵,太符合那一社会公认的伦理规范。过于完美就不大像活人,不能如诸种叙述中柳如是的情态生动,是冒襄当写《忆语》时不会想到的。依常人之见,"牺牲"总要有

---

① 南社中人赵泽霖(苕狂)于此赞叹冒氏的"能以老母妻子为重,爱妾为轻,也可说得是难能可贵"(朱剑芒编《美化文学名著丛刊·〈影梅庵忆语〉考》),不免于俗见。

限度;当然,古代中国人与现代人的"限度感"不同。但也应当说,由《忆语》看,深重患难中的同命运感,确也提升了冒、董情缘的境界。

我要不避重复地说,董小宛的故事关于"妾"这一角色,提供了一个堪称"经典"的例证。《忆语》中的董小宛以其行为举止,演绎了"妾"在家庭伦理结构中的位置,由此决定的行为规范。《忆语》的重心,即在写董姬如何成功地扮演了一个家庭角色。"成功地"基于冒襄尤其冒氏家族的角度。那一时代对于一个家庭中的女性角色的规范性要求,董小宛非但以自己的方式完成了,而且不惜于"过",超出必要的限度。在冒襄笔下,董姬以极柔顺的姿态,百般趋承,将"我"压缩到了最大限度,顺受且未必不由顺受中得到满足,甚至有可能在刻意自抑的屈辱姿态中,品尝到苦涩的甜蜜。冒襄固然希望读者知道一个如此的董小宛,其时士大夫家庭"正常的"(亦即为礼法所认可的)伦理关系,也经由冒襄的叙述,呈现了其重要面相,使《忆语》可以作为考察士大夫家庭关系的文本。

陈寅恪《柳如是别传》据传记材料,分析猜测陈子龙的家庭关系,以为陈妻张氏"精明强干",或以"威严"临其夫;对陈的娶妾,"欲操选择之权",且"以良家子为其意中之对象"。进而与钱谦益的夫人陈氏比较,说钱以"匹嫡之礼"待柳如是,陈夫人亦无可如何,安之若命。如此看来,与陈子龙夫妇"大不侔"(第三章第45—46页)。同书引收入《牧斋遗事》的《柳姬小传》,其中写到与钱结褵后的柳如是:"时而佳辰令节,宗族中表,穷百变,致百物,嘘之春温,拂之霜折,姬若为夷然者也。"(同上第230页)陈氏以为此数语,"最能得当日河东君适牧斋后与钱氏宗亲关系之实况",钱死后柳的被钱氏宗亲迫害,"殊非偶然"(同上第232页)。则柳如是处钱氏家族的情态,与董小宛何其不同!陈寅恪一再称道柳如是的"独立",这也确系董小宛所不具备的品质。董小宛安分,守分,不逾其分,与柳如是、顾媚,自待本不同。董的刻意敛抑,与柳的夷然不顾,既出自性情,亦未见得不是各自的"生存策略"吧。

高阳小说《董小宛》写冒氏夫妇、母子、婆媳,不免"理想化"。写冒母、尤其冒妇的接纳董小宛，失之简陋。处理关系、情感的微妙处，本应当是小说家的能事。高阳此书无论写冒、董关系，还是写冒氏夫妻、母子关系，均流于浮面，甚至不能利用《忆语》提供的可能性。俞正燮有"妒非女人恶德论"，起首就说："妒在士君子为恶德。谓女人妒为恶德者，非通论也。"（《癸巳类稿》卷一三，《俞正燮全集》第一册第632页）俞氏认为"妒者，妇人常情"（同上第633页）。还说："夫妇之道，言致一也。夫买妾而妻不妒，则是忝也，忝则家道坏矣。"（同上第634页。按忝，淡然，漠然）你不能不承认俞氏对人心的洞悉。则冒氏妇的"大度"，是否也因于"忝"？即使以冒襄的坦诚，也必有未曾讲述的故事；其夫妇妻妾间的曲折隐微，或永远不为人知。《影梅庵忆语》中的冒襄，也远较高阳小说中的冒公子更有深度。我们不妨感谢冒氏的自我刻绘，其对心理隐微的坦露，尤其当接受董小宛追求时的勉为其难，危急时刻对妻、妾的"区别对待"。这自然无关乎"反省"，却为我们考察被认为"通脱"的名士，在伦理难题前的面目提供了信息。

董小宛死于顺治八年正月初二日，终年二十八岁，与冒襄共同生活了九年多。柳如是崇祯十四年夏年二十四归钱谦益，四十七家变而死，固然因了钱氏族人的逼挼，也仍然出于主动的选择。[1] 据孟森《横波夫人考》，顾媚"从龚二十余年，至康熙三年甲辰七月乃卒，得年四十有六。遭遇世变，除世以名节相纠外，其于文字之乐，翰墨之雅，挥霍之豪，声气之广，颇极一时之盛"（《明清史论著集刊正续编》第462页）。由此看来，"红颜薄命"似于董最为适用。

董小宛不像柳如是，留下了诗文供如陈寅恪这样的学者，于三百年后将其当日的心事一一发露。我们所知道的董小宛，除了张明弼

---

[1]　陈寅恪《柳如是别传》说柳"杀身以殉牧斋"（第三章第144页）；同书另一处说柳"终能归死于钱氏，杀身以报牧斋国士之知"（同上第218页）。孙康宜却说，钱死后柳的自杀，绝非"殉情或殉夫"，而是无法在钱家家族矛盾中生存（《走向"男女双性"的理想——女性诗人在明清文人中的地位》，《古典与现代的女性阐释》中译本第79页），不以陈寅恪的说法为然。

与《板桥杂记》中的片段文字外，主要即《影梅庵忆语》的叙述。"忆"即选择，告诉你的，是忆者记住了什么，希望读者知晓些什么。由本篇的角度，无非冒氏本人的发乎情，止乎礼义；董姬的严守角色规范，明乎分、度。剪裁之余，董的世界在冒的"忆"中是不完整的。你不妨试着由董小宛的角度、口吻讲述同一故事，或许竟试拟一篇董氏自述，借此重行搜索，看冒襄有意无意地"遗漏"了什么，有何掩饰、遮盖，尝试走入董的"内心世界"，她对自己的角色体认，她力图展示给冒的形象，她以她所理解的冒的期待、需求为标准的自我塑造。当然也要事先想到，这种叙述有没有可能，包括有没有纯然为董的角度、口吻。

今人的读《忆语》，与冒襄的那些同人感受想必不同。《忆语》中冒氏对陈姬、对董小宛的推托搪塞，即使不能说全无心肝，也不难令人感到男性的自私以至轻薄，更不必说乱离中两度对董的"放弃"，百日"侍疾"之于董的折磨。倘若想到吴梅村记卞玉京、侯方域记李香君，着重都在对方之于自己，有蓄意的掩盖，那么应当说，正因为有那些令人不适的内容，《影梅庵忆语》更有分析价值。较之他的同时代士人，冒襄在这一文本中，毕竟以难得的坦白或多或少地呈露了他自己。

《哀辞》后冒本人说，"从来悼亡，无此支离繁缛者"。陈弘绪《〈影梅庵忆语〉题词》，说冒氏《忆语》"文采葩流，笔锋曲折如画"（《同人集》卷三）。李明睿《书〈影梅庵忆语〉后》则说冒氏该文，"绝不作一媚语、软语、昵语、私语"（同上），也即没有狎狎气味。《忆语》确也少有关于情色的明示抑暗示。近人朱剑芒说《忆语》的特点在"琐琐屑屑"，因而不同于已形成格式、规范的"小传，家传，事略，事述"（《美化文学名著丛刊·〈影梅庵忆语〉校读后附记》）。不妨说，正是"支离繁缛""琐琐屑屑"，使为人艳羡的"神仙眷侣"的故事，有了世俗人间的气味。为人称引的，还有朱氏所说，冒氏作《忆语》，"原为了小宛是个姬妾，比不得正妻，所以，专就追忆所及，记些片段的琐事，并不郑重其事的做什么家传。那知，惟其他随忆随写，不加雕琢,反而真情暴露,成了一部古今绝妙的作品!"(同上)将《忆语》与同出冒氏的《祭妻苏孺人文》并读,不难相信朱剑芒的说法。后者或因有"祭文"既经形成的文体规范的制约,虽当书写之时悲慨淋漓,夫妻间的"琐琐屑屑",不免被自行排除。当然,两篇的旨趣本就不同。冒氏的祭妇文,更是向家族陈情,《忆语》则较有私人性质,尽管广泛流布,当书写之时,期待的读者或更是"同人",是可以与他分有哀感的圈子中人,故虽如李明睿所说不作"媚语、软语……",却一任情感流泻,不加抑制,坦露心迹也少顾忌。但吴梅村毕竟更是文章高手,其写卞玉京,用笔极俭省而情态毕见,直探入卞的心理层面(如其人的幽怨),为冒所不能及。《忆语》洋洋洒洒千二百言,对董反复摹写形容,竟不及吴写卞的片段文字令人难忘。但也要说,吴梅村《琴河感旧四首》《过锦树林玉京道人墓(并传)》关于卞玉京的刻画,涉及作者本人却不免闪烁,蓄意借助其精巧的写作技术"隐身"。①

近人赵泽霖(茗狂)以《影梅庵忆语》为"忆语体文字的鼻祖"(朱剑芒编《美化文学名著丛刊·〈影梅庵忆语〉考》)。无论是否"鼻祖",该篇启发了一种悼亡散文的书写方式,应当是无疑的。被近人归入此"体"的,有乾、嘉间沈复的《浮生六记》,嘉、道间陈裴之的《香畹楼忆语》,道、咸间蒋坦的《秋灯琐忆》,以及清末民初余其锵的《寄心琐语》等(参看卢豫冬《〈闺中忆语五种〉序》)。以上四种中,有悼亡妻的,亦有悼亡妾的(如《香畹楼忆语》)。据卢序,余其锵乃南社中人,其《寄心琐语》作于民国五年。编《美化文学名著丛刊》的朱剑芒,撰写收入该书的《〈影梅庵忆语〉考》的赵泽霖,均南社中人,见识既新锐而又不无迂陋,不难看出与五四新文化运动健将间的区分。

---

① 吴梅村的《听女道士卞玉京弹琴歌》诚如孙康宜所说,乃"貌似最坦直无讳,而实际上最隐密之作";吴在诗中"作为一自我匿藏的叙事者",借助"面具"书写个人的隐情(《吴梅村的"女性"认同》,《古典与现代的女性阐释》中译本第165—166页)。该诗作于顺治七年秋末。卞死于顺治十七年。

用了世俗的眼光，冒襄属于那种有"女人缘"的男子。陈沅（圆圆）之外，其他与冒氏有关的女子，如周琼（字羽步，一字飞卿），据陈维崧《妇人集》，"诗才清俊，作人萧散，不以世务经怀，傀俄有名士态"，居冒氏深翠山房八阅月。更不必说吴扣扣（参看陈维崧《吴姬扣扣小传》，《陈维崧集·陈迦陵散体文集》卷五）、蔡女罗等人。据冒襄后人冒广生所编冒襄年谱，康熙四年，"蔡女罗来归"（按蔡含，字女罗），时冒氏五十五岁。蔡为冒襄侧室，尝学绘事。康熙六年，"金晓珠来归"，冒五十七岁。金亦能画。年谱引《广陵诗事》，曰蔡女早逝（按蔡女罗卒于康熙二十五年，冒七十六岁），"炉香茗碗，辟疆赖之。尝刲股进药，使七十八老人再生"。则冒氏七十八的高年，尚得金女侍奉。康熙七年，"张氏妾来归"，冒五十八岁。三十二年，冒襄卒，享年八十三岁。

关于蔡女罗，阮元《广陵诗事》说该女以孝称，其父八十寿终，"女罗哀痛致疾卒"。还说"水绘园尝有盗夜入室，操刀刺婢仆数人，女罗急灭灯，以身左右，辟疆得脱"（卷二第31—32页）。汪懋麟《蔡女罗墓志》但说"所居内舍火灾，又尝有盗操刃入室，皆以身左右"（《同人集》卷三）。陈弘绪所撰《〈影梅庵忆语〉题词》一再慨叹，有冒氏的《忆语》，"董君抑何其幸哉！"（同上）意在恭维《忆语》作者。换一种眼光，倒应当说冒氏何幸，流离之际、危难关头，有董小宛以肩支撑，此后又有蔡女罗以身左右，冒氏何幸有此等姬妾！李渔为其二姬作传，吴启思（念庵）点评道："西子、王嫱皆以不寿使人艳称，不则鹤发鸡皮，何足追念？天夺二姬之年，而以笠翁之文寿之"，似乎是二姬的福分（《乔复生、王再来二姬合传》，《李渔全集》第一卷《笠翁文集》卷二第97—98页）。毛先舒（稺黄）也议论道，二姬"得笠翁之文以传，虽夭亦快"（朱剑芒编《美化文学名著丛刊·乔王二姬合传》），令人读出的，无非士大夫的自恋：他们竟以为一篇文字（即令是"美文"），其价值胜过一条鲜活的生命！

冒襄的昔日友人各有故事。方以智的故事最曲折离奇，侯方域的晚节令人扼腕，冒襄则以高寿而安度晚年，为时人称羡。曾经的浊世佳公子,殊途而不同归。至于董小宛的曲中女伴,也有各自的故事,其中的几位,因被知名之士讲述,其故事广为人知——对于她们本人,实在难言幸抑不幸。柳如是之外的名媛故事,往往有或大或小的空白。侯方域的《李姬传》关于自己与李香,仅截取片段,令人无从得知"始末"。该传写到了李香的不畏强御,坚拒外戚田仰;《板桥杂记》也写了同一段情事,说李拒绝的理由是"不敢负侯公子"(下卷《轶事》第69页)。据谢桂荣、吴玲《侯方域年谱》,李香曾"以身许方域,设誓最苦,誓词由宜兴陈贞慧处保存"(《侯方域集校笺》附录二第587页)。不知侯之于李,有何承诺,是否信守。①

　　孔尚任《桃花扇》第四十出蓝瑛(田叔)说李香是侯"聘妾"。该剧写李香君为侯"守节",说"奴家已嫁侯郎,岂肯改志"(第十七出《拒媒》);说"奴便终身守寡"(同上);唱词中有"案齐眉"云云(第二十二出《守楼》)。侯方域《答田中丞书》则说自己因张溥语而与李香相识,"间作小诗赠之,未几,下第去,不复更与相见"(《侯方域集校笺》卷三第113页)。倘然,则并"梳栊"事也无,何况"聘妾"!倘若仅据侯方域的《李姬传》,则侯、李并不曾"定情";这样一来,"设誓"云云就没有了着落。看侯氏所记李香种种,对侯的一往情深,两人间的关系未必如侯的告白。以披露为盖藏,有意误导,亦常见的文人伎俩。② 如侯、李,像是不曾被时人讥为"始乱终弃"。崔莺莺毕竟是良家女子。文人的曲中艳遇,无所谓"乱",即"弃"也顺理成章。至于

────────────

① 陈贞慧与李香的假母李贞丽善。崇祯十六年夏侯氏曾携妻儿流寓宜兴,依陈贞慧而居(参见《侯方域年谱》,同上第594页),未知在此期间是否与李香相见。次年九月,侯曾短暂地潜入南京(同上第596页),顺治二年二月在南京一度被拘(第598页),五月再入南京(第600页),顺治九年九月又至南京(第609页),未知其时李香的存殁。据侯本人的说法,他不曾与李香再续前缘(见下文)。郭松义《伦理与生活——清代的婚姻关系》说"侯朝宗纳李香君"(第343页)系失考。

② 梁启超为孔尚任的《桃花扇》作注,有关于"本事"的考证,考李香君,主要以侯方域的《李姬传》为根据(孔尚任撰、梁启超注《桃花扇》)。孔尚任《桃花扇》让侯、李"入道",欧阳予倩的《桃花扇》则让李因侯的失节悲愤而死,无非出于剧情的需要,与"本事"无关。

今商丘城南偏西七公里处的李姬村,村东北的李香君墓(参看《侯方域集校笺》第263页《李姬传》注1),则出自好事者的附会。李金堂校注《板桥杂记》第70页注7引叶衍兰《秦淮八艳图咏》,说李香弘光朝被选入宫,"南都亡,只身逃出。后依卜玉京以终"(第70页)。①未知可否据信。倘然,则卜尚不免依人,李更依卜,晚景之凄凉可想。

一时名媛中,柳如是、顾媚、卞赛、董小宛数人外,"结局"清楚、卒年可考者,并不多见。俞陛云《清代闺秀诗话》:"秦淮八艳,大都蔓草荒烟。惟河东君片壤虞山,供人凭吊耳。"(参看范景中、周书田编纂《柳如是事辑》上编卷二第34页)尽管如此,那些女子的命运并不一概悲惨。《列朝诗集》写赵燕如与名士朱射陂等人游,非寻常妓女与狎客可比,"年既长,尽捐粉黛,杜门谢客,而诸君与之游,爱好如兄妹"(《列朝诗集小传》闰集《金陵妓赵燕如》第764页)。王穉登(伯谷)与马湘兰的交往也自有动人之处,且两个人的姿态均不失尊严(参看同书闰集《马湘兰》第765—766页)。曲中与马湘兰齐名的赵今燕,暮年与士大夫交游,据说仍"容与温文,清言楚楚",似乎并不潦倒(同上第766页)。

《影梅庵忆语》毕竟是一篇由士大夫且当事者讲述的完整故事。对于明亡之际的浪漫故事,美国学者魏斐德的《洪业——清朝开国史》选择董、冒而非钱、柳故事作为穿插,固然因了在他看来和钱、柳一样,"冒襄和他的爱妾也是那日薄西山的时代的两颗耀眼明星"(中译本第131页),也应因了《忆语》的首尾完整,较之钱、柳的故事也更单纯。至于陈寅恪的《柳如是别传》,自然是远为复杂的叙述,尽管叙述者的"倾向"在先,却因材料的丰富、图像的繁复、时人与后人的多重视角与态度,与同一时期另一些故事相互衬映,呈现出了《忆语》所不可比拟的丰富的层次。

魏斐德讲述冒襄、董小宛的故事在明亡、清兴的大故事中,也就

---

① 关于"秦淮八艳",说法不一。《板桥杂记》谓即顾媚、董白、卞赛、李香、寇湄、柳如是、陈沅。

将冒、董的个人事件作为了大故事的注脚。《桃花扇》"借离合之情，写兴亡之感"，亦赖大故事作为背景。完稿于 1940 年 12 月的舒湮（原名冒效庸，冒广生之子）剧作《董小宛》，充溢其中的，是"家国情怀"——其时晚明题材剧作的"总主题"。冒、董在剧作中，均慷慨陈词，无非作者在借剧中人之口鼓动抗日。该剧写冒、董间的缠绵，因无关"抵抗"的大旨，将冒力图摆脱董的一段情事淡化。虽世界大有缺陷，爱情故事却总求圆满——也合于观剧者的期待。而那段曲折，实在是冒、董故事中最有分析价值的情节，该故事的关节所在，关系到不同的可能性及结局。该剧作以冒、柳（如是）、董为一方，以钱、龚、顾（媚）为一方，让顾说了些劝降的话，不免冤枉；亦出于"剧情需要"。临终前董小宛的台词中有："看，千军万马又在浩荡的奔腾，前面的倒了，后面的又继起了！"（第 157 页）自然绝非董姬所能有的口吻。① 实则在冒襄一流人物，国事、天下事与男女私情，并非注定了有交集，更未必以为个人的事渺小不足道，非赖有大事件才能获取意义。张爱玲在其名篇《倾城之恋》即将收束处写道，也许就为了成全小说人物的姻缘，一个大城市（香港）倾覆了。不是以彼之大形此之小、以彼之重证此之轻，倒是用了故意的轻重不伦，反拨一种"通识"、成见。

　　但也有"问题"的另一面。上文提到了柏桦的《水绘仙侣》。作者写其想象中水绘园的白夜，"是花前月下，一对神仙眷侣及一群好友轻轻地生活，不打扰人家，亦不回应时事。他们只为自己的似水流年、如花美眷而生活着，做一份人家"（第 150 页）。该书一再使用的，"逸乐"外，尚有"华贵""贵重"等，"艳羡"之情，溢于言表。所艳羡者，无非艳遇、艳福，删除了日常琐屑、日用伦常。冒、董本来就属

---

① 　剧作者在收入同书的《我怎样写〈董小宛〉》中，慨叹时人对冒氏其他文字了不知晓，"只有《影梅庵忆语》流传最广，徒供半瓶醋的'才子'，步武效颦，作风花雪月的无病呻吟而已！"（第 177 页）舒氏还说他的写作此剧，有关于董小宛即董鄂妃一说的针对性；倘异说成立，则证明了董的"自毁立场自侮民族的气节"。此剧的强调民族大义，也有这一层背景。

于人间世;或者说,天上人间,只隔了薄薄的一层。作成如柏桦所说的"安闲",或许首在"不回应时事",但冒襄似乎不能。"不回应"的时刻是有的,家居与董小宛相对、与友朋欢宴的场合。但"回应"才是冒襄。不得不"回应",冒、董故事才更完整,更有情感的深度。当年的秦淮名妓,或许不身处政争中,择人之际,却往往着眼于正/邪,也即以合于她们身份的方式,间接地"关联"了那时代的政治。不止李香,即董小宛,何独不然!

当代诗人翟永明《鱼玄机赋》之于鱼玄机,柏桦《水绘仙侣》之于董小宛,均可用于比较:唐人与今人如何想象与讲述鱼,明清间人与近人如何想象与讲述董。钱、柳故事有待拼缀,冒、董情缘因有《忆语》作为蓝本,演绎的空间倒更其狭窄。未知还有没有可能打开为冒襄有意无意隐藏、遮蔽的情事,使董小宛由冒襄所设画框中走出,呈现不为《忆语》所限的眉目神情?

附录二

诗文中清初流人的"殊方"经验

不同于通常的"流离播迁",作为刑罚的"流",在士大夫,自属更为特殊的情境。上文已经写到了流人夫妇(妻妾)。流人诗中的日常生活情景,家人父子、衣食住行、油盐柴米,即使没有其妇现身,那些画面也往往有其妇隐现其间——至少可供人想象那妇人的吧。

关于流人、军犯对流放、充军地经济发展、文化传播的贡献,已被较多论及。研究流人诗,严志雄使用了"流放诗学"的说法。[①] 我的

---

① 参见其所撰《流放、帝国与他者——方拱乾、方孝标父子诗中的高丽》,刊台湾"中央研究院"中国文哲研究所《中国文哲研究通讯》第二十卷第二期第 95 页。关于该项研究,严氏说,"当流放、迁移(migration)、离散(diaspora)已成为现当代人类生存经常不得不面对的处境和状况时,我们回顾、探究中国前现代时期的一段先行经验,也许不无一定的历史与现实意义"(同篇第 95—96 页)。所言极是。

关注不在"诗学",而在"流放"作为一种非常经验,流放生活中的物质细节,不同流人应对环境的态度、生存策略,作为上文所论"流人妻妾"一节的注脚。因而本文关于流人诗文,取其内容贴近人情物理、日用伦常,而不由"诗艺"的方面着眼——既限于此项考察的旨趣,亦便于藏拙。

"流",《书》云:'流宥五刑。'谓不忍刑杀,宥而窜于边裔,使其离别本乡,若水流远而去也"(徐元瑞《吏学指南·五刑》第73页)。《明史·刑法一》关于"流":"初制流罪三等,视地远近,边卫充军有定所。盖降死一等,惟流与充军为重。""其后条例有发烟瘴地面、极边沿海诸处者,例各不同。而军有终身,有永远。永远者,罚及子孙,皆以实犯死罪减等者充之。""革除所遣谪,至国亡,戍籍犹有存者,刑莫惨于此矣。"(按"革除"即燕王所谓"靖难")①

据吴艳红《明代充军研究》,明代自嘉靖以降,充军定卫编发的最远程限,远不过三千里,程不过一二月,"情重当发极边者北直隶、宣、大、山西、山东、河南俱发甘肃;山西、陕西、宣、大、河南发辽东"(该书第109页)。据同书,从明初始"就时有从风土所宜适时改变定卫的情况"(第106页)。朱元璋曾有诏令,曰"犯流徙罪者不宜处以荒芜之地,但定其道里远近,令于有人民处居之,以全其生"(同书第177—178页。所引见《明太祖实录》卷一三六,洪武十四年三月丙戌、庚寅条)。据该书,明代随着"大诰减等"的普遍行用,流刑"实现了较为彻底的废而不用"(第178页)。嘉靖以降,"流犯或以纳赎或以发递运水夫四年的方式进行发落,传统的以发远为特征的流刑不再实施"(第183页)。清代司法中有所谓"发遣"。"清代发遣人不注军籍,不入行伍,与明代充军自有差别,但在惩治力度上,或者说

---

① 陈高华《元代的流刑和迁移法》:"流刑是五刑的一种,'迁移(徒)'是'五刑'以外的刑罚,两者都将犯人强迫发遣到外地,往往容易混淆。"流刑"是仅次于死刑的重刑"(《元史研究新论》第171页)。据该文,到元代,"'出军'和流刑已经合而为一。而在前代,'出(充)军'是不同于流刑的一种刑罚"(第174页)。关于清代的"流""充军""发遣",参看《清史稿·刑法志》。

在国家刑制中的地位上，它却与明代充军有很大的相似性：具有重刑的特征，足以承担对降死一等重罪的惩治。"（同书第 245 页）祁班孙写于流放途中的《复迁》一首，写甫至戍所，又强令迁徙，且编入军籍，心情黯淡，而"山东健儿"却意气自得，"左右佩两鞭，飞驰过我侧"（《祁彪佳集》附录《紫芝轩逸稿》第 342 页）。由此看来，清初发遣，亦有编入军籍者。编入军籍的罪人（及其家属）与志在功业的军人，情态何其不同！

　　本篇所涉及的流人，流放地有盛京（即今沈阳）也有宁古塔。时人称宁古塔"绝塞""绝域"，盛京充其量不过是相对于关内的"殊方""遐方"。感叹宁古塔之偏远，吴兆骞赴戍中纪行的《阴沟关》一诗，说"辽阳今已是关中"（《秋笳集》卷二第 34 页）。较之盛京、向阳堡，宁古塔的自然条件被认为更严酷。该地在今黑龙江省海林、宁安（按其旧城在今海林，新城在今宁安）。方孝标《东征杂咏·发襄城》序："宁古，华言'六'也；塔，华言'坐'也。相传昔有六部落驻此，故云。太宗时始入版图。"（《钝斋诗选》卷七第 100 页）当清初之时，关于该地的传说不免耸人听闻，令人谈之色变。如说"其地重冰积雪，非复世界"，谓行者"至半道为虎狼所食，猿狄所攫，或饥人所啖，无得生也"（参看佚名《研堂见闻杂录》）。[①] 徐釚将吴兆骞所到之地，描述为"白草黄沙，冰天雪窖"，以为"较之李陵、苏武犹觉颠连困厄"（《孝廉汉槎吴君墓志铭》，《秋笳集》附录三第 342 页）。吴梅村《悲歌赠吴季子》的渲染更有过之，至谓"土穴偷生若蝼蚁""白昼相逢半人鬼"（《吴梅村全集》卷一〇第 257 页。按吴季子即吴兆骞），无非得之于耳食。对此孟森议论道："吴诗所云宁古塔地之恢诡，可见当时满汉之隔膜。在清代，宁古塔乃发祥之地耳……"（《科场案》，《明

---

① 《研堂见闻杂录》一作《研堂见闻杂记》，其作者一说为王家祯。此处所引，见《烈皇小识》第 288 页。

清史论著集刊正续编》第 356 页）①值得推敲的，是大清当局何以将其"发祥之地"以至故都（盛京）作为罪囚流放充军之所。于此或许可以援引王夫之关于"充军"的推究。② 清人既入关，自讳其所从来，有不欲明言的自卑；对于汉人的隔膜误解，与其发祥地有关的悠谬无稽之谈，也就不作更正。至于上文所引吴梅村云云，无非为了强调流人（吴兆骞）莫大的悲苦冤抑，既有士大夫之于关外的无知（或知识陈旧），也有对流人的同情与不平；夸张无度出自真实的情感取向，是隐蔽、曲折的抗议，与那里的实际状况无关。不知者据传闻而夸大，身历其地者也未必不乐于强化此种想象，以表达自己的屈辱感。而他们生长在该地的后人，心情已然不同，下文将要写到。要到越来越多的流人亲履其地，那地面的真实面貌才渐为关内的人们所知。

　　方孝标赴宁古塔途中所作《混同江》一诗，小序中说："忆昔史书中见此江以为天外。孰知身亲历其地，并将越此而更数百里，为之一喟。"（《钝斋诗选》卷一三第 255 页）1656 年流放盛京的陈之遴有一组纪程诗，由如下诸题可知行经道途：《发京师》——《齐化门》——

---

① 孟森《明元清系通纪》："宁古塔即赫图阿拉故名，清初设宁古塔将军于吉林，遂以将军所驻之城为宁古塔城，而为后设之宁安县地。赫图阿拉则自名兴京，惟宁古塔河尚在兴京境内，足证《太祖实录》中宁古塔贝勒之说。其地与入关之后之宁古塔地，并非一地。"（《前编第三·女真源流考略》第 49 页）该书说，清代兴京，在灶突山一境之内；"灶突山之横冈，即所谓赫图阿喇，是即兴祖六子所环居，所谓宁古塔贝勒。入关以后，随事增饰，移宁古塔于吉林东北八百里，去赫图阿喇绝远，以示其原有疆域之广"（同书《前编第四·建州卫地址变迁考》第 70 页）。

② 我在《制度·言论·心态——〈明清之际士大夫研究〉续编》上编第二章"谈兵"中，谈到王夫之、王源、李塨等人对与"充军"有关的刑律的质疑，即以罪囚充军、戍边所包含的对于"军"的深刻歧视。王夫之在《噩梦》中说："……乃自充军之例兴，杂犯死罪，若流若徒，皆以例发充军。军舍武职有大罪则调边卫，边卫有大罪则发哨瞭，是以封疆大故为刑人抵罪之地，明示阃外之任为辱贱投死之罚，督制镇将且为罪人之渠帅，如驿吏之领囚徒，国家之神气，几何而不沮丧乎！"（《船山全书》第十二册第 587 页）"然罪人充配，损国威而短士气，始为谪罪充军之议者，庸人误国之祸原也。"（同上第 592 页）流放对于流放地，与充军对于"军"，以至近代"下放"之于所"下"之地，所包含的，是相似的逻辑。

《通州》——《白河》——《三河县》——《蓟州》——《玉田县》——《还乡河》——《丰润县》——《自丰润之永平》——《永平府》——《卢龙驿》——《沙河驿》——《抚宁县》——《山海关》——《凄惶岭》——《中前所》——《前屯卫》——《中后所》——《宁远》——《塔山》——《松山》——《大陵河》——《医巫闾山》——《广宁》——《自小合山之黄白旗堡》——《辽河》——《至盛京》(《浮云集》卷六):一份完整的行程单。以诗的形式记长流途中的每一程,也因了这不是普通的行旅,作为个人历史中的非常事件,每一个段落均有必要记录在案。纪行诗中,有个人直接的地理经验、人文地理、历史地理;即使在知识方面未见得精确,却出自具体个人的感受,文字间可感人的气息。行行复行行,一步三回首,迁客的身世飘零之感,也就在那些地名之中。《齐化门》一首,说:"国门今一出,步步向边庭。"由此也就将心绪渐渐移至了所经地面,写山川形势,历史掌故,该处发生过的战事,曾经有过的政治设施。今昔、家乡与异地相互映照,乡愁与面对陌生环境的新奇感均在其中。出了山海关,想到的是"何日扬鞭笑,欣欣还帝乡"(《凄惶岭》);当辽河在望,漫长的行程总算有了尽头,说的已是"却忘乡国远,引领盼辽东"(《自小合山之黄白旗堡》)了。[①]

《祁彪佳集》附录的祁班孙《紫芝轩逸稿》,似乎有意不将班孙塞外诸作依时间顺序排列,《出关》《浉陵》《鹰鞲关作》等,以塞外奇境入诗,处处可见惊叹的神情,诗风雄健,与《壬寅杂诗三首》《出都》等作的调子,显然不同。除非班孙远戍前即曾到过塞外,否则若要由《逸稿》读班孙的这段经历,就需依了时间顺序重新编码。壬寅,康熙元年,公历 1662 年。是年郑成功、李定国死,永历被害,鲁王死。

---

① 该集卷七,有反向的纪行诗一组 28 首,由《初发盛京》到《至京师》,应当写在顺治十三年冬蒙恩召还的回京城途中,与以原官徙居盛京时的情态大不同,亦咏史,写山川形胜,归心似箭,对流放地似绝无留恋。《自闾阳驿趋石山站》说"喜背朔风苏冻面"。《七家岭驿》则说:"贪程宵发月朦胧,揽辔登车尚梦中。"《白河》写近京时一家人喜形于色:"少长一时西向笑,凤城遥出五云层。"陈顺治十五年革职流徙,即死于徙所。

班孙的《壬寅杂诗三首》及《入都》《都中》《出都》等作,写在赴戍宁古塔途中,较为连贯地叙述了动身北上,由北京至辽东的过程。吴兆骞《秋笳集》卷二诸诗记出关赴戍的行程,其纪实性("文献价值")不若祁班孙所作。

对于江南人士,冷,应当是这一路走来的最强烈感受。陈之遴的诗以"苦寒"为题,说"曝日鲜微温,非风亦肤裂"(《浮云集》卷三)。另一首同题的诗,有"触雪求薪远,穿冰得水难"句(同书卷六)。吴兆骞写信给友人,说:"塞外苦寒,四时冰雪,陶陶孟夏,犹著弊裘。身是南人,何能堪此!"(《与计甫草书》,《秋笳集》卷八第 268 页)"投荒"已四载,他还在对远在江南的父母诉苦,说"宁古寒苦,天下所无,自春初到四月中旬,日夜大风,如雷鸣电激,咫尺皆迷。五月至七月,阴雨接连。八月中旬,即下大雪。九月初,河水尽冻。雪才到地,即成坚冰,虽白日照灼,竟不消化。一望千里,皆茫茫白雪。至三月中,雪才解冻,草尚未有萌芽也"。同札引方拱乾的话:"人说黄泉路,若到了宁古塔,便有十个黄泉也不怕了","他生若得流徙沈阳,便是天堂之福",说"此皆实实经历之语,非过激也"(《上父母书[三]》,同书附录一第 289 页)。

方拱乾的《绝域纪略》①也说宁古"四时皆如冬"(《天时》,《何陋居集》附录二第 500 页),却与他本人的实感不尽合(参看下文)。即使同一篇,也说自己在当地的三年里,"唯两日奇寒","余不过如长安极凛冽时耳"(第 500—501 页)。关于该地传闻失实,自非此一端。其时士人关于宁古塔自然条件之恶劣,形容未免太过,纪实与想象往往混淆;即使久于其地者,也不免袭用现成的形容,未必均系自己的实感。他们熟稔迁客骚人的那一套修辞,写个人境遇而能翻新出奇,也就不易。

但由流人的文字看,该地的气候(以及流人的感受)确也在变化。上文所引吴兆骞上父母书中说,据"土人云,近年有汉官到后,

---

① 与《宁古塔志》系一文,见黑龙江大学出版社版《何陋居集·甦庵集》附录二、三。

便日向暖,大异曩时"(《上父母书[三]》)。另札也说:"宁古旧冬甚暖,为此地百年所无,此地满洲人皆云,这暖都是蛮子带来的。儿想上天垂悯流人,故特回此阳和,未可知也。"(《上父母书[四]》,《秋笳集》附录一第 292 页)①方拱乾也写到宁古天候之变,有诗作《春燠》:"居然服春服,二月塞风温。"(《何陋居集》第 224 页)另有诗径题作《热》,说:"只道披裘长六月,忽惊执热似江南。"(同书第 262 页)《秋热》则说:"几日立秋还苦热,谁言气候异中华。"(同书第 277 页)②

变化着的不止天候。吴兆骞写信到关内,说:"宁古自辰巳后,商贩大集,南方珍货,十备六七,街肆充溢,车骑照耀,绝非昔年陋劣光景。流人之善贾者,皆贩鬻参貂,累金千百,或有至数千者。"(《戊午二月十一日寄顾舍人书》,《秋笳集》卷八第 265 页)只是自己不长于此道,只能设馆授徒为生而已。③日久,感觉也生变,不惟气候不那么难以忍受,甚至发现了当地特有的食料之佳——是未到前、初到之时不能想见的。陈之遴说,要到了这里,才知道传闻中如此可怕的地方,本不缺少食材,只是要赖如自己这样的江南人去发现罢了("佳品原非乏,南人到始谙。佐觞菱芡美,下箸蟹虾甘。"《冬日闲居》其四,《浮云集》卷六)。赖江南人才能发现的,更有景色之美(同诗:"莲泊明秋水,松屏郁晓岚")。方拱乾也说宁古"山川不甚恶,水

---

① 其子吴桭臣《宁古塔纪略》则说:"当我父初到时,其地苦寒,自春初至三月,终日夜大风,如雷鸣电激,尘埃蔽天,咫尺皆迷。""八月中即下大雪,九月中河尽冻,十月地裂盈尺","至三月终,冻始解,草木尚未萌芽。近来汉官到后,日向和暖,大异曩时……"(同书附录二第 324—325 页)齐齐哈尔的流人方式济也说"居人共道今年暖,迁客来多天意转"(《出关诗·九月二日雪》,转引自李兴盛《增订东北流人史》第 165 页),可与吴兆骞的说法相印证。

② 方氏诗中还有"此地起居宁有度,上天冷燠亦无时"(《霜朝》,同上第 297 页)云云。

③ 或也因了家产籍没,没有了足够的接济,吴兆骞在宁古塔,家书中每诉说拮据。如谓其处馆所得,"只堪一年柴米之用",其他花销"一无所出","盘费久尽,债负极多"(《上母亲书[二]》,同书附录一第 296 页)。吴桭臣却说其父在宁古授徒,"穷边子弟,负耒传经,据鞍弦诵"(《宁古塔纪略》第 338 页),也应别有乐趣的吧。

则随地皆甘冽"(《绝域纪略·土地》,《何陋居集》附录二第 501
页);还说"瓜茄菜豆,随所种而获"(《绝域纪略·树畜》,同上第 502
页)。至于对吴兆骞出生在该地的儿子而言,那里的山川岂止"不甚
恶"而已,那一派"绝塞"风光毋宁说是瑰伟壮丽的。

　　至于民风之醇厚,更为方拱乾所称道,说:"八旗之居宁古者,多
良而淳,率不轻与汉人交。见士大夫出,骑必下,行必让道,老而荷戈
者,则拜而伏,过始起。"(《绝域纪略·风俗》,同书第 503 页)"百里
往还不裹粮,牛马不携粟草,随所投,如旧主人焉。主人随所供,不责
报,亦无德色。"(同上第 504 页)此种风俗人情之美,岂是关内、江南
所能有的?

　　吴桭臣,即吴兆骞在《奉吴耕方书》提到的"便弓马而不爱纸笔"
的那个少年(《秋笳集》附录一第 313 页),上文已一再提到其所撰
《宁古塔纪略》。该书涉及宁古的山川景色、人情风俗、物产器用、居
室饮食、婚丧嫁娶,写于其父病逝之后,他本人年近六旬,是其晚年记
忆中的宁古塔。《纪略》说该地城中有东西大街,"人于此开店贸易。
从此人烟稠密,货物客商,络绎不绝,居然有华夏风景"(同书附录二
第 322 页)。以下记当地景色之佳,物产之丰饶,花之繁盛,果之甘
鲜,鱼之肥美,风俗之淳朴,人情之醇厚,交易中的信守承诺。说宁古
城外,"凡各村庄,满洲居者多,汉人居者少。凡出门不赍路费,经过
之处,随意止宿,人马俱供给,少陵所谓'马有青刍客有粟'也"(第
329 页)。又说:"凡宁古山川土地,俱极肥饶,故物产之美,鲜食之
外,惟山蔬野蕨,无不佳者。皆无所属,任人自取。"(第 337 页)①

　　不同于当代"流人",至少清初流放地施之于士大夫的羁束,像
是并不严苛。流人间的交往,毋宁说是自由的。由祁班孙赴戍的诗

---

① 上文已引祁班孙夸说该地的蘑菇之味美(参看全祖望《祁六公子墓碣铭》)。吴桭臣
　　也对其地的食物之鲜美印象深刻,足见味觉记忆之持久难忘。同篇还说因该地苦寒,
　　朝廷对流放其地者格外开恩,"其绅士在彼者,俱照中国一例优免,与尚阳堡流徙者不
　　同"(第 337 页)。

中看,未至戍所,就有故人通音问;在流放地则壶觞而感"野人情",想必"戍守"的日子并不那么冷清。吴兆骞说自己到宁古后,"旧迁客三四公,皆意气激昂,六博围棋,放歌纵酒,颇有友朋之乐"(《戊午二月十一日寄顾舍人书》)。"穷愁中亦饶有佳况",自诩为"塞外散人"(同上)。① 他一再写到友朋往还之乐,说与钱德维"只隔一篱,灯火互照,吟啸相闻,屦履往来,殊慰寂寞"(《寄电发[一]》,同上第308—309页)。孟森《科场案》引吴兆骞《秋笳集》首其兄兆宽一诗,题云:"余弟汉槎,自塞外贻书徐健庵,以所著《秋笳集》奉寄……"(《明清史论著集刊正续编》第354—355页)可见不但可与关内通音问,且与其他流人诗文酬酢。吴兆骞自说其不乏"塞外文章之友"(《戊午二月十一日寄顾舍人书》)。与计东书中则说,自己"所携故籯,尚有残编",与诸友"商榷图史,酬唱诗歌",已成一集(《与计甫草书》)。只是与"夙昔知交"间音问难通(第268页),且经此番患难,自以为体味了人情寒暖(第270页)。

　　音问难通,或因了交通、邮传的不便,而非当局的蓄意限制。吴氏父吴晋锡《与兆骞书》,说自己给吴的多封信,未能寄达,"徒令两地情牵"(同书附录一第276页)。吴兆骞也对其父母抱怨说:"儿自去夏接父亲正月字之后,迄今一年不得家中消息矣。"(《上父母书[四]》,同上第292页)另札对母亲说,他八月廿七日方接到前一年十月廿八日家书,今年正月廿一日接其兄、弟去岁正月十八、廿一日信(《上母亲书[六]》第304、306页)。他还对父母说,某人由宁古塔回京,十四日行四千里,已称"神速"(《上父母书[三]》第291页)。顾廷龙也说到"音信投递之难"(《归来草堂尺牍跋》,同上第320页)。吴桭臣《宁古塔纪略》的说法是:"宁古去京四千余里,冬则冰雪载道,其深丈余,其寒令人不能受;夏则有哈汤之险数百里,俱是泥淖,其深不测。""音信难得,岁仅一至。"(同书第337—338页)

　　音讯难达,流人即难免有隔世之感。即使有友朋往还,在来自繁

---

① 据同札,吴等康熙三年以前尚能"优游",此后一度紧张;康熙七年"特许优复"。

夫妇一伦

华之区的流人,仍不能免于寂寞。寂寞,也应是流人的日常经验,即使以方拱乾的达观也难免。大风的日子尤其如此:"牖炯书如客,人稀市似村。"(《风昼》,《何陋居集》第 56 页)"人稀剥啄少,缚户不须绳。"(《小室粗就躬自扫除》,同书第 59 页)方孝标对吴兆骞说:"可与言今古,荒边只有君。"(《答吴汉槎借读通鉴纲目》,《钝斋诗选》卷七第 107 页)陈之遴也叹息着"绝塞知交少,晴和屐罕过"(《雨中》,《浮云集》卷六)。寂寞中就有借了乡思表达的温柔的怨嗟。面对辽东"茫茫野草白,黯黯沙日黄",陈之遴想到的是"吴山八九月,轻裾尚飘扬"(同书卷三《秋日杂诗》其二)。但寂寞也未见得没有好处。陈之遴就体会到了这好处,说:"短日逢迎少,悠然物外情。"(《冬日闲居》其五)

我所读到的流人文字中,对琐细的日常生活记述生动的,首推方拱乾;写父子、夫妇、朋友,无不亲切和煦。不同于辗转流徙中的方以智,方拱乾毕竟在一地安顿了下来。日常琐屑是难以出现在方以智诗文中的,却由方拱乾笔下汩汩流出。为了生计的谋虑,稼圃秋获的欣喜,种种虽细碎却真实的欢愉,是官宦生活中不可能体验的。也因解除了官职,尽管依旧写诗作文,生活却落到了更物质的层面,有了更多与妻、子共度的时间与共同从事的活动——亦拜"流放"这一境遇所赐,尽管作者未必作如是想。

关于方氏诗中的夫妇,上文已经谈到。夫妇之外,尚有父子;相关诗作无不令人感到人伦的暖意。"一几同儿坐,分头各读书"(《宁古塔杂诗》,《何陋居集》第 29 页),"持书共儿读"(《夜灯》,同书第 66 页),所触发的,无不是空间距离密迩的亲近之感。"锡鼎犹烹昨日蔬,呼儿且歇窗前读"(《晚食》,同书第 47 页),何等家常而又温暖!"饭罢扶筇出,儿随恐力疲"(《宁古塔杂诗》,同书第 30 页),"荒城尽日无宾客,别院儿归送出门"(《晚步》,同书第 157 页),无不琐屑而有味。因了患难,逼处狭小空间相互取暖,反而别有了亲密之感。不像吴兆骞的怨天尤人,方拱乾似乎很享受这样朴素的家人父子间的亲情,彼此日常相聚中的快乐。

身处朔漠,体验了生活的艰辛,不但家人父子间相互体贴,且怜及僮仆。方拱乾在诗中写到对僮仆劳作的依赖。[1] 自惭"衰慵儿腐儒,袖手对书坐食粟","白头才知辨麦菽"(《力田行》),此意他也反复说到。[2] 流人于艰窘中,往往有此感慨,甚至悔当初读书而不学稼(《早春杂兴》就说"悔不少年时,举家学稼穑")——当然对此种表白不可当真。无力学稼,却曾学圃,亲手侍弄蔬菜。"老夫手种老妻摘"(《摘菜口号》,同书第 269 页),对此不无自得。此种经历,流放前何曾梦见!甚至因系亲手栽培而有不忍食之一念(《摘蔬》,同书第 161 页)。这种微妙的心理,自非农人所能有。至此,方氏确可坦然地说"素餐六十年,白头乃食力"(同上)了。

流放前京城的生活内容太过丰富,事务太过繁杂,一旦到了"绝域",删繁就简,回到了"基本生存",生活即尽显平凡质地。衣食住行中,尤以"食"为重,也因此殊多与稼、圃(菜蔬)有关的诗作。尝蔬之外,尚品茗,剥菱,移栽花木。极平易俗常,像是随手摄取的生活小景,出之以诗,经了提炼,即使非上乘之作,亦堪玩味。其妇则隐现其间,在画面的某处,是这小景的构成部分。

方孝标说,宁古塔"无宫室,率架柴栅,覆茅而处",其父"稍变其制,为屋三楹,敞其廉,廉外莳花种蔬果"(《先大夫诗后集后序一》,同书第 306 页);虽仿王阳明居龙场故事,颜曰"何陋居",却并不甘于"陋"。他好茶,好花,心境宽裕,不放弃高雅习癖。"义兴砂注好,异域煮霜泉。"(《宁古塔杂诗》,同书第 28 页)享用生活,兴致不减。流露于笔墨间的,是乐天安命的态度。他说"死地原生地,穷途非畏途"(《宁古塔杂诗》,同书第 34 页),确非故作达观。也因此,方拱乾

---

① 如"荒边性命系童仆",《力田行》,同书第 74 页;"贫富视臧获",《早春杂兴》,同书第 134 页;"倾心恃奚奴",《为农》,同书第 139 页。其子方孝标的诗中也有艰苦环境中对奴仆的温存体贴。《令小童刈蒿》一诗,说"客久奴如子",还说"救厨藏饼饵,归报汝艰辛"(《钝斋诗选》卷七第 106 页)。

② 如曰"力作性不能,低头愧场圃"(同书第 132 页);"今始辨(按原作'辫',误)菽麦"(《食新麦》,同书第 182 页)。

写于宁古的诗如其子所说，"意思安闲"（《先大夫诗后集后序一》第307页），与吴兆骞诗风味有别。这里自然也有流人应对"长流"的不同姿态——不止于"生存策略"，亦不同的人生态度。方拱乾的乐易，或出自性情，也应当系于修养，不一定出于自我强制，倒像是顺其自然；其表露也朴质，甚至有几分天真。他的随遇而安，甚至随遇而"享受生活"，非即认命。那种无论落脚何处，都能由环境与生活中寻出美，品出味道，感受乐趣，似乎是与生俱来的能力。①

　　写在同一情境中，诗与散文通常有分工。诗不被认为宜于面对生活场景，而更适于表达对生活的情感态度，包括怨望或期待。你在有些流人那里读到的，正是这样的诗；其中少有细节，尤其与其日常生存有关的细节，可供你在数百年后据以想象其生存的物质环境，衣食住行种种。也因此，方拱乾上述诗作别有了一种价值。在关于江右易堂的那本小书中，我提到了"九子"之一的林时益诗作朴素到了极处的日常性。这自然与书写者对于诗的理解有关。无论方氏还是林氏，都赋予了诗一定的纪实功能，方便了我们在遥远的事后"触摸"那生活的质地。

　　上文已经写到，清初流人中为人旷达者，另有丁澎。丁氏《扶荔堂文集选》卷八《归斯轩集》写初到流放地时的困厄；倘如其所写，则丁氏所遭，较方拱乾、吴兆骞为苦。开篇说"顺治十七年庚子冬十月，予徙居威远，去沈城八十里……"说"予未靖安，五迁无定所，困踬不能自存。与佣奴杂作，夜起刻草饭牛，朝负薪，易穄而食……"（《清代诗文集汇编》第七十八册第538—539页）此种苦境，是方、吴

---

① 严志雄在其论文中比较方拱乾及其子方孝标与高丽有关的诗作，说"老人（按即方拱乾）的世界观浑成，少虚饰，看历史都是偶然，无庸大惊小怪"（《流放、帝国与他者——方拱乾、方孝标父子诗中的高丽》，刊台湾"中央研究院"中国文哲研究所《中国文哲研究通讯》第二十卷第二期第112页）。说能如方氏的自解自嘲，也就多了一分"安稳与从容"（第113页）。该文说："方拱乾在宁古塔写的诗朴直可爱，拙趣盎然，不求工而境界自高。"（第117页）说方氏的诗中有"相对通达的人生态度与较为宽容的世界观"（第118页）。

所未经的。该篇题作"归斯轩",精彩处在悬想获归之一日,"反念"所居是轩,又当如何——亦出于巧思。上文所引林璐《丁药园外传》,说丁氏在流放地"诗益温厚,无迁谪态"(《虞初新志》卷四第64页),应别有依据。

吴兆骞顺治十六年闰三月离京出塞,七月至宁古塔戍所(参看上海古籍出版社版《秋笳集·前言》)。刑部原判吴兆骞等"责四十板,家产籍没入官,父母兄弟妻子,并流徙宁古塔"(参看李兴盛《增订东北流人史》第227页)。案发后,吴兆骞的父母及"诸骨肉"一度俱羁刑部,后遇赦还乡,惟一弟"发吴县监候"(吴晋锡《与兆骞书》,《秋笳集》附录一第277页)。由其子的说法看,吴兆骞得之于流放地的,或许是强健了体魄。吴桭臣说:"我父素羸弱,到彼精神充足。"(《宁古塔纪略》第330页)还说其父在宁古二十三年,"疾疢不作"(第338页)。这层意思,吴兆骞本人似不曾说到。

方拱乾说到了边地,脱出繁缛的礼节,未见得不是好事。化外自有化外的自在。① 其子方孝标《抵宁古塔》一诗序曰:"垒石为城,树柴为郭,人多耕猎,俗号淳庞。"(《钝斋诗选》卷七第105页)久处此境,不难顺适且成习,也就有了他人眼里发生在流人身上的变化。经了漫长的流放生活返回京城,昔日友人看到的是他们已不熟悉的吴兆骞,非但不复有当年那种睥睨一世的神情,且有了令他们不适的边地生活的习染。对此,徐釚写于吴氏身后的一段文字,说得委婉含蓄。徐氏说,吴兆骞本来"为人性简傲,不谐于俗,以故乡里嫉之者众";受朋友的援助"头白还乡",二十三年的岁月雕镂,归来后"其感恩流涕固无待言。而投身侧足之所,犹甚潦倒,不自修饰,君子于是叹其遇之穷,而益痛其志之可悲也已"(《孝廉汉槎吴君墓志铭》,《秋

---

① 《元日》:"绝塞无风俗","恰宜衰老叟"(《何陋居集》第129页)。《历日》:"最喜无历日,绝地泯干支。"(同书第145页)

箑集》附录三第 343 页）。① 这层意思，是虽亲近者也往往不忍说破的。归来的吴氏的"水土不服"，应不限于徐钪所说。感激涕零中的猥琐，生活方式的粗放邋遢、不修边幅，令他人感到伧俗不快的种种，无非由经历造成。他人痛之悯之的，或许吴氏早习以为常，且对他本人，未见得有什么不便，正是曾融入流放地生活的一份证明。

这是一个由桔而枳的故事。吴兆骞对岁月、环境作用于自己，未见得毫无知觉。其《与计甫草书》中说："弟久沉异域，语言习俗，渐染边风。大雅惛惛，磨灭尽矣。方欲控弦试马，作健儿身手……"另在《奉李健庵书》中，也说自己"迁谪日久，失其天性"（同书卷八第 273 页）。至于精神意气的斫丧，自然也因了旷日持久的销磨。吴兆骞羁押在刑部狱时，尚说自己"意气激昂，犹然似昔"（《上父母书［一］》，同书附录一第 279 页）。至于更字面意义上的"水土不服"，其后果很有可能就有他的死于腹疾；而据吴桭臣说，宁古塔"所产之物，俱异于他处。香瓜极香甜，夏日尽饱，无破腹之患，冬日食油腻及饮冷水亦然。所以各处流客，无不服水土者"（《宁古塔纪略》第 330 页）。凡此，吴氏关内的朋友是无从想象的。他们不能明白发生在吴兆骞身上的变化对于吴氏本人的意义——吴氏本人也未必明了。②

较之方拱乾，吴兆骞塞外诸诗较少物质生活的细节。③ 既属"流人"，诗文中例有诉苦的内容，而实际生活状况则因人而异，且不能仅据其诗文而判定。即如吴兆骞，固然也极言宁古塔一带的荒寒、自

---

① 同书附录三摘录汪琬《说铃》写吴氏流放前"意气傲岸不屑"，颇生动（第 344 页）。所摘王晫《今世说·浅鉴》，也写到吴"少时简傲，不拘礼法"（第 345—346 页）。

② 至于患难之于吴氏，时人看取的角度仍互有不同。《苏州府志》卷一〇六《人物》，说吴氏在塞外，"日与羁臣逐客饮酒赋诗，气益壮，才益沉丽"（同书第 348 页）——摧折之乃所以成就之，亦一种常谈。

③ 其《瓜儿伽屯值雨晚过村叟家宿即事书寄孙赤崖陈子长五十韵》（《秋笳集》卷二）中关于边民生活状态的文字，出于细致的观察。严志雄先生《一首诗的身世——吴兆骞流放中的一次出游》，关于该诗写"村叟"家的一段文字的旨趣，有精到的分析（该文刊中华书局出版之论文集《中国诗歌传统及文本研究》，2012）。

已经济上的拮据,然在向其父母报告媳妇生男的消息时,特别提到其妇有孕后服用人参,不但"分娩甚快",且"产后身子健旺之极"(《上母亲书[一]》,同书附录一第 294 页),正得益于那荒寒之地的出产。吴氏在宁古塔,也不乏亲情的慰藉。他对友人说,"小儿年已十六,便弓马而不爱纸笔;大女十龄,颇能识字;次女六岁,亦聪慧可喜。每井臼之暇,与二三兄弟吟啸相对,乡音满室,宛在江南"(《奉吴耕方书》,同上第 313 页。按吴桭臣康熙三年出生),因此对其苦况不宜想象过度;倒是其妇的辛劳是更可信的,即使有仆婢可供役使。那些来自江南富庶之区的上流社会的女子,为适应环境而付出的代价,不难想见。

《宁古塔纪略》写到了吴氏得到赦免后离去时的依依不舍:"饮饯无虚日,皆相持哭失声,不忍别";亲友、门人远送,"聚谈彻夜,至晓分手",其父却仍"哭不止,策马复追二十余里,再聚片时而回",感叹着"患难交情,如此之深也"(第 335 页)。吴兆骞的南归对于他幸抑不幸,实在难以估量。看来吴氏在宁古确有了"健儿身手",则返回关内,对于那种高天阔地间纵马驰骋的快感,当不无怀念的吧。

祁班孙是因通海、窝藏魏耕一案被判流放的。案发后祁氏兄弟曾争相承担罪责,其兄理孙于其弟遭戍后悒郁而死。班孙《紫芝轩逸稿》中与魏耕有关的诗作有若干首。《壬寅杂诗三首》写动身赴戍时想到"泉下客"的无人"勉加餐"(其三,《祁彪佳集》附录第 336 页)。"泉下客"当指此案中的死难者,如魏耕等人。

祁班孙性本豪迈,且天生能跋涉,耐劳苦。全祖望《祁六公子墓碣铭》说其人"双足重趼","日堪行数百里",不免夸张,但其人少一点江南贵公子的娇贵,应当是真的。据班孙所写,作为迁客,所到的环境毋宁说是相当友好的。这友好甚至不止来自士夫圈子,且来自当地居民。《迁所》十五首,其一曰:"迁流感憔悴,卜居拟江滨。闾里遥相识,鸡犬若堪邻。房栊隐树间,岂是避秦人?居人多古服,味嗜更可亲。① 持尊迎道旁，酒果还重陈。山花开野甸，飞来常覆茵。倦途少偃仰，已足返吾真。况复营茅屋，聊可谢风尘。"（《紫芝轩逸稿》第 343 页）由文化烂熟的江南来，在四望辽阔的塞外，面对"古服"的"野人"，或别有清新之感的吧。尽管憔悴于迁徙，与当地人相接，风味醇厚，是美好的经验，足慰旅途劳顿与远戍的寂寞。祁氏较之方拱乾、吴兆骞，或更有其平易，不难由乡居中寻到乐趣。《迁所》其二写日常生活的一景："结宇事南亩，晨散歌行乐。受此柴桑邻，欢携下屯约。倚杖一悠然，旷观何寥廓。良雨随风来，四野怀新泽。偃仰悦吾庐，庶几可早获……"（同上）由《紫芝轩逸稿》看，祁六公子在塞外于友朋往还外，不缺少来自女性的慰藉。《鹰韝关作》有"帐底先流盼，天边欲起波"（第 326 页）云云。即使在所谓的"穷荒"之地，生活未见得就荒凉。《同杨生沙岭泛舟至东都，芙蓉碧芦，间错交映，自朝至暝，莫测其源，盖已四十里不绝也，然尤忆耶溪镜水间矣，率成十二韵》，尽管勾起了乡愁，眼前四十里不绝的芙蓉碧芦，是何等悦目怡情的景色！

方拱乾说"当事则厚待士大夫"（《绝域纪略·天时》，《何陋居集》第 501 页）。方孝标赴戍途中就听当地居民说，该处习俗"好礼贤贵，乐施与，客至争致馆，粲于其家，曰：'此中朝贤大夫，在天为文昌星也。'"（《东征杂咏·年马》序，《钝斋诗选》卷七第 102 页）吴兆骞也说自己到戍所后，"戍主以礼见待，授一椽于红旗中"（《戊午二月十一日寄顾舍人书》）。② 在土著眼里，如祁班孙这样饱学而风雅的流人，即使没有"文明使者"一类美称，也是一份特殊礼物的吧。当地淳朴的乡民很有可能被"知识"与"风度"所吸引，而宁愿忽略其人"罪囚"的身份；也有可能不那么看重朝廷的判决，而更信赖自己

---

① 《戍所》中说"聊与习味嗜"，这里则说"味嗜更可亲"，对当地方言有情感上的微妙变化。

② 据吴艳红《明代充军研究》，明代充军的文臣被当地官员要求发挥其所长，卫所军官甚至有以能接纳知名之士为荣者（第 165 页）。

的直觉。在意识形态铺天盖地的当代，"流人"仍有可能被善待，只不过是更稀有难得的际遇罢了。

吴兆骞有《祁奕喜初至留饮》一诗（《秋笳集》卷二第 67 页。按祁奕喜即班孙），可知在宁古塔与祁氏有往还。吴重熹曾说吴兆骞固为不幸，"而以比祁奕喜诸君六人之为水兵往乌喇者，又不幸之幸矣"（《归来草堂尺牍后记》，同书附录一第 319 页。按乌喇又作兀喇）。但不幸中也自有幸：祁班孙即由乌喇逃归江南。

由陈之遴写在流放中的诗，不大能想象其具体的生存状况。上文所引其诗写为求薪取水而"触雪""穿冰"的，应当是僮仆吧。他也提到"稼圃"，却不像是曾躬亲农事。陈氏说："亦在乾坤内，何妨寄是乡。"（《冬日闲居》其一，《浮云集》卷六）古代中国的士大夫，并不难有此"达"。"达"与"牢骚"有时很难区分。即如陈氏说"琐琐文章事，何劳镂肺肝。不成诗更好，少饮酒弥宽"（同卷《秋日漫成》其五），说"齿长更哀乐，年来颇豁如。物情元易见，身计不妨疏"（同上，其六），就难以断定是否牢骚。但心境的变化，也就如此地发生着。其妇的影像，也仍然只能由其文字间瞥见。即使与丈夫同流的著名女诗人徐灿，由其传世的诗作中，也难以获知其日常生活的情景。这当然不宜仅由性别解释。也可以想到，或许"女文人"较之男性，对何者能入诗所持尺度更严，运用文字时也更有洁癖，更难以容忍俚、俗。

来新夏说："20 世纪五六十年代政治运动中辄有因种种新账老账一齐算而遭贬谪者，西部荒漠及北大荒等地均有其人，虽下放、锻炼名目各异，而其实与流人差近。投鼠忌器，颇为流人问题之研究增忌讳。"（《李兴盛与流人学的研究》，收入黑龙江大学出版社版方拱乾《何陋居集·甦庵集》）我曾说到过"遗民"一名的敏感性，与辛亥革命后的社会氛围（"遗老遗少"之为恶谥）有关，"脱敏"是近几十年的事。"流人"之为禁忌，当如来新夏所说。来氏自说他所撰《读流人书》写在 1970 年代初"下放"农村时期，的确会有身世之感在其间的吧。

附记:写完上文后,读到聂绀弩关于吴梅村《悲歌赠吴季子》的一段议论,录在下面:"……我所经历的远比汉公经历的深广得多,但一点也未觉得像梅公所说的那样,倒是觉得处处都是生活、天地、社会,山繁水复,柳暗花明(这是说主导的一面,其他暂略),以及歌不尽颂不完的东西,才觉悟到梅公诗是以自己和朋友汉公之类,是高等明人或清人,应味列八篑而天下不以为泰,而今竟如此,所以云云,否则就是文字游戏。"(《致舒芜》,《聂绀弩全集》第九卷第380—381页,武汉出版社,2004)聂氏曾身系囹圄,又长流北大荒,故自说经历较吴兆骞(汉槎)深广。吴梅村不曾到盛京或宁古塔,悬空拟想,以其地为绝境,似惟吃人生番可居,不免令聂氏失笑。上述议论,或可补来新夏上文所未及。

父子及其他

君/父——"肃若朝典"——严、慈之间——人子之事亲——兄弟——士大夫对家族的经营——附录:"此朕家事"

君/父

君臣、父子,由伦序言,五伦中应最为所重,尽管轻重的衡度从来有因人之异。临终前的刘宗周,说自己"胸中有万斛泪,半洒之二亲,半洒之君上"(刘汋撰刘宗周年谱,弘光元年,《刘宗周全集》第五册第525页)。刘氏上述表白的真诚,无可怀疑。

"君父"通常用作君主的另一称谓,所谓"拟君于父"。这里所讨论的,乃君/父,士大夫伦理意识与伦理实践中的事君与事父。其实拟于父的非止于君,如所谓"姑父""姨父"等。民间有"师徒如父子""一日为师,终身为父""长兄如父,长姊如母"一类说法,可证父子一伦的延展性。

家国同构——儒家的政治理念深入人心。《礼记·大学》:"孝者,所以事君也;弟者,所以事亲也。""移孝作忠",亦流行的说法。俗间有"求忠臣于孝子之门"的常谈。① 关于五伦,刘宗周说,"父子

---

① 郑思肖《文丞相叙》记文天祥回答元人的问难,说:"人臣事君,如子事父。父不幸有疾,虽明知不可为,岂有不下药之理? ……"(《杂文》,《郑思肖集》第124—125页)拟事君于事父,即使到了明清之际这一被后世认为"思想活跃"的时期,也仍然是常谈。

其本也，人能孝于其亲，未有不忠于事君与友于兄弟者、信于朋友者、宜于室家者"（《处人说》，《刘宗周全集》第二册第 361 页），说的不是移孝于忠，而是能孝即能"友于""信于""宜于"；则"孝"之为道，较之其他伦理规范，其权重可想。其高弟黄宗羲阐述师说，曰："事君事长，皆事父母所不可缺之事，非移此心以事之也。后世谓忠孝不能两尽，如楚弃疾、汉赵苞，皆贼子也，一死何足塞责哉？"（《孟子师说》卷四，《黄宗羲全集》第一册第 98 页）"非移此心以事之也"，即非"移孝作忠"，而是能孝即能忠。也有不同的思路。明太祖"以孝治天下"，王夫之却以为忠孝"非可立以为教而教人"，乃"生于人之心者也，唯心可以相感"（《读通鉴论》卷一九，《船山全书》第十册第 704 页）。这种意思，或也要在明亡之后说出，才比较坦然。

俗间的确流行着"忠孝不能两全"之说，属于经验之谈，涉及的，即有忠、孝的扞格，家、国利益的非一致性。臣道与子道之不同，明清间人不乏论说，仍以黄宗羲的如下表述最称犀利。他的《原臣》严格区分"事父"与"事君"，以臣与子并称为非，说："父子一气，子分父之身而为身。""君臣之名，从天下而有之者也。吾无天下之责，则吾在君为路人。"（《明夷待访录》，《黄宗羲全集》第一册第 5 页）尽管有上文所引能孝即能忠云云，他却不以"资于事父以事君"为然，认为事君另有其道。《原臣》开篇即申明此义，说："有人焉，视于无形，听于无声，以事其君，可谓之臣乎？曰：否！杀其身以事其君，可谓之臣乎？曰：否！夫视于无形，听于无声，资于事父也……"（同上第 4 页）清末李滋然的《明夷待访录纠谬》，所纠之谬，就包括了黄氏的上述议论，说："'视于无形，听于无声'，子事父之道也。左定公四年传：'事君犹事父也。'公羊传云：'臣、子一例也。'《礼记》《孝经》均云'资于事父以事君'。"但李滋然所引《礼记·檀弓》，就有"事亲有隐而无犯""事君有犯而无隐"云云,可知的确不能径以事亲之道事君。①

　　王夫之即据"有隐无犯""有犯无隐"的说法,曰:"隐者,知其恶而讳之也。有隐以全恩,无隐以明义,道之准也。"(《读通鉴论》卷一〇第 395 页)还说"父为子隐,子为父隐",则"直在其中矣"(《俟解》,《船山全书》第十二册第 487 页)。② 归根结底,"臣之于君,妇之于夫,非天亲也";既非"天亲"也就"有间"(《诗广传》卷一,《船山全书》第三册第 319 页)。③ 关于事父、事君,王夫之有更具体的论说。譬如说:"子之于父母,去一媚字不得。臣之于君,用一智字不得。"(《俟解》,《船山全书》第十二册第 487 页)再如说:"资于事父以事君而敬同,同以敬,而非以敬父者敬君。以敬父者施之君,则必伤于草野……"(《尚书引义》卷六《毕命》,《船山全书》第二册第 411页)无非不可"资于事父以事君";臣之于君与子之于父,所适用的标准不同。

　　"不臣"是被容许、至少容忍、甚至优容的,如商朝以下几于无代无之的隐逸,以及"胜国遗民"——当然,极其暴虐的君主治下除外。明初据《大诰二编》之"寰中士大夫不为君用"条诛杀士大夫,就是显

---

① 也如推广孝亲以至于忠君,以"忠"为"孝"的延长,也是一种流行见解。参看日本学者尾形勇《中国古代的"家"与国家》中译本第 27 页。该书说,滨口重国"没有采用'君臣'(天子和官吏)的关系是父子关系延长这一传统的解释。这正是滨口重国见解的独到之处"(第 57 页)。无论滨口还是尾形勇的论述,都针对了将"政治和道德(伦理)的一致、忠孝一体、君臣父子一体,以及公私不分(未分)等"作为前提和结论的"家族国家观"(第 59 页)。该书还说,战前(按即二战前)小糸夏次郎就认为,国家与"家"应有区别,"'父子'秩序和'君臣'秩序的原理是不同的"(第 60 页)。但该书论述忠孝的"矛盾对立"(第 146 页),或许还称不上黄侃所谓的"发见"。

② 清初汤斌也说:"齐家之道,与治国不同。臣之在国也,有犯无隐。若以此道施之于家,则不可。家之中不得径行其直,须有委曲默为转移之法。"(陈宏谋编辑《五种遗规》之《训俗遗规》卷三《汤潜菴语录》)

③ 王夫之一再说到臣道与子道之不同。如曰:"不以臣之事君、妇之从夫者事父,非子也。以臣之事君、妇之从夫者事父,犹非子也。不以子之事父者事君从夫,非臣非妇也。以子之事父者事君从夫,亦非臣非妇也。"(同上)但说"非""犹非""亦非",那么何者为是? 于此未能发挥,或也因论述之难。

例。至于为人子而不奉养其父,却为舆论所不容,无论其人为士为民,是否高官显宦。《春秋繁露》有"为人子而不事父者,天下莫能以为可"云云(卷一五《郊祀》)。王夫之说:"君臣、父子,人之大伦也。世衰道丧之日,有无君臣而犹有父子者,未有无父子而得有君臣者也。"(《读通鉴论》卷二八第 1103 页)他说晋、宋以降"君臣之道丧,而父子之伦尚存","延及齐、梁而父子之伦独重",在他看来,存此一线"人理"于天下,未为不幸(《读通鉴论》卷一五第 577 页)。至于明末郑芝龙降清,其子郑成功在旗上大书"背父救国",则属于非常关头的非常姿态。

也是王夫之,说,"君子之事父不敢任孝,而祈免乎不孝;事君不敢任忠,而祈免乎不忠"(《宋论》卷六,《船山全书》第十一册第 155 页);其所以然,又因"君子之道,有必不为,无必为。小人之道,有必为,无必不为"(同上第 154 页)。即使"忠""孝",也不可"固""必",此义似乎非王氏则不能道。不将伦理义务、责任绝对化、单向化,才留出了论说的空间。纵然未见得发展了思想,却发展出了更丰富的思路。

我已在其他场合论及臣道之于君权的制约(参看拙著《制度·言论·心态——〈明清之际士大夫研究〉续编》下编第一章"君主");子道之于父权,却有其作用的复杂性。古代中国有所谓"诤臣";子之于父,即"诤"也另有限定,尽管《荀子·子道》有"父有争子,不行无礼"云云,《孝经·谏诤章》曰:"父有争子,则身不陷于不义。"有明一代确不乏诤臣,言辞之激切,不给主上留面子,颇为清人诟病(参看本篇附录《"此朕家事"》);而明代君主,尽管对臣工的"诤""诲"有过激烈的反弹,但若与今人艳称的大清皇帝比较,至少其中的几位,那度量要大得多了。

从来有能纳谏的帝王;据王夫之说,能纳谏的父亲却稀有。他甚至据经验而有如下比较,说臣谏君纳者十之三四,"子谏而父纳,自非至仁大圣,百不得一焉"(《读通鉴论》卷二三第 867 页)。时至今日,王氏关于"子谏父纳"的说法依然适用,也证明了虽经五四新文化运动,我们社会的某些方面仍相当古老。既然如此,为人子者就不能不讲求谏诤的艺术。《礼记·曲礼》:"子之事亲也,三谏而不听,则号泣而随之。"王夫之则说,子之事父,"先意承志,下气怡声,有隐无犯,而不伤于柔"(《周易内传》卷二上,《船山全书》第一册第189页)。① 当然也从来就有开明的父亲,主张不隐父过。你读孙枝蔚的《劳海辨》《诫子文》,就不难推想孙氏的处父子。《诫子文》说:"人非蜾蠃,何必类己,事父几谏,子道之常。"(《溉堂集·溉堂文集》卷四第1170—1171页)何其通达! 还说"况吾心已知其大谬,而后人尚奉为家法,非独子实自害,亦且愈章吾过耳"(同上第1171页),要其子"先当以吾为戒"(第1172页)。你只能说,孙氏的子弟实在幸运。② 但如《荀子·子道》篇所说"从道不从君,从义不从父,人之大行也"③这样直截了当的话,我却不曾在此一时段的文字中读到——当然更可能是我孤陋寡闻。

顾炎武对春秋时伍员鞭楚平王尸的传说不以为然,议论道:"臣事君,犹子事父也,苟为父报仇,则必甘心焉而后已。甘心焉而后已者,于凡人可也,于君则有不得以行之者矣。"(《子胥鞭平王之尸辨》,《顾亭林诗文集》第128页)他推测伍员"止于鞭墓"。篇末设问道:"然则鞭墓可乎?"接下来就不免含糊其辞,说那不过"员之所以为员而已矣"。并非伦理难题都有解,尤其确切无疑的解。

既不以"公义"废"私恩",又不以"私恩"害"公义",处置"公"

① 《司马温公居家杂仪》:父母"所命有不可行者,则和色柔声,具是非利害而白之,待父母之许,然后改之。若不许,苟于事无大害者,亦当曲从"。"凡父母有过。下气怡色,柔声以谏。谏若不入,起敬起孝。悦则复谏。不悦,与其得罪于乡党州间,宁熟谏。父母怒,不悦,而挞之流血,不敢疾怨,起敬起孝。"(陈宏谋编辑《五种遗规》之《训俗遗规》卷一)
② 不止子之于父,即"三从"之一的"夫死从子",也有"从"之之道。吕坤《闺范》以某母为例,说"迁者以从子之义责母,谬矣。子正母从,母正子从"(陈宏谋编辑《五种遗规》之《教女遗规》卷中)。吕氏该书大有迂论,上述议论却不迂。
③ 同篇还说,对于子从父、臣从君,"审其所以从之",方能判断是否谓"孝"谓"贞"。则"从"绝非无条件的。

"私"关系而折衷至当,是一个古老的难题。明清之际的士大夫不过在所处的时间点上面对这一难题罢了。① 对此,我在讨论明清之际士大夫的伦理处境时,已一再谈及。关于熊开元《鱼山剩稿》的分析中就曾谈到,当其时士大夫不能不面对"忠"与"孝"的"位相"问题。② 对于"忠""孝"何者为更根源性的道德义务,论者宗旨的歧异,证明了那本来就是个缠绕不清的问题。孙奇逢的策略,是区分不同身份。其《复彭了凡》一札,主张"已入仕者,先君后亲;未入仕者,先亲后君"(《夏峰先生集》卷二第72页),不无道理,却也不便归为那一时期士大夫的共识。但士人的伦理实践,一向有诸种因情境的调整、变通,也是士大夫世代相传的生存智慧。

嘉靖朝的霍韬说过:"义在君臣,则忘父子;义重夷夏,则略君臣。此孔子《春秋》称量之权也。"(《第三劄》,《明经世文编》卷一八五第1888页)到了明亡之际,尽忠的压力显然较尽孝为大。孙承宗记天启阉祸中左光斗就逮前,私下里对其弟说:"父母老矣,吾何以为别?"接下来说:"为忠臣不能为孝子矣。""妻子环相泣,不问。"(《明都察院左金都御史赠右副都御史太子少保浮丘左公墓志铭》,《高阳诗文集》卷一七)明亡之际,更大有置家人于不顾,不惜身殉者。这种行为,也更为时论所艳称。黄宗羲记马世奇殉难,"家人环泣曰:'太安人在,未可死!'世奇曰:'正恐留此身为太安人玷耳!'以纱帨自经"(《弘光实录钞》,《黄宗羲全集》第二册第40页)同篇记申嘉胤投井,"僮号其上,嘉胤井中应曰:'归慰太安人,君亡与亡,有子作忠臣,勿过恸也!'"(同书第41页)京城陷落,倪元璐欲自缢,有人以其母在为由试图劝阻,倪氏说:"老母八十四矣,而犹高健,夫复

---

① 收入《当代西方汉学研究集萃·妇女史卷》的董慕达《中国战国和汉朝时期(公元前453年—公元220年)的母子关系》一文由《后汉书》赵苞、田邑等传,说"东汉政治精英中的一些人则对将公义在任何情况下都凌驾于私恩之上这一观点非常不以为然"(第40页)。

② 参看拙著《明清之际士大夫研究》附录《由〈鱼山剩稿〉看士人于明清之际的伦理困境》,《制度·言论·心态——〈明清之际士大夫研究〉续编》下编第五章"君主"。

何憾?"(《倪元璐年谱》第 72 页)不因老母尚在,给自己逃生的借口,用了孙奇逢的说法,也才更忠得"淋漓足色"。

出处之际也如此。前此戚继光说过:"如以父母在堂,未可以身许人,则必不可仕;既仕,便当随寓而尽为臣之节,国尔忘家,忠以成孝,不可执古语饰非。"(《止止堂集·愚愚稿》)王夫之之子王敔《大行府君行述》,记其父永历朝为瞿式耜疏荐,曰:"此非严光、魏野时也。违母远出,以君为命,死生以尔。"(《船山全书》第十六册第 80 页。严光,字子陵,东汉著名高士;魏野,宋人,隐居不仕)就任行人司行人介子。戚继光所谓"古语",就应该有"父母在堂,未可以身许人"云云。戚氏用一"饰"字,也应因不难洞悉情伪。

据宗族史专家说,汉、唐间"臣民对尽忠与尽孝的孰先孰后问题,并没有先忠后孝的一致观念",而"清朝人的概念是君恩大于亲恩,先尽忠后尽孝,是天经地义的事情"(冯尔康《18 世纪以来中国家族的现代转向》第 42、44 页)。由明清之际的文献可知,至少那一时期,臣民在同一问题上,也还没有"先忠后孝的一致观念"。黄宗羲《孟子师说》举尹焞为例,说:"尹和靖欲不应举,伊川曰:'子有母在,是亦养志而已矣。'"(卷四,《黄宗羲全集》第一册第 99 页)其师刘宗周本人,就以"难进易退"为时论所称。有明一代政争中,"夺情"屡遭论者的激烈攻击。明末杨嗣昌自辩,说"君为臣纲,父为子纲,君臣固在父子前"(《明史》卷二五五黄道周传),像是理直气壮,却不为朝野的舆论所认可。清初唐甄说"父母之尊,不降于天子"(《潜书》上篇下《备孝》,《潜书校释》第 103 页),或可认为承明人思想的余绪。

关于"忠"的条件的讨论,因易代之际的特殊历史环境得以展开,开发出相当的深度(如黄宗羲的君臣论);而与"孝"有关的讨论(如君/父),仍不免于陈陈相因,所反映的,也是士人伦理实践中区处的艰难,选择余地的狭小。既欲避免将"忠君"作为政治伦理绝对化,又不使"孝亲"成为变节(不忠)的借口。臣对于国的责任,与对于家族的义务,其作为人臣与人子,角色间难免纠缠不清。①

我注意到的是,当此亡国关头,尽忠固然正当,尽孝也仍然有可能成为不出甚至不死的理由。钱澄之说永历朝一再召方以智,方却称疾,"无他,为有老亲在故乡也"(《方太史夫人潘太君七十初度》,《田间文集》卷一九第379页)。李景新撰《屈大均传》,记屈氏永历十二年北游京师及塞上,"慨然有复仇行刺之事,第以母在须养,又不敢轻身以遂其志,惟流连于齐鲁吴越之间"(《翁山文钞》)。张自烈《自撰墓志铭》,记姜曰广劝自己同死,他却回答道:"从师死,分也,独老母年八十,死必为聂政所笑……"(《芑山文集》卷二二)"母在"也每为惧死者所借口。据《国榷》,孙之獬降李自成后,为避犯牛金星讳,而自撤其馆中"聚星堂"匾,"吏役有窃笑之者,之獬厉声曰:'我独不能为倪鸿宝耶? 以有老母在也。'"(卷一○○第6060页。按倪鸿宝,倪元璐)

上述选择的正当性,有"先正"的榜样,不待论证。黄宗羲《子刘子行状》记刘宗周曾草疏劾沈一贯,有人从旁提醒道:"君亦曾为老亲计乎?"刘氏"遂请终养"(《黄宗羲全集》第一册第209页)。张岱《家传》中有类似的例子。其曾祖"上疏触忌讳",高祖母曰:"汝父母老矣,奈何出位言以冒不测耶?"曾祖"自是缄口不复言"(《琅嬛文集》卷四第157页)。文震孟、郑鄤与黄道周相约一同建言,文、郑先后抗疏;黄氏事后解释说,自己"以迎母,且至三疏三焚,郑鄤常以为怯"(庄起俦编《漳浦黄先生年谱》天启二年,《黄漳浦集》):与刘宗周有不谋之合。上述诸例,在事君与事亲之间,权衡的不是利害,而是轻重——足见确也不认为有绝对的先后轻重。只不过到了明亡之时,上述选择更艰难,更有不得已罢了。全祖望《梨洲先生神道碑文》记黄氏追随鲁王海上,其母"尚居故里",清当局威胁到其家人,黄氏闻而叹曰:"主上以忠臣之后仗我,我所以栖栖不忍去也,今方

---

① 戏曲《四郎探母》或可认为包含了平衡"政治正确"与普遍人情,解这个死结的"民间智慧"? 杨延昭的不忠,以探母这一动作,得到了某种救赎。

寸乱矣。"乃"变姓名,间行归家"(《鲒埼亭集》卷一一)。①

但在多数士人,仍有底线。即如可因"母老"而不尽忠"王事",却不可以同样的理由事敌。有趣的却是,"养亲"仍然被用作仕清的辩护;甚至时称"名遗民"者,对此也并不一味深责,而更愿意略迹(形迹)而原心。阎尔梅就说某人因"亲老"而仕清,乃"敦于孝友"(《永寿令李怀仲政绩序》,《阎古古全集》卷六)。孙奇逢也受某人之托劝其子仕清,事后还举"毛义于亲在捧檄而喜,亲没遂不复出"为譬(《蓝田知县乾行杨君墓志铭》,《夏峰先生集》卷六第220—221页。按毛义,东汉人)。杜濬也以毛义为例,区分求仕之"不得已"与"得已不已"。对"不得已""养母"而求仕,不无体谅(《变雅堂遗集》文集卷五《送汪子谒选序》),可以佐证何冠彪所说"尽忠与尽孝亦系两者恪守本分的表现,彼此地位一致,并无高下之分"(《生与死:明季士大夫的抉择》第四章第79页)。②

至于吴梅村以两亲催迫而应征,更是为人熟知的例子。杨锺羲《雪桥诗话》三集卷一引陆继辂(祁孙)说吴梅村失节而"独能自讼,无所讳饰","至临殁则益自引咎,并不敢以亲在为解"(《吴梅村全集》附录四第1520页)。更有人比较吴梅村与"江左三大家"中的另外两位,说吴氏"堂上健存,柴车屡征,忍耻一出,自与虞山、合肥辈贪恋富贵者,心事略有不同"(陈康祺《郎潜纪闻》,同上第1518页。按虞山,钱谦益;合肥,龚鼎孳)。这至少是当时一部分知识人中的"公论"。③

---

① 全祖望《答诸生问南雷学术帖子》关于黄氏的出处,也说其"固有大不得已者。盖先生老而有母,岂得尽废甘旨之奉"(《鲒埼亭集》外编,卷四四)。

② "关中三李"之一的李柏(雪木),清初曾"以母命就试,补诸生"(李元度《国朝先正事略》卷二七,页810)。三李中仅李颙(二曲)为遗民有始有终。

③ 其他如顾湄《吴梅村先生行状》、《清史稿·文苑传》吴梅村传,程穆衡《娄东耆旧传·吴伟业传》,无不以双亲的旨意为吴辩解。近人黄裳《榆下说书·陈圆圆》却说吴梅村清初的应召出山,是因其儿女亲家陈之遴需要培植自己的势力,以与冯铨为首的北方政治集团较量,并非如通常解释的那样。

黄道周说自己"每对人言:事君易,报亲甚难;事君者一致身便了,报亲者一致身便不了"(《京师与兄书》,《黄漳浦集》卷一九)。有"君臣之义",有"亲亲之道"。"不以家事辞王事,以王事辞家事"(《春秋公羊传》哀公三年),到本篇所论的时期,已非共识、通则。"公而忘私,国而忘家",不能责之于臣,更不能责之于民。殉国仍被称美,却不被认为无条件地适用于诸种情境、所有个人。陈确由普遍人情着眼,说,母在,妻少子幼,"此在释氏,欲一切脱离,曾不足致怀,而在吾儒则殊有未能忘情者"(《哭吴子仲木文》,《陈确集》文集卷一三第 321 页)。在陈确,"吾儒"优于释、老者,就有"未能忘情"。

　　明太祖"以孝治天下"。将侄子(建文帝)弄到下落不明的朱棣,一旦登了大宝,也腆然提倡忠孝。到了明清之际,王夫之提到唐太宗序《孝经》,不屑地说:"玄武门之慝,藉是以浣之,将谁欺邪?""先王之孝,岂为治天下而设哉!"(《搔首问》,《船山全书》第十二册第 642 页)

　　黄宗羲直截了当地说:"人伦有一段不可解处即为至,五伦无不皆然。"不认可"君臣之伦于人伦为尤大"的说法(《孟子师说》卷四"规矩方员之至"章,《黄宗羲全集》第一册第 89 页)君、亲,"三尊"(即君、亲、师)有其二。"三统"分,才可能有其间关系在后世的诸种演化(参看阎步克《士大夫政治演生史稿》第四章第二节"'礼治'传统与'三统'分化"),使士大夫的伦理意识及其践履呈现出复杂性。此外还应当提到君/父论述中的抑尊(君)要求——以父权抑制君权,与其他制约因素一道,一定程度地使君权相对化,不至于独尊。而不认为"忠"在任何情况下均优先于"孝",是否部分地也应由有明一代"公/私"观念的演化,私域的扩张来解释? 本书上文已一再涉及了公私界阈的相对性。纵然"相对公私"未出公私二分的视野,毕竟复杂化了公私关系,细致化了公私论述的层次。①

───────────

① 据日本学者尾形勇《中国古代的"家"与国家》,该国学界关于古代中国,曾经"把政治和道德、君臣和父子、忠和孝之间的关系看作是等同的,而且在性质上也是相同的",由此认为"'公'和'私'是处于未分化的状态"(中译本第 38 页)。

"肃若朝典"

古代中国被公认的模范家庭,有可能气象森严以至肃杀。

《易》"家人"卦:"家人嗃嗃,悔厉吉;妇子嘻嘻,终吝。"王夫之说:"《易》曰:'家人嗃嗃,未失也。妇子嘻嘻,失家节也。'节也者,礼也。……父兄立德威以敬其子弟,子弟凛祗载以敬其父兄,嗃嗃乎礼行其间,庶几哉,可以嗣先,可以启后。"(《耐园家训跋》,《姜斋文集》卷三,《船山全书》第十五册第 140 页)

丁元荐《西山日记》卷下《家训》:"曾大父平居,鸡鸣辄巾栉起。诸子必起居于寝,诸妇篝灯理晓妆。少迟,竟日不许见。先安人竟以劳病。"同书卷下《庭训》记沈镜宇节甫,"夜坐漏下五六十刻",集他的子孙环列其父左右,"非问不敢发一语",其父"不就寝不敢退",皆"凛凛重足,肃若公庭",更像是对家人日常的折磨。张岱也记其曾祖父"家居嗃嗃,待二子、二子妇及二异母弟、二弟媳动辄以礼。黎明击铁板三下,家人集堂肃拜。……家人劳苦,见铁板则指曰:'此铁心肝焉。'""平居无事,夜必呼二子燃炷香静坐,夜分始寝。"(《家传》,《琅嬛文集》卷四第 160 页)《论语·述而》:"子之燕居,申申如也,夭夭如也。"此种描述尽管略嫌抽象,但由同书的其他章节获得的印象,此先师的确不像后儒的一派俨然,尤其不像他的上述"之徒",即"燕居"也像是刻意令子孙不适。

李颙称道曹端(月川)整齐门内,"言动不苟,诸子侍立左右,恪肃不怠,则是子孙化也;夫人高年,参谒必跪,则是室家化也……诸妇皆知礼义,馈献整洁,无故不窥中庭,出入必蔽其面,则是妇女化也"(《四书反身录·大学》,《二曲集》卷二九第 409 页)。"夫人高年,参谒必跪",最为不情。名儒之家,气象肃杀如此。

王夫之记其祖父:"出入咳笑皆有矩度,肃饬家范,用式闾里。"(《显考武夷府君行状》,《姜斋文集》卷二,《船山全书》第十五册第 109 页)似乎时刻意识到其道德形象的示范意义。更"居家严整,昼不处于内,日昃入户,弹指作声,则室如无人焉者"(《家世节录》,《姜斋文集》卷一〇,同书第214页)。入内室尚要"弹指作声",其妇的紧张不难想见。陈确也曾记自己夜宿某家,那家有母妻子女共五六口,"鸡鸣起煮粥,竟肃然不闻一语,若无人之室",不由得自叹弗如(《暮投邬行素山居记》,《陈确集》文集卷九第219页)。由今人看来,有人而肃若无人,那一家气氛之压抑不难想见。据陈的"同门友"张履祥说,陈确自己也"居家有法度,天未明,机杼之声达于外。男仆昧爽操事,无游惰之色。子侄力行孝友,雍雍如也"(《言行见闻录二》,《杨园先生全集》卷三二第915页)。既"有法度",又"雍雍如也",与他所称赏的邬家相较,至少较近于人情的吧,不知其为何自以为不足。陈氏不纳妾,能善待佃仆,想来不至于一味"严""肃"。

刘宗周所纂家谱,记某位前辈"居恒寡言笑,及对众吐辞确而厉,听者悚畏","门内之政肃然"(《水澄刘氏家谱》四《世家列传》,《刘宗周全集》第四册第475页)。另一前辈"矜严好礼,出于天性,自少鲜戏言戏动,长而愈自绳简,规圆矩方不逾尺寸";"视妻子如严宾,三子既老,犹出必告,反必面,不命之坐不坐,不命之退不退"(同上第499页)。刘宗周的儿子刘汋所撰年谱,关于其父,说:"其刑于家也,事亲极其孝,抚下极其庄,闺门之内肃若朝庙,妻孥之对有同大宾。"(《刘宗周全集》第五册第528页)曾师从刘宗周的张履祥,引其同门友祝渊得之于亲见的印象,也说刘氏"闺门之内,肃若朝廷"(《言行见闻录二》,《杨园先生全集》卷三二第905页)。但由刘宗周所整理的家谱《世家列传》看,他本人对于家族前辈的"坦衷和易"、不拘礼法,也颇能欣赏。如说某前辈"为人坦衷朗度,无城府,与人交,一见如旧好"(《刘宗周全集》第四册第510页);某前辈"居恒不甚闲苛礼,而率真远俗,动铸天机,外泯圭角,亦不内设有城府"(同上第514页)。

颜元自说"有志于礼",其目标即"闺门之内,肃若朝廷"(《颜习斋先生言行录》卷上《禁令第十》,《颜元集》第657页)。对弟子也说:"夫行乎礼,则闺门之内俨若朝廷,不亦贵乎!"(同书卷下《教及门十四》第 671 页)李塨所撰《颜元年谱》,记某日"门左演爨弄,家众寂然,室中各理女工如无闻",颜氏喜曰:"谁谓妇女不可入德也。"(第 71 页)

应当承认,上述事例在士大夫中普遍与否,难以断定。对此暂且置之不论。上述引文中"肃若公庭""肃若朝庙""俨若朝廷"云云,自可视为对于朝廷、官府的模拟;但由上文可知,仅此尚不足以为"家国同构"佐证。王夫之的确说过:"圣人之于其家也,以天下治之,故其道高明;于天下也,以家治之,故其道敦厚。"(《诗广传》卷二,《船山全书》第三册第 381 页)儒家之徒拟"齐家"于"治国",无论父/子、夫/妇、师/弟,无不以君/臣之礼规范。类似的伦理实践,不难将家族秩序政治化。不能拟之于君臣的,则为朋友、兄弟。陆世仪说:"天下惟朋友一途最宽,不得于此,则得于彼;不得于一乡,则得于一国;不得于一国,则得于天下;不得于天下,则得于古人——惟吾所取之耳。"(《思辨录辑要》卷二)至于兄弟,则兄友弟恭,虽有长幼之别却非从属、"臣服"的关系。关于兄弟一伦,下文还将谈到。

朝不坐燕不与的儒士,以想象中的朝廷为模拟对象,构建其家庭、家族秩序,在今人看来无疑有喜剧意味,但相关的书写却一本正经。在当时的知识人,最为理想的秩序在朝堂之上,是理所当然的事。以朝廷为最高典范,对"朝典""公庭"的模拟,系对尊长权威、权力一再重申的仪式,亦对家庭、家族秩序反复确认的仪式;既是管理手段,也是教育手段。而"肃""严"的达成,首在戒妇、子、仆,"唯女人与小人为难养也"。唐顺之说其妻始嫁,"见于舅姑,舅曰:'所属妇者无他,第闺外不闻妇声,足矣。'自是舅往来闺外,竟廿余年不识孺人声。舅每叹以为能妇"(《封孺人庄氏墓志铭》,《唐荆川文集》补遗卷五)。约束到了这程度,即夫妇间,狎、昵不消说也在所必戒。

拟"齐家"于"治国",颜元的确是较为极端的例子。他说:"吾侪岂必作帝王,乃行夫子'为邦'之训乎!如每正月振起自新,调气和平,是即行建寅之时矣;凡所御器物,皆取朴素浑坚,而等威有辨,是即'乘殷之辂'矣;凡冠必端正整齐,洁秀文雅,是即'服周之冕'矣;凡歌吟必正,'乐而不淫',是即舞舜之韶矣。"(《颜习斋先生言行录》卷上《法乾第六》,《颜元集》第644—645页)以一介平民而坦然言之,并不以为"僭越"。颜元所谓"习行经济",纵然无"经济",也仍不妨习行夫子"'为邦'之训"。这一种思路,无疑将政治伦理泛化、日常生活化了。

经了训练,颜元的妻妾已相当自觉。年谱记其家人(应即妻妾)收到颜氏家书,"相谓曰:'不闻朝廷诏至,人臣必拜受乎?夫子一家之君也,宁以妻子异人臣?'相率拜受"(《颜元年谱》第79页)。这种景象,我于其时号称"粹儒"刘宗周、张履祥、陆世仪等人的文集中未曾读到,更不必说气象宽和的孙奇逢。年谱说颜氏"待妻如君,抚子如师"(第105页),只是不像夫妇父子。①

顾炎武对东汉风俗,不胜向慕。其《日知录》卷一三"两汉风俗"条,说"三代以下,风俗之美,无尚于东京者"(《日知录集释》第305页);说东汉之世,"士风家法,似有过于前代"(同上第306页)。《后汉书》李通传,记李通之父李守"为人严毅,居家如宫廷"。而李氏并非诗礼传家,据该书,倒是"世以货殖著姓"的。张湛传说张"虽遇妻子若严君焉"。东汉之世,像是颇不乏此等人物。同书樊宏传记宏父"性温厚有法度,三世共财,子孙朝夕礼敬,常若公家"。魏晋士人,在后人的想象中一派通脱,而"华歆遇子弟甚整,虽闲室之内,严若朝典"(《世说新语·德行》)。《晋书》卷三三何曾传:"曾性至孝,闺门整肃。自少及长,无声乐嬖幸之好。年老之后,与妻相见,皆正衣冠,相待如宾,己南向,妻北面,再拜上酒,酬酢既毕,便出。一岁如此者,不过再三焉。"在今人看来,对其妻是否不人道?《颜氏家训·

---

① 台湾学者吕妙芬论述清初北方学者的家礼实践,颜、李之外,也谈到孙奇逢,参看其《颜元生命思想中的家礼实践与"家庭"的意涵》,收入高明士编《东亚传统家礼、教育与国法》。孙奇逢固然有礼仪方面的实践,与颜元仍有显然的不同。

序致》:"吾家风教,素为整密。……每从两兄晓夕温清,规行矩步,安辞定色,锵锵翼翼,若朝严君。"明清之际的儒家之徒,对此却既有承袭,又有发挥。

李颙推究《论语·乡党》篇"吉月,必朝服而朝",说所谓"朝","盖在家望君之所在而朝,非趋朝而朝也",理由是"君亲一也,遇朔望则宜肃衣冠以拜亲"(《四书反身录·论语上》,《二曲集》卷三五第474页)。张履祥以为"朝夕袍褶,不为不敬","朝夕具公裳以揖母"不免太过,"朔望则具公裳可也";在他看来,"严威俨恪,非所以事亲"(《备忘四》,《杨园先生全集》卷四二第1179页),那何不将"朔望具公裳"也免了?无论李颙还是张履祥,均不以平民而朝服、公裳为袭,且李氏更认为非如此则不足以言敬。

至于儒者对秩序的狂嗜,则不止于闺门之内。吴蕃昌关于上文提到的祝渊,说其人被逮系赴京,"缇骑官一人,旗六人,无尊卑之序,同器饮食,共席而卧。祝子周旋其间,略不为累,读书静坐,自得益深。暇则坐诸人谈议,渐修礼义之教,皆为感服。至渡扬子时,一舟之中,已上下秩然不杂,如公府矣"(《祝月隐先生遗集》外编卷下吴蕃昌《开美祝子遗事》)。即使在缧绁中,也不忘训导押解者,整顿秩序,使"如公府"。

儒者型范,是刻意塑造的。《周礼》所谓"礼仪三百,威仪三千",即用之于塑造。礼的功能,部分地正在于此。孔子答子张问政,曰:"尊五美,屏四恶,斯可以从政矣。"解释"五美"之一的"威而不猛",曰:"君子正其衣冠,尊其瞻视,俨然人望而畏之,斯不亦威而不猛乎?"(《论语·子张》)子夏所谓"君子有三变:望之俨然,即之也温,听其言也厉"(同上),亦可为"威而不猛"作注。《孟子·梁惠王上》:"孟子见梁襄王。出,语人曰:'望之不似人君,就之而不见所畏焉。'"你切不可依了今人的经验,以为这是在表扬梁襄王的"平易近人"。

仪式是达成秩序的必要手段。刘宗周为其家族所拟《宗约杂戒》中,有如下行为规范:"凡道路,祖孙行衔尾,叔侄行肩随,兄弟行雁序。""凡语言，除序寒温外，尊长不举，子弟不先；若遇有启问，必屏息而待。"如此等等(《水澄刘氏家谱》六《宗约》，《刘宗周全集》第四册第 574 页)。如被切实遵行，自不难"肃若朝典"。

不止男性家长，即女性长辈，也不难将其家治理得犹如官府、朝廷。孙承宗《翰林院简讨幼生王公元配孺人姜氏墓志铭》："孺人自公为诸生至官长，安操家政，如持大府之宪，厘然有条次。"(《高阳诗文集》卷一七)黄宗羲《刘太夫人传》："夫人出自相门，自幼陶染诗礼间事，闺阁之内，肃若朝典。"(《黄宗羲全集》第十册第 606 页)但女性长辈对其家庭角色的理解也互有不同。王夫之记其母对其父"如承严宾"；但此母也正是暗中改变家风的人物。"一庭之中，兄弟訚訚于外，姒娣雍雍于内，欢然忘日月之长。"(《家世节录》，《船山全书》第十五册第 225 页)而对于家庭气氛的改善，其母与有力焉。"家承严政，内外栗肃者九代，自先孺人易之以和恺。"(同上第 224 页)明末忠臣温璜之母曾说："家庭礼数，贵简而安，不欲烦而勉。富贵一层，繁琐一层；繁琐一分，疏阔一分。"(陈宏谋编辑《五种遗规》之《教女遗规》卷下《温氏母训》)于此见识很明达。

由刘宗周所拟《证人会约》的《约言》《约诫》，你很难想象严厉之外，他会有别的神情。而据其子刘汋所撰年谱，父亲于讲学之余，"间一命酒，登蕺山之巅歌古诗，二三子和之，声振山谷，油然而归"(《刘宗周全集》第五册第 153 页)，大约得自曾点所说"浴乎沂，风乎舞雩，咏而归"、子曰"吾与点"(《论语·先进》)的启示——即使这偶一的优游，也是需要经典支持的。由刘汋所记他父母的日常相处，不难想见他本人的成长环境。但年谱记有他的友人对刘氏的印象，说对刘氏一向仰视，"比朝夕聆教，始觉气宇冲融、神情淡静，又如春风被物，温然浃于肌理"(同书第 227 页)。所谓望之俨然，即之也温：想必也为刘汋认可？刘汋自己的说法是："先君子盛年用功过于严毅，平居斋庄端肃，见之者不寒而栗。及晚年造履益醇，涵养益粹，又如坐春风中，不觉浃于肌肤之深也。"(同上第 529 页)应得之于切近的感受。①

　　士大夫的记其祖父、记其父其母，确可据以考察他们本人早年成长的环境，他们与家庭伦理有关的思路的经验背景。刘宗周记其父刘坡，刘汋记其父刘宗周，王夫之记其父王朝聘，均可供你想象不同的家风。万氏兄弟八人中，斯大、斯同并以学问见称。由黄宗羲记其父万泰，亦可供推想其子早年所处的家庭气氛。据黄氏说，万泰"好奇"而"胸怀洞达"，较其好友陆符（文虎）"和易"（《万悔庵先生墓志铭》，《黄宗羲全集》第十册第289页）。这为父者有十足的名士习气，在使其诸子不免于饥寒的同时，也应放松了过度的管束。他那些儿子的成才是否与此有关？

　　士大夫家传中的此类文字，无论在今人读来如何荒谬、不合理、违拗人情，这种感受与撰写者的态度却不相干。还应当说，尽管格于体裁，但无论写父、祖或其他先人，得之于切近的观察或家族中人的口耳相传，庄严的文体中往往不乏生动的细节，可据以想象那一时期士大夫家庭生活的具体情境。你不妨尝试由此"进入"士大夫的生活世界——尽管有关的记述容或有夸张或渲染。

严、慈之间

　　周公之于其子伯禽，孔子之于其子伯鱼（鲤），被后儒作为处理父子关系的典范（关于周公之于伯禽，参看《尚书大传》）。"陈亢问于伯鱼曰：'子亦有异闻乎？'对曰：'未也。尝独立，鲤趋而过庭。曰："学《诗》乎？"对曰："未也。""不学《诗》，无以言。"鲤退而学《诗》。他日又独立，鲤趋而过庭。曰："学《礼》乎？"对曰："未也。""不学礼，无以立。"鲤退而学《礼》，闻斯二者。'"陈亢对此评论道："问一得三，闻诗，闻礼，又闻君子之远其子也。"（《论语·季氏》）朱熹《四书章句集注》引尹氏（按即尹和靖）语，曰："孔子之教其子，无

① 年谱后编《录遗》也说："先生晚年，德弥高，恭弥甚，节弥劲，气弥和。"（同书第569页）

异于门人,故陈亢以为远其子。"(第173—174页)这"远其子",似乎使后儒印象深刻。张履祥说孔门弟子之于其师,"虽孝子之于慈父,或未之有及也",而孔子对弟子,"其亲爱之情,实有过于父之与子者"(《与李石友》,《杨园先生全集》卷九第250页)。张氏言此,旨趣更在孔门师弟子之亲密,而对孔子之"远其子",像是视为当然,不以为有阐发的必要。

《孝经》:"父子之道,天性也。"《荀子》有《君道》《臣道》《子道》诸篇,却未设专篇讨论"父道"。有"父慈子孝"的说法;即使不能读作条件关系——即"父慈"则"子孝",却不便径以"慈"为"父道"。关于父之于子,似乎缺乏明确的规范;士大夫的伦理实践中,通常也在"严""慈"之间。《汉书·刑法志序》:"鞭扑不可绝于家,刑罚不可废于国。""鞭扑"所及,无非子孙及僮仆。上文已引王夫之所说"父兄立德威以敬其子弟,子弟凛祗载以敬其父兄";接下来更明确地说,父兄子弟间,要强调的非止仪节,"有精意存焉";所谓"精意","夫之蔽之一言曰严";更引《易》所说"家人有严君焉,父母之谓也"(《耐园家训跋》)。张履祥训子,说"家长执家法以御群众,严君之职不可一日虚矣"(《训子语》下,《杨园先生全集》卷四八第1384页)。可据以推想他本人处家人父子的姿态。①

上文已引王夫之《显考武夷府君行状》的写其祖父。同篇写祖父对于父亲"严威,一笑不假,小不惬意",父亲即"长跽终日,颜不霁不敢起"。祖父"每烧镫独酌",令父亲"隅座吮笔作文字,中夜夔夔无怠色"(《船山全书》第十五册第110页)。而父亲则有不同。他"严于自律,恕于待物",对儿子却"以方严闻于族党"。只是这"方严"非即疾言厉色,倒是"恒以温颜奖掖",甚至与其子对弈(《家世节录》,同书第220页)。对儿子们另有惩戒方式,即"正色不与语,问

---

① 张氏说:"子弟童稚之年,父母师傅严者,异日多贤;宽者,多至不肖。"无非常谈。至于所说"严则督责笞挞之下,有以柔服其血气,收束其身心"(《训子语》下,《杨园先生全集》卷四八第1384页),最与现代思想相悖,即古代通达者亦不取。

亦不答"，能这样达"旬余"之久（同上第 222 页）。这种"冷暴力"，实在较呵责更可怕。与其以脸色施教，倒不如将那番训诫明白说出的好。该篇还说父亲"大欢不破颜而笑，大怒不嗔声而呵"，"拥膝危坐，间终日而不一语"（同上第 223、220 页）。自控到这种程度，想必不难在其家中造成隐蔽的紧张。

本书前一篇讨论士大夫的处夫妇，写到叶绍袁的寡母对其子、子媳的不情。冒襄笔下的祖父对其父也类此。冒氏说祖父课子"严切"，子、媳"结褵一月，即携去读书郡城者经年"。冒氏不讳言自己的态度，说"寒门家教最严，礼溢于情"（《老母马太恭人七十乞言》，《巢民文集》卷七）。这"礼溢于情"，非王夫之、刘宗周所能道，只不过在近人读来，仍嫌过于委婉而已。

却也有为人父而不如是者。由陈确晚年的由子弟异了去赏花，可想其人宽裕的一面，那是其师刘宗周所不能有的。花间的父子想必不至于俨乎其然正色相向的吧。陈确曾批评其时为人艳称的孝行的不情，对友人说，"尽父母之欢，尽人子之欢，便是太和宇宙在吾兄家庭日用间，何快如之，而当远慕高远难行之事乎？"（《答沈朗思书》，《陈确集》文集卷二第 98 页）所谓"道平易"，无非顺乎"天理人情"。陈氏上面的说法，与他论节义的反对以惊世骇俗为标榜，有其一贯。"太和宇宙"云云，与上文所引他对邬行素家风的推许，又不尽一致。

陆世仪的见识更称明达。他说："古人云教孝，愚谓亦当教慈，慈者所以致孝之本也。愚见人家尽有中才子弟，却因父母不慈，打入不孝一边。遇顽嚚而成底豫者，古今自大舜后，能有几人！"（《思辨录辑要》卷一〇）如若知行一致，可否由此推想陆氏的处父子？

北方大儒孙奇逢为人和易，由有关的传记文字看，更像是开明家长。其人的理学造诣似乎不便高估，却平实质朴，气象宽裕，是蔼然长者。由他本人的文字看，其处兄弟，待子侄，十足朴野的乡土气息，而少有刘宗周的那一种道学神情。由他的如下文字，不难想见其家庭气氛："幸诸孺子，长幼成群。诵诗读书，膏续香焚，长枕大被，至性氤氲。兄弟而兼父子，眠食起居，随意适形，而绝不觉其纷纭……"(《榻铭》,《夏峰先生集》卷九第 362 页)正是其乐融融。魏裔介撰《夏峰先生本传》(畿辅丛书《夏峰先生集》)说:"公一堂蔼然,一身粹然。当八十六岁之辰,子孙门人,正为公称觞,公冢孙自容城抱其元孙亦至。五世绕膝,内外近百人,远近咸以为异。"本来就有种种父,种种子,种种父与子。《礼》的规范性描述,或多或少限制了对于古代社会伦理状况的想象。

上文引张岱说其曾祖"家居嗃嗃"。他父亲则异于是,"喜诙谐,对子侄不废谑笑"(《家传》,《琅嬛文集》卷四第 166 页)。接下来有生动的例子。《黄宗羲年谱》记天启三年黄氏随侍其父黄尊素在京,"好窥群籍,不琐守章句"。其父课以制艺,黄"于完课之余,潜购诸小说观之",其母告知其父,其父说的却是"亦足开其智慧"。当其时党争激烈,其父与同志者议论时事,独许宗羲在侧(第 11 页)。凡此,均可知黄尊素对他的这个儿子不以凡儿视之。

另有不便以"严""慈"描述者。颜元祭其六岁早夭的儿子,动情地说:"自汝之能举止记忆也,听我之训,每晨午饭后至我前,正面肃揖,侧立读《圣谕》三过……诵名数歌三徧,认字三四句,乃与我击掌唱和,歌三终,又肃揖,始退。"说他如此年幼的儿子,"于曾祖父、母称孝孙,于父、母称顺子","所欲为者,畏吾即止;所恶为者,顺吾即起"(《习斋记馀》卷八《祭无服殇子文》,《颜元集》第 551—552 页)。刘宗周有诗《哭招儿》《哭亡女哀娥》(《刘宗周全集》第三册下)。其《亡儿哀娥葬记》写的是女儿幼年即"听父母之训惟谨","每晨夕必朝于床下问安否,敛衽正容下气。不命之退不敢退,自坐卧饮食皆然"(同书第 852 页)。不愧为大儒之女。哀娥乃刘的长女,死于二十一岁。刘宗周、颜元未见得不慈,丧子之痛极其深切。称"哀娥",也因了此"哀"。刘氏更因爱女之死而移情于其婿,也足见对女儿爱之深(见同书《慰陈婿小集》等)。只是颜、刘上文所写的那一套规训,适足以戕害了童真,在今人眼里非但不情而已。[①]

---

① 关于名教传统中的"童心",参看沟口雄三《中国前近代思想的演变》中译本第 195—198 页。

唐顺之说詹钿其人,幼孤,"自童孺时,已恂恂若老生"(《俞孺人传》,《唐荆川文集》卷一一)。少年老成,不好弄,往往被作为"生而歧嶷"的表征。倒是王夫之,关于"蒙养之道",说对儿童"若苛责太甚,苦以难堪,则反损其幼志"(《周易内传》卷一下,《船山全书》第一册第 105 页),是很明达的话。陆世仪也说过类似的意思,即"人当少年时,虽有童心,然父兄在前,终有畏惮,故法不妨与之以宽。宽者,所以诱其入道也"(《思辨录辑要》卷一)。还说,"人少小时,未有不好歌舞者,盖天籁之发,天机之动,歌舞即礼乐之渐也。圣人因其歌舞而教之以礼乐,所谓因其势而利导之。今人教子,宽者或流于放荡,严者或并遏其天机,皆不识圣人礼乐之意"(同上)。不惟对童子,即对成人也戕贼生机——这一层意思,陆世仪未明言,未见得不作如是想。黄宗羲也说:"尝见有名父之子,起居饮食之际,不稍假借,子视其父真如严君。而一离父侧,便无所不为,反不如市井间闾不教之子。盖以父子之情不能相通,片时拘束,藏垢愈深,故孟子以'养'言之,太和薰蒸,无不融洽。"(《孟子师说》卷四,《黄宗羲全集》第一册第 106 页。按此释《孟子》"中也养不中"章)他自己所写《亡儿阿寿圹志》,说自己"食与儿同盘,寝与儿连床,出与儿携手,间一游城市,未暮而返,儿已迎门笑语矣"(《黄宗羲全集》第十册第 509 页),父子间的亲昵有如是者!①

黄宗羲宗王(阳明),王阳明在"训蒙"方面见识通达,说:"大抵童子之情,乐嬉游而惮拘检,如草木之始萌芽,舒畅之则条达,摧挠之则衰痿。今教童子,必使其趋向鼓舞,中心喜悦,则其进自不能已。"批评"近世之训蒙稚者","鞭挞绳缚,若待拘囚";他所主张的"诱之歌诗""导之习礼""讽之读书",均意在宣导,而非抑制检束(《训蒙教约》,陈弘绪编辑《五种遗规》之《养正遗规·补编》)。以王阳明学派宗主的身份,其上述言论的影响,可想而知。王学知识人讲学场

---

① 黄氏另有《女孙阿迎墓砖》,也一往情深,对小孙女的情态描摹生动。钱谦益七十七岁,其孙钱佛日夭亡,钱作《桂殇诗》四十五章表达悲恸。

合的令童子歌诗,以兴起众志,也应与此有关。陆世仪在"训蒙"方面,以为"阳明先生社学法最好,欲教童子歌诗习礼,以发其志意,肃其威仪,盖恐蒙师惟督句读,则学者苦于简束,而无鼓舞入道之乐也"(《思辨录辑要》卷一)。①

本书所涉及的时段,你随处可读到患难夫妻、患难兄弟、患难朋友、患难师弟子。那本是一个非但忧患且危机深重的时代。患难父子,即如遗民傅山与其子傅眉、流人方拱乾与其子方孝标(关于清初流人方拱乾父子,参看本书上一篇附录二)。患难中家人父子相拥取暖,使人伦的美好面尽显,也应当不是稀有的事实。

祁彪佳的如下一例与以上诸例又有不同。《祁忠敏公年谱》记崇祯九年祁氏的长子及孙子死于痘,而祁氏"色不哀",有人"窃议其矫",祁氏说:"人情于父母每患不足,妻子每苦有余,即'矫'亦未为失也。"祁氏本人的日记,记当其子"疾转剧",还询问自己是否用餐,"以此见儿之天性甚笃也"。儿子死后,自己"为之含殓已",竟在当晚读完了一本"邸报";还说自己曾和别人谈"哀而不伤之义",觉得自己"于此尚有中节光景"(《祁忠敏公日记·居林适笔》,崇祯九年五月二十九日)。

理学家于"喜怒哀乐"已发、未发,反复讨论。祁氏在信仰层面说不上是儒家之徒,却正可证那一套论述影响于士人之深且广。王阳明《与黄宗贤》一札,说:"凡人言语正到快意时,便截然能忍默得;意气正到发扬时,便翕然能收敛得;愤怒嗜欲正到腾沸时,便廓然能消化得:此非天下之大勇者不能也。"(《王阳明全集》卷六第219页)这番意思,为后儒所乐道。他们倾倒于这种自我控驭的能力。明人记御史陈祚,说其人"面目严冷,虽家人亦不假辞色。宣德七年,进《大学衍义》,劝上曰:'勤圣学。'上大怒,抄劄其家,并捕其子侄瑄等,同下锦衣狱,各不得见者三年,备尝苦楚。宣宗晏驾,释出。祚乍

---

① 陈宏谋编辑《五种遗规》之《养正遗规》卷下《陆桴亭论小学》引用时,将"阳明先生"改为"古人设"。

见瑄等,略无怜惜之意。偶都堂顾佐来访,祚命瑄等出拜,但曰:'祚素不能荫此辈,为祚累至此。'惟此一言而已。遣瑄等归,不问其生理。其少恩如是"(《寓圃杂记》卷二《陈御史严冷》第17—18页)。苛刻寡恩如陈氏者,也应当属于较为极端的例子。更常见的,应当是"远其子"的吧。

　　本书上一篇已提到了以夫妇而兼朋友,被士人认为理想的婚姻关系。却未见以父子而兼朋友这一种表达——或只是我搜寻未及。即使没有(或罕有)这一种说法,实践中却未见得没有与此相近的意境。古代中国的知识人,严于等差、伦序,却又不无变通,不乏欣赏融和之境的能力——是伦理的,又是审美的。清代关于人伦持论通达的俞正燮,对"严父"有别解,所引陆游诗,就有近似的趣味,尽管他仍然未用"友"这种说法。① 古代中国处父子而近于朋友的,想必不止陆游父子。相信古代中国的每一朝代都有开明的父亲,都有类似俞正燮的通达之见,尽管不便仅据若干条材料,抽绎出纵向演变的线索。② 所谓"一门师友",家门之内"自相师友",就有可能隐含了此种意境。这种家庭关系与严于父子、夫妇分际以至"肃若朝廷"的那种,可能都不普遍。庸常的,想来应当是虽不极端,却仍然暗合了伦

---

① 　俞正燮说:"慈者,父母之道也。"说"严"乃"敬",系由子的方面言之;将"严父"理解为父亲"严恶",不过是误读了古语(《癸巳存稿》卷四"严父母义"条,《俞正燮全集》第二册第151—152页)。他引陆游诗,说陆氏教子"主于宽",其诗中的"家庭文章之乐,非迂刻者所能晓"(同卷"陆放翁教子法",同书第153页)。关于师道,也说:"圣人之教,其道尊而不严酷";以"敬"解"严",以"严师"为"敬师"(同卷"师道正义"条,同书第155页)。陶渊明诗曰:"虽有五男儿,不好纸与笔。天运苟如此,且进杯中物。"我在《明清之际士大夫研究》下编"明遗民研究"中,引钱谦益关于此诗的解读(参看该书第382页)。由本篇的题旨看,似可想见陶氏对其子不严苛。杜诗中的"最喜小儿无赖,溪头卧剥莲蓬",亦一派慈蔼神情。

② 　李贽《初潭集》卷五《父子》一:"王敬弘未尝教子孙学问,各随所欲。人问之,答曰:'丹朱不应乏教,宁越不闻被捶。'"(第65页。按事见《南史》卷二四王裕之传。王裕之,字敬弘)以下尚录有"门风宽恕",不以其子之毁誉介怀的例子。

理规范、至少不远于规矩的那种情况吧。①

已有对古代中国"绝对君权"的质疑。父权是否绝对，未见得没有讨论的余地。金声称颂王氏家规，总结道："要之，民间断未有家用子弟为政，而得见淳风美俗、而得获吉祥善事者。"（《王氏家规引》，《金忠节公文集》卷八）可知也有"家用子弟为政"者。确有极端的例子。太仆寺卿正霍子衡要儿子从死，理由是："吾国之上卿，君亡与亡。吾今从君，汝曹亦当从父。"其长子亦以为"父死君，子死父，奚为不可？"（屈大均《皇明四朝成仁录》卷九《隆武朝·前广州死难诸臣传》）此种事例或也不多。由明清之际忠臣的传状看，该忠臣纵然以为妻妾应当从死，也有可能愿意给子孙留一条生路。

家训（尤其训子部分）一类文本对于本篇的重要性，在于其中较为直接表达的对于子弟、子孙的规训意图与成效期待。这种表达之郑重，自然也与其文体渊源有关。"训子"的经典案例，自然是上文提到的周公之于伯禽，孔子之于伯鱼（鲤）；相信士大夫当训子之际，有可能因了上承这样的传统，而感受到其行为的庄严性。"训子"，对象明确，标准或系度身定做，即针对其子的条件，未必预设了普遍意义，与泛泛的道德训诫有别。这种有明确针对性的"训"，是家庭教育的重要方式，或竟是为父者对子孙后代的"遗训"。

古代中国家训及蒙养教材，集中了士大夫世代积累的基于经验与观察的"世故"。有明一代，如吕得胜（近溪）《小儿语》、其子吕坤（新吾）《续小儿语》、屠羲时《童子礼》，均堪称这一方面的集大成之作，平实、实用，务求将小儿成长过程中所有可能的人事困扰，均预为排除；避害、避祸，目标更在使其安度一生，而非富贵利达——亦所谓"可怜天下父母心"。由此类规训，可知"传统社会"人际关系的复

---

① 前于俞正燮，戴震就说过："尊者以理责卑，长者以理责幼，贵者以理责贱，虽失，谓之顺；卑者、幼者、贱者以理争之，虽得，谓之逆。……上以理责其下，而在下之罪，人人不胜指数。人死于法，犹有怜之者；死于理，其谁怜之？"（《孟子字义疏证》卷上《理》，《戴震全集》第一册第161页）与本篇有关的，就有"长者以理责幼"云云。

杂,生存之艰难。

由士大夫的"训子",固然可知该父对其子的期待,却也令人可据以推想那是何等样的父亲,这做父亲的如何处父子,承担"父"这样一种角色。为父者期待于其子的,未见得是"肖"。鲁迅曾提到阮籍、嵇康正希望儿子"不肖";嵇康在《家诫》中教训儿子,宁要其"庸碌",与他本人的行事风格全然不同(《魏晋风度及文章与药及酒之关系》,《鲁迅全集》第三卷第514页)。杨继盛刚肠疾恶,为明代著名忠臣,训诫其子,无非庸德之行、庸言之慎,做世俗所认为的好人,这层心事,岂不也耐人寻味?①

刘汋所撰刘宗周年谱,说他父亲撰写《做人说》《读书说》,系因自己"气质庸暗",其父以此"示警"(《刘宗周全集》第五册第226页),则两"说"亦刘氏的"训子"篇。《做人说》(《刘宗周全集》第二册)对其子的要求,合情合理:宁为庸人,勿为恶人;由庸人而"积"为好人。即使庸人而庸学,其进境也有不可限量者。有趣的是,刘宗周对其子指点路径,所用的依然是讲学态度,或也如夫子的庭训,那口吻不大像父之于子;标题下虽注明了"示儿",有特定的对象,内容却有普遍的适用性。可知刘氏进入某种角色之深。至于刘汋,则因常常出现在其父讲学的场合,惯闻其教,对此应当习以为常。刘宗周在三篇《做人说》后自注道,后两篇中的问答,"往往设为之。儿固不能作是问,余亦不能作是答也"(第346页)——的确是在做文章,不过将"儿"作为了假定的对话方而已。也因此,设想中儿子读后的"茫

---

① 陈宏谋编辑《五种遗规》之《训俗遗规》卷二《杨椒山遗嘱》,写于临难之时,无一豪壮语;对其两个儿子所嘱,不出日用常行,不期其肖,也不期其不肖。处处可感为其子计虑之周:正是慈父心肠。遗嘱中说:"你读书若中举中进士,思我之苦,不做官也是。若是做官,必须正直忠厚,赤心随分报国,固不可效我之狂愚,亦不可因我为忠受祸,遂改心易行……"(按杨椒山,杨继盛)

然"(《做人说三》),是可以相信的。① 刘宗周对后人的要求,还可由《证人会约》的《约言》《约诫》佐证;规范行为之严苛,法度之细密,正是严于修身的儒者本色。

一度在刘宗周门下的张履祥,衰老之时训其幼子,由《训子语》诸目,可知为其子计虑之周详,惟恐有失,絮絮不已(《杨园先生全集》卷四七、四八)。其日常处父子的每事训诫,可以想见。张氏所"训",多属世故谈,人事经验、庸言庸行之类,极实用的处世之道。预先设想种种可能出现的情况,教其子以应对之道。由那文字看来,这做父亲的并不指望其子出人头地,只希望其循谨,"全身保世",不"妄想""妄求",务安其本分,"尽其职分"——既鉴于世道,也应当考虑到其子的资禀。

无论刘宗周、张履祥还是傅山的"训子",均不落实于身份,所说不过是希望其子成为何等样人。傅山的训子侄,关心更在(不限于家学的)才华、精神的承传,内容集中于读书、著述,几无道德说教,且现身说法,口吻亲切,置于同时同类文字中,特具一格。他希望子侄完成自己的"著述之志"(《家训·训子侄》,《霜红龛集》卷二五第671页),于是你知晓傅山所重在此而不在彼。至于读书,则"除经书外,《史记》《汉书》《战国策》《左传》《国语》《管子》、骚赋,皆须细读,其余任其性之所喜者,略之而已"(同上),并不异于常人,只不过较之张履祥那样的"粹儒",所取较宽而已。同卷《文训》《诗训》《韵学训》,所"训"亦子侄。所传授者,为独家心得。如《文训》特重《左氏春秋》的文章技法。至于《仕训》,关系出处,是遗民家训中尤为重要者。傅山对其子傅眉的未尽其才、先自己而死,不胜痛惜。"尽其才",或也是他对于子侄的最大期待吧。《十六字格言》,乃教其两孙。傅山对其孙说:"尔父秉有异才,而我教之最严。"(同卷第703

---

① 刘氏文集中另有《示子汋》《示汋儿》《遗言示汋儿》,及对侄、甥的训示(《刘宗周全集》第三册下),较为具体,非泛泛之谈。如《示子汋》批评刘汋"做人平日无端忙迫。大抵多浮夸之病"(第1204页)。

页)此"严",只能在上述文字外想象。①

上文提到了士大夫的悼殇子(女)。傅山《哭子诗》十四首,悲慨淋漓。白发人送黑发人,乃人生至痛,何况是一对在明清易代的动荡中"患难频共"的父子!② 傅山对死去的儿子说:"吾诗惟尔解,尔句得吾怜"(之三第 379 页),以父子而互为知己;说"患难饱荼蓼,艰贞抱精神"(之四第 380 页),则以父子而同为遗民;"尔能饱暖我,我不饥寒忧","祖母不至饿,我每暗点头"(之五第 380 页),儿子不但是自己晚年的依靠,且"以孙为子"、代己尽孝;"尔志即我志,尔志唯吾知"(之七第 381 页),更强调以父子而同志。触物伤情,这组诗中如"架上之载籍,多尔细批点","晒书见诠评,仓皇掩其卷"(之十二第386—387 页)一类句子,更令人心动。傅眉生前的立身行事,正肖乃父。由傅氏训子侄及《哭子诗》,可知对其子多方面才华的激赏。至于评价中的过甚其词,不消说也出自慈父心肠。

王夫之说其父"尚不言之教"(《显考武夷府君行状》,《姜斋文集》卷二,《船山全书》第十五册第 116 页),还说其父严于取与,不但与他人之间,即使对于已成年的儿子,涉及财产,也界限分明,并不以享用其子的供奉为当然——似乎较为少见。其父的理由是,"其人则吾子也,其物则非吾有也"(《家世节录》,《姜斋文集》卷一〇,同书第 220 页)。除了戒汰外,无非以此对儿子示教,出于极端的洁癖。王夫之本人的文集中,也没有题作"家训"的文字,而与弟侄、子侄的家书,却可以作家训读。王氏另有《传家十四戒》。"戒"与"训",前者更有"命令"意味,有诸不可、不要("勿")。篇末却说"吾言之,吾子孙未必能戒之",想得很明白。他寄希望于"后有贤者,引伸以立训范";即使对此,也不敢期必(《船山诗文拾遗》,《船山全

---

① 关于魏晋南北朝时期"家诫""家训"一类家庭教育形式的产生及其功能,参看吴霓《中国古代私学发展诸问题研究》第三章第 139—142 页。

② 据诗后傅山自记,傅眉五十六岁,"郁郁不得志,以积劳忧恨成病"(同书卷一四第393 页)。

书》第十五册第 923 页）。王氏在这种场合,也保有了一贯的清醒。由王氏的下述文字,或可想象他本人的处家人父子:"督子以孝,不如其安子;督弟以友,不如其裕弟;督妇以顺,不如其绥妇。"(《诗广传》卷一,《船山全书》第三册第 300 页)气象宽裕。还有一些似乎无关的小片段,也引人遐想。即如王氏记自己"敕儿子勿将镜来,使知衰容白发"(《述病枕忆得》,《姜斋诗集》,同书第 681 页),就令人想见其衰暮之年颓唐中的幽默感。①

我所读这一时期的家训尤其训子文字,对家人子侄的要求,似乎不如宋儒的苛细(参看朱熹《治家格言》、司马光《居家杂仪》、袁采《袁氏世范》等),亦未见如嘉靖朝浙江提学副使屠羲时《童子礼》那样,功夫细密到无所不至:未知可否据以想象"时代风气"的转移?

据杜正胜《传统家族试论》,以严格的父子为主体,是春秋时期以来封建崩解后家族结构变化的结果(黄宽重、刘增贵主编《家族与社会》第 1—2 页)。② 曼素恩则说:"自 1645 年颁布的圣旨开始,清朝历代皇帝有系统地将明代遗留下来的父子相袭的职业集团和地位集团逐步拆散。这些政策显然来源于由满族民族背景所促成的一些考虑,而这些考虑不可避免地又要渲染清朝统治者在入主中原的同时带来的一些价值观念,尤其是他们对待社会性别角色的态度。"(《缀珍录——十八世纪及其前后的中国妇女》中译本第 24 页)梳理由春秋时期直至清代与父子一伦有关的变化,无疑是有趣的题目,却已在本篇作者的能力之外。

---

① 陆陇其《陆子全书》中收入的《治嘉格言》内容驳杂,颇有关于子弟教育、孝悌、睦族的内容,如"读书一生受用""真孝真悌""教孝教悌""勉兄爱弟""事父为事兄为兄""子尽子职""亲睦三族""非宗弗同是宗弗爱""居家务要严肃""严以成爱"等,亦古代中国人的常谈。

② 杜正胜该书引《仪礼·丧服传》:"昆弟之义无分焉,而有分者则避年之私也,子不私其父则不成为子,故有东宫,有西宫,有南宫,有北宫。"杜氏以为张载"异宫乃容子得伸其私"的说法"深获原始儒家的精义","唯有肯定父子之'私'才能体会'古之人曲尽人情'"。而程颐"轻视这点'私心',而谓'亲己之子异于兄弟之子,甚不是也',虽可为'累世同居'张目,却与先秦经典不合"(同书第 82 页)。

人子之事亲

正史孝义传中人物，往往是异人异行，反不若日用伦常，庸言庸行，更贴近普遍经验。传记文字中一再被提到的"孺慕"，或因稀有才被大加渲染。人子之事亲，出告反面、晨昏定省，不过常仪，属于"子道"的基本面，真的做到，已属不易；至于"奉甘旨""色养"，即今人也难以实践的吧。而古代知识精英所认定的人子事亲之道却不限于此，更在"不坠门风"，进而"克绍箕裘""继志述事"。这里的"继""述"，非即"子承父业"之谓；较之承业，更要"继"的是"志"。"耕读传家久，诗书继世长。"宜传、可久的，毋宁说是"耕读"这种生活方式；更高的境界，仍然在借诸诗书的精神的"传""继"。

舜的处父子、兄弟，被赋予了经典意味。舜对后世的示范，或许不在"原则"，而在具体情境中的应对。即如舜对其父瞽瞍。但舜的行为实在难以复制——或许颜元等少数圣徒除外。《日知录》卷六"如欲色然"条："人少则慕父母，知好色则慕少艾。能以慕少艾之心而慕父母，则其诚无以加矣。"（《日知录集释》第145页）"慕"乃情感取向，非《礼》所能规范。至于不取"证父攘羊"之"直"，则出于儒家之徒的深谋远虑，关系世道人心。可惜这一层深意，今人已难以领解了。

上文已经谈到了事君与事父之道的异同。除了上述引文提到的那些原则，士大夫还认为对父不可责善。黄宗羲阐发其师刘宗周对《孟子》"匡章"章的诠释，那说法是："父母之生成此身甚难，即今吾之知善与不善，还是父母的，如何反责善于父？"（卷四，《黄宗羲全集》第一册第120页）关于"君子之不教子"章，则说："……所谓'天下无不是底父母'。……从来弑父与君，只见得君父不是，遂至于此。"（卷四第97～98页）刘宗周所纂家谱，记某前辈不见容于继母，诉讼中不为自己辩解，说"天下无不是的父母"（《水澄刘氏家谱》四《世家列传》，《刘宗周全集》第四册第486页）；则"天下无不是的父母",至此已是常谈。① 家谱记某前辈说:"念中见亲有不是,讵特大逆之渐,直是大逆矣";并非亲确有不是自己假作不见,而是杜绝此念,使自己相信亲"实无有不是处"(《水澄刘氏家谱》六《祖训》,同书第564页)。却也有通达之论。王夫之就说:"后世子道之衰,岂尽其子之不仁哉?君父先有以致之也。"(《读通鉴论》第813页)那么,天下确有不是的父母。

上文已经谈到,至少在本篇所论时代如黄宗羲这样的士大夫那里,"忠"不被认为无条件的绝对的道德律令。那么"孝"是否绝对、无条件?这里我想说的是,"子道"之于"父权",即便是微弱的制约,也不便无视,因其关涉士大夫的伦理实践有无可伸展的空间,以及空间的大小。事实是,一个恪守礼法的儿子,除了指望一个开明的、得严慈之中的父亲,也仍然有适用于"经/权"的有限空间。文献中的舜在伦理实践中即有折衷,如"不告而娶"(《孟子·万章》),另如"小杖则受,大杖则走"。处理伦理难题如何"折衷至当",仍然有讨论的余地。见诸史籍,君叫臣死,臣不妨逃亡。援此类例子,父要子亡,子亦可不亡。② 张自烈《与司马君实论从命书》:"比读大集,见执事云:'父曰前,子不敢不前;父曰止,子不敢不止。臣于君亦然。违君言不顺,逆父命不孝,人得而刑之。'仆谓此说尤非。君父之命一也,而治乱异。治命可从,乱命不可从,审于礼义而已。"(《芑山文集》卷一)古代中国诸伦理规范并不止于相互补足,还互有辖制。至于儒家伦理系统中的破绽③,或许正可理解为预留空间。

屈大均《书叶氏女事》涉及反常事件。叶氏女以父命("甥舅为

① "天下无不是底父母",语见《幼学琼林》(原作《幼学须知》),明末由程登吉编纂,清人又有增补。
② 却也有在今人读来愚忠愚孝之论。魏禧就对门人说:"古云父母以非理杀子,子不当怨,盖我本无身,因父母而后有,杀之不过与未生一样。"(《魏叔子日录》卷一《里言》,《魏叔子文集》)
③ 参看日本学者尾形勇《中国古代的"家"与国家》一书中译本第21—22页所引津田左右吉关于"孝"的论说。该书所用材料多属唐代及其前,对宋元以降的文献几无涉及。

婚")为非礼。"夫女也,在家从父,而有时父母之命不可从,不可从而从,是为不孝。故夫愚孝者,父母之罪人也。"(《翁山文外》卷九)尽管屈氏评价此类事件,仍然务合于礼或"礼意"。

仍然是王夫之,强调君臣、父子间的互动,上述关系的相互性,说:"人伦之事,以人相与为伦而道立焉,则不特尽之于己,而必有以动乎物也。尽乎己者,己之可恃也。动乎物者,疑非己之可恃也:自非天下之至诚,则倚父之慈而亲始可顺,倚君之仁而上以易获。其修之于己者既然,则以立天下之教,亦但可为处顺者之所可率繇,而处变则已异致。"(《读四书大全说》卷三,《船山全书》第六册第572页)至于"遗民不世袭",内含了对于父子伦理的理解,亦"继述"的限度。不对子孙作不情的要求,出诸遗民本人,更像是一种"解放"其子孙的姿态。① 纵然有诸种现成且公认的规范,生活世界中的人子之于其父(母),仍有伦理实践的个人性、丰富性。

"继""述",往往是对于士大夫(尤其知名人士)子弟的特殊要求。这里"继""述"固然是为人父者之于其子的期待,亦为人子者对于其父的责任,是更高境界的"孝",更精神向度的"孝"。天启阉祸被难诸人父子,曾为一时观瞻所系。黄尊素之子黄宗羲的袖锥刺仇(参看《黄宗羲年谱》崇祯元年第13页);魏大中之子魏学濂的"刺血上书",为父报仇(《翰林院庶吉士子一魏先生墓志铭》,《黄宗羲全集》第十册第402页),就大为时论所称。孙奇逢致书魏学濂,说"尊公以一死完君臣之义,令兄以一死毕父子之情,痛定思之,是父是子,今古无两"(《复魏子一》,《夏峰先生集》卷一第23—24页)。当然,后来的事情有点复杂。魏学濂之兄魏学泗之死,被认为无愧于其父,而魏学濂一度的附"顺"(大顺朝),则被视为门风之玷。忠臣子弟易代中的姿态,关系重大,已在通常人子的伦理义务之外。魏学濂因而难以为时论所恕。即使同为"东林子弟"的黄宗羲为其撰写墓志铭,对问题的尖锐性也无可回避。

---

① 关于"遗民不世袭",参看拙著《明清之际士大夫研究》下编第七章。

易代间"一门忠义",最为人所艳称。鹿氏一门,鹿太公、鹿善继父子,就被奉为人伦楷模(参看《夏峰先生集》)。孙奇逢、鹿太公,是其时被认为没有人伦缺陷的人物。鹿太公与其子若孙、孙奇逢兄弟父子,都令人可感北方式的淳朴醇厚;孙、鹿特具侠肝义胆,又非平世乡里贤人、善人可比,所拥有的似乎是完满的人生。

而如下"继""述",虽不轰轰烈烈,却更合于知识人的普遍期待。明中叶以降不乏理学家父子兄弟一门师友、子弟以传承父兄之学为己任的例子。名父之子尤有继述的压力。到本篇所论的时期,黄宗羲的《宋元学案》,由其子黄百家及全祖望"后先修补"(何凌汉撰、何绍基补《宋元学案叙》,《黄宗羲全集》第三册第 1 页;另见同书王梓材、冯云濠合撰《宋元学案考略》,同书附王、冯《跋尾》)。以整理遗编为继述的,另有王夫之之子王敔(参看《船山全书》第十六册第 69 页注 1)。这也是子对于其父的切切实实的纪念,尤其在明清鼎革尘埃落定之后。[1]

黄宗羲《黄氏家录》写其祖父逢其曾祖父之怒,"必伏地请扑",而且说,自己"以大人释怒为喜,不以免扑为喜"(《封太仆公黄日中》,《黄宗羲全集》第一册第 409 页)。写其父黄尊素,使用的却更近于"正史书法",全不及于家人父子之"私",不大像儿子写父亲(同书《忠端公黄尊素》)——不"私"其作为"历史人物""公众人物"的父亲,倒未见得是在刻意隐藏个人角度。上文写到了刘宗周训子的取讲学态度。与此相应,刘汋写其父,态度也更像仰慕、追随者,而不大像子之于父——也是一种有趣的现象。当然,日常相处中的刘氏父子,仍然不能仅据文字推想。

刘汋之于其父刘宗周,不但辅助其讲学,阐明宗旨以开示后学,

---

① 吕妙芬《施闰章的家族记忆与自我认同》一文,论析了为人子、孙的施闰章经由对其父、祖的书写及其他活动,重塑家族传统以至其祖父在当地(宣城)的文化地位的个案。施闰章所为,对于子辈自觉负荷对先辈、家族的责任,不失为典型的个案。该文刊台北《汉学研究》第二十一卷第二期,2003 年由台北汉学研究中心出版。

且在其父身后,撰写年谱,整理遗编。由传记材料看,刘汋为人较为谨愿,没有其父的气魄、锋棱。据其父的高足黄宗羲说,刘汋对其父之学,虽曰"墨守",却"有摧陷廓清之功"(《刘伯绳先生墓志铭》,《黄宗羲全集》第十册第305—306页)。其立身的刻苦严毅,也正肖乃父。而王汎森所撰《清初思想趋向与〈刘子节要〉》一文,考察刘门弟子间的严重分歧所导致的"蕺山学派"的分裂,及刘汋于其间扮演的角色,足以复杂化了通常对于"继述"的理解。[①] 正是由"继述"的角度,刘汋对于其父遗编的整理、宗旨的阐发,当其世即有争议,更被后人目为明清间学术转向的一种征兆,具有思想史的话题性。所谓"继述",又何易言哉!刘汋删改其父遗稿固不足为训,却也仍然应当说,倘不持学派立场,仍能由这种有争议的"继述",体察到那一代人的严肃,对于"继述"一事的郑重不苟的吧。

无论士、民,均相信"有其父必有其子"。由其父看其子,以其父责其子,使得某些为人子者承受了较之常人更大的道义压力。易代之际的忠臣父子、遗民父子,清初的流人父子,均为特殊境况中的父子。患难父子、患难夫妇、患难师弟子,亦其时一种伦理景观。方以智于漂泊流亡中,似乎置妻、子于度外;他撰写的《自祭文》,"言自甲申之变后,心如死灰,所眷眷者,惟故乡老亲而已"(《方以智年谱》第173页)。上一篇的附录二已写到流人夫妇。方拱乾的儿子方孝标,奉其父居宁古塔两年,后认修前门城楼工,奉诏赎还。江右彭士望说其人在宁古塔,"自撕薪行汲"(《钝斋文选又序》,《方孝标文集》附录第455页);江殷道则说方氏在宁古塔"搆屋三间,畜高丽牛二头,耕以养亲"(《钝斋文选序》,同书第458页)。

关于其艰难困苦堪比宗教苦行的"万里寻亲",台湾学者吕妙芬

---

① 关于刘汋与其父的学术关系,刘宗周门下黄宗羲、陈确等人的态度,王汎森该文考之甚详。该文收入氏著《晚明清初思想十论》。

有专文研究。① 这里只补录该文未及的一个例子。清初陆圻的仲子
乃康熙二十七年进士，其父于庄氏史狱获释后，不知所终，做儿子的
"万里寻父，不就职，竟以劳卒"（傅以礼《庄氏史案本末》卷下陆莘行
《老父云游始末》后丁绍仪识）。吕妙芬《明清中国万里寻父的文化
实践》一文说，某些寻亲故事"透露出些许更复杂的讯息，反映着生
命的复杂情境，甚至凸显了父子间的冲突与意志的角力"。陆圻父
子的故事，或也可由此看取。寻亲以亲人的离散为前提。离散多因
战乱，却也有出于主动的选择，因而非止明清易代这样的历史时刻，
即平世也有。抽身而去，掉头不顾：寻亲故事与家庭破裂、破碎的故
事互为上下文。

　　生养死葬，本是人子事亲之常。正史列传"孝义"一目下，却不
乏为葬父而历尽艰辛、孝感神灵的事迹（参看《明史·孝义列传
二》）。这种故事往往渲染苦情、悲情，赏玩的，毋宁说是寻亲者的自
虐；愈多磨难，愈多挫折，愈可证孝思之诚。至于上述吕妙芬文已写
到的李颙为父招魂，更像当代传奇，由李颙本人、士绅与地方当局共
同制作，充斥着灵异、人神（鬼）感应等因素，务求耸动，无非为了教
化的目的。对于民众，这确是有效的教化手段，主题不消说是"诚孝
格天""至诚之道通乎鬼神""仁孝格鬼神"之类（《襄城记异》，《二曲
集》卷二三第 292、294、301 页）。那寻亲故事也就被官、民大事张

---

① 氏著《明清中国万里寻父的文化实践》，刊台湾"中央研究院"《历史语言研究所集刊》
第七十八本第二分。该文说："就文献数量而言，万里寻亲的故事在明清之际有大量
增加的现象。"该文还谈到，由宋元到明清，寻亲故事有寻母、寻父比例的变化；寻母故
事反映"家庭生活中的母子之情"，而寻父故事"却鲜少以实际生活中的父子情感为基
础，更多是奠基于儒家父系家庭组织的礼法名分"。佛教报恩故事"多强调孝子为报
答母恩而有种种孝行，对于母恩之深重也有极多的书写"，而"万里寻亲孝子传并不强
调'父恩'或父子之情，而是以人子之孝思为出发，以人子充分实践儒家道德规范下为
人子之责任为目标"。关于孝，吕氏所著《孝治天下——〈孝经〉与近世中国的政治与
文化》（台北：联经出版事业股份有限公司，2011）一书有深入的分析。

扬,演绎得轰轰烈烈。^① 至于更极端以至血腥的事例,如子报杀父之仇,则平世固有(参看《明史·孝义列传二》何竞、张震、孙文诸传),也以易代间更有轰动效应,呼应了嗜杀嗜血的社会心理,不难为舆论称快。如王馀严的歼仇家老弱三十口(《清史稿》卷四八○王馀佑传)。

此节的标题为"人子之事亲","亲"指"双亲"。但儒家伦理的子道,于父母向有区分。王夫之释《易》《家人》一卦所谓"父父,子子,兄兄,弟弟,夫夫,妇妇,而家道正,正家而天下定矣",说:"'父父',不言母者,统母于父也。"(《周易内传》卷三上,《船山全书》第一册第314页)他说:"父生之,母鞠之,拊之畜之,长之育之",鞠育之"地道"可谓"勤"矣。其"勤"却不过"承天""奉天之性"而已。也因此"母之德罔极","父之德尤罔极","古之知礼者,父在而母之服期",无非"崇性以卑养";强调父道之尊,在这一点上,王夫之与迂儒并没有什么不同。只不过在他看来,母的鞠育既承之于父,也就"大有功于父,而德亦与之配"而已(《诗广传》,《船山全书》第三册第419页)。^② 顾炎武推究礼意,说"天无二日,土无二王,国无二君,家无二尊";又说服丧"以父为重,以母为轻"。他以孔子之子伯鱼为例,说"伯鱼不敢为其母之私恩而服过期之服"(《与友人论父在为母齐衰期书》,《顾亭林诗文集》第44—45页)。你在这里,又遇到了几于无所不在的公私之辨:父在,不可伸其对母的"私尊",不可因"私恩"而延展对于母的服丧之期。顾氏更辨析《礼》母为长子服丧三年

① 李兴盛《增订东北流人史》中记有赴戍所省亲、陪亲人赴戍以至"请以身代"的"孝义"事状,其中有寻亲故事的流人版,亦为时人乐道。与流人有关的,父子、夫妇的故事外,另有朋友的故事,均为患难中人故事,各有动人之处,见出那一时代士大夫处人伦的至性真情。

② 方以智《东西均·公符》:"天地分而生,万物皆地所成,天止出气而已;男女之生,全是母育,父止精气而已。必曰万物本乎天、人本乎父,盖全是地,则全是地之承天,地何敢自有其分毫乎?"(庞朴《东西均注释》第101页)也如王夫之,既强调"地之承天",又不忍贬低母的贡献,因此才有一再的"全是"。

之文(同上第45页)。这种在今人看来不情的礼文,确要顾氏这样的学问家才足以揭示其精微。①

妻子相对于父母为轻,母则相对于父为轻——对此一向有不谓然者。王文禄就说古人父重母轻,以制礼者乃男子,故为己谋,不免于偏私,清四库馆臣以其言为"不足训"(《海沂子·敦原篇》,《四库全书总目》子部杂家类存目)。但引据经典固然有可能规范思想,毕竟不能"规范"普遍人情。②

亦从来有女性家长。高彦颐《闺塾师——明末清初江南的才女文化》一书中的杭州才女顾若璞,就被作为上流社会女性家长的范例(中译本第250—251页)。另有上一篇已经写到的祁彪佳妇商景兰。至于天启党祸中,罹难诸公以东汉的清流自命,有拟其母于范滂之母者,也如范滂之母,备受尊崇。

上文已经写到,记述易代之际的文字中,你会一再读到"臣有老母,此身未可以许人"云云。不知何以总是"有老母",而非有老父。即使父权制下,母在,也可以是拒绝以身许君的理由。当然,如上文已经提到的,在不少时候,这一理由也被作为了逃避艰危以至避死的借口。

关于父亲的记述,或有记述者最深刻的早年记忆。在今人看来,夫妇应当较父子更"私密"。但我在为写作本书搜集材料时却发现,

---

① "本宗""外亲",亦涉公/私,参看《日知录》卷五"外亲之服皆缌"条。该条引唐人议礼,有"圣人岂薄其骨肉,背其恩爱,盖本于公者薄于私,存其大者略其细"云云(《日知录集释》第129页)。

② 陶希圣《婚姻与家族》第四章"大家族制之分解":"唐上元元年(公元六七四年),武后请父在为母终三年服,诏依行。明《孝慈录》更改齐衰为斩衰。父尊母屈的一尊主义显然衰落了。"(第92页)按《礼》,父在为母服丧一年;父死,服丧三年,齐衰。曼素恩《缀珍录——十八世纪及其前后的中国妇女》中译本第三章注82,依据别人的研究成果,说:"将为母服丧的期限改为三年是从明朝开始的,从此为母服丧的期限就与为父服丧的期限一样了,而且也同样称为'斩衰'。而在古代,母死仅服一年(期年)丧。在唐代经过激烈的辩论之后,也曾有将服母丧延长至三年的规定,但有一个特殊的名称为'齐衰'。"(第99页)

为人子者讲述其经验中的父子一伦,较之讲述其处夫妇更困难。张岱写其《家传》,虚实相间,描摹生动,与其作为家族文献,不如作文学作品读更合宜。而黄宗羲乃浙东史学巨擘,写起家传(《黄氏家录》),却如史家的为正史作传。关于其父黄尊素的一节,全不像儿子写父亲。相较于“夫”这一角色,“子”显然更使他们紧张、压抑。你由下文将要提到的冒襄兄弟的故事,也可察觉这一点:由父母所致的创痛,只能在讲述其妻时有所透露,闪烁其词,欲说还休。并非真有什么难言之隐,无非在刻意避免对尊长的损害罢了。知识人与家庭有关的经验中的隐秘面,往往为禁忌所造成。某些禁忌至今仍在,只不过不再像对古人那样有效罢了。即使这一点变化,也得来不易。

兄 弟

《颜氏家训·兄弟》:“夫有人民而后有夫妇,有夫妇而后有父子,有父子而后有兄弟。一家之亲,尽此三而已矣。”“自兹以往,至于九族,皆本于三亲。”兄弟作为“三亲”之一,其伦理的重要性可知。

上文由“君父”说到父子一伦的推演。“兄弟”一伦亦然。推演到极致,如张载《西铭》所说“凡天下之疲癃残疾、茕独鳏寡,皆吾兄弟之而颠连无告者也”;又如更为人所知的“四海之内皆兄弟也”。“诸父”—“犹子”,则是父子关系在家族内的延展。以兄弟之子为子,以伯叔为父——家族中人的亲密无间,没有较之于此更好的表达了。

父慈子孝,兄友弟恭,是和谐家庭的表征。子曰:“切切偲偲,怡怡如也,可谓士矣。朋友切切偲偲,兄弟怡怡。”(《论语·子路》)蒙学读本《幼学琼林》的说法是:“天下无不是底父母,世间最难得者兄弟。”更理想的,或许是兄弟而朋友(“友于”),既“切切偲偲”而又“怡怡”。对此陆世仪说:“朋友是后来的兄弟,兄弟是天然的朋友。”(陈宏谋编辑《五种遗规》之《训俗遗规》卷二《陆桴亭思辨录》)但兄弟被视为一体,兄弟之情拟于手足,此所以兄弟不同于朋友。张履祥更以兄弟置于夫妇之前,对他儿子说:"父子、兄弟、夫妇,人伦之大。一家之中,惟此三亲而已。"(《训子语》上,《杨园先生全集》卷四七第1357页)

有"兄弟如手足,妻子如衣服"的说法。① 妇人离间兄弟,兄弟不睦由于妻子,也是一种经验之谈。上一篇已引孙奇逢、陆世仪的有关说法。② 顾炎武不以为然于宋代张公艺所谓"忍",却称道浦江郑氏的"惟不听妇人言",说"此格论也,虽百世可也"(《日知录》卷一三"分居"条,《日知录集释》第331页)。孙承宗有如下观感:"予观世人当稍长,未有妻子,兄弟相得甚欢;及一有妻,再有子,遂有间言而隙且开,遂不翅如路人。"(《家乘序》,《高阳诗文集》卷一一)张履祥则引古人所说"孝衰于妻子",他本人更以为"孝衰,悌因以俱衰"(《训子语》下,《杨园先生全集》卷四八第1364页)。上述诸人将家族中的罅隙一概归过于妻子,却避而不谈"夫"之一方的责任。即使通达如唐甄,也以为虽"人之爱,莫私于其妻","然爱之之道,则甚下于其兄弟"(《潜书》上篇下《明悌》,《潜书校释》第105页)。③

在本篇所论的时期,江右易堂三魏(魏际瑞、魏禧、魏礼),是以兄弟而挚友的例子。魏禧说:"古人看得兄弟极重,差父母不远。盖如兄弟三人,损失一个,则天地之内止有两个,任他万国九州,若亿若兆人,再寻一个来凑不得。"(《魏叔子日录》卷一《里言》,《魏叔子文集》)得自切身体会,说得很实在。还说:"后世人伦之薄,莫甚于兄弟","笃兄弟为世所难能,有甚于忠孝者"(《萧小翮五十叙》,《魏叔子文集》外篇卷一一),也应当是一种经验之谈。三魏于此,未必不

---

① 《三国演义》第十五回,刘备对张飞说:"古人云:'兄弟如手足,妻子如衣服'。"

② 宋代袁采《袁氏世范》即持此论,称道"有远识之人,知妇女之不可谏诲,而外与兄弟相爱,常不失欢。私救其所需,私赒其所乏,不使妇女知之"(陈宏谋编辑《五种遗规》之《训俗遗规》卷一)。

③ 司马光说:"世之兄弟不睦者,多由异母或前后嫡庶更相憎嫉,母既殊情,子亦异党。"(《家范》七,转引自伊沛霞《内闱——宋代的婚姻和妇女生活》中译本第202页)则兄弟一伦不但与妻子,且与妻妾(嫡庶)相关。不妨承认,这的确是传统社会常演不衰的剧目。

存矫俗之一念。① 陆圻于庄氏史狱后远游"学道",其间曾一度归家,不忍舍弃患病中的兄弟,却置其妻于不顾(全祖望《陆丽京先生事略》,《鲒埼亭集》卷二六):置兄弟于妻子之上,固然为了证明其出走的决绝,也未始不出于伦理方面轻重的衡量。

明代也如前此的任一朝代,并不乏"兄友弟恭"的故事。公安三袁中的袁宗道《答陶石篑》一札,说到将与其弟宏道(中郎)有几年相聚,"斋头相对,商榷学问,旁及诗文,东语西话,无所不可。山寺射堂,信步游览,无所不宜"(《白苏斋类集》卷一六)。祁彪佳父子、夫妇、兄弟,天伦之乐,似无缺憾。见诸日记(《祁忠敏公日记》),彪佳与其弟凤佳、骏佳、豸佳,正所谓"怡怡"。

但也一定大有不"怡"者。刘宗周所纂家谱,记某位前辈"居恒寡言笑,及对众吐辞确而厉,听者悚畏"。"每偕二弟商榷家务,二弟皆侍坐唯唯,不敢先出声,有问则对而已。"(《水澄刘氏家谱》四《世家列传》,《刘宗周全集》第四册第 475 页)那前辈与其兄弟的"商榷",无异于折磨。王夫之记自己的父亲处兄弟,虽"笑语如常","欢如朋友",仍"危坐正膝,不伤于媟"(《家世节录》,《姜斋文集》卷一〇,《船山全书》第十五册第 216 页)。不但夫妇间不可狎,兄弟间亦不可"媟"。处父子兄弟的不"狎""媟"②,表现在避免发生肢体接触,今人认为无伤大雅的亲昵——的确出自极精微的分寸感与自控的能力。而魏禧写其兄面对自己的到访,一任感情流露,于"鼓掌大笑,拍肩执手"外,还"自面及背,周身抚摩,若慈母之获爱子"(《祭伯兄文》,《魏叔子文集》外篇卷一四),显然不以此为"媟"。

世乱时危,兄弟间的故事,也有较平世更为动人者。冯元飏、元飚称"二冯",据黄宗羲《思旧录·冯元飏》,元飏病,"药铛溺器",元

---

① 关于三魏,参看拙著《易堂寻踪——关于明清之际一个士人群体的叙述》。

② 《颜氏家训·教子》:"父子之严,不可以狎","狎则怠慢生焉"。即夫妇也不可狎昵。班昭《女诫》:"夫妇之好,终身不离。房室周旋,遂生媟黩。媟黩既生,语言过矣。语言既过,纵恣必作。纵恣既作,则侮夫之心生矣。"(陈宏谋编辑《五种遗规》之《教女遗规》卷上《曹大家女诫》)

飈"皆身亲之"(《黄宗羲全集》第一册第 379 页)。崇祯末年任命元飈为兵部尚书,崇祯"顾其兄弟厚,尝赐宫参疗元飈疾"(《明史》卷二五七冯元飈传)。浙东"三陆"(陆圻与其弟陆堦、陆培),亦为时所称。姜埰下刑部狱,受杖昏死,其弟姜垓"口溺灌之,乃复苏"。垓对其兄"尽力营护",还曾"请代兄系狱"(《明史》二五八姜埰、姜垓传),更是其时的佳话美谈。卢象昇战殁,当清军南下,其弟象观赴水死,象晋为僧(《明史》卷二六一卢象昇传)。明亡之后,浙东祁彪佳的两个儿子理孙、班孙,因魏耕通海案牵连入狱,兄弟俩争相承罪,班孙遣戍辽左,"理孙竟以痛弟,郁郁而死"(全祖望《祁六公子墓碣铭》,《鲒埼亭集》卷一三)。孙奇逢兄弟四人,鹿善继说孙"苦节凌霜",其兄与其"共为固穷","则弟有志而兄所成也"(《孝友堂谶语》,《认真草》卷八)。张岱对其诸子说:"先世之浑朴,勿视其他,止视其兄弟。"(《家传·附传》,《琅嬛文集》卷四第 175 页)说其父亲与叔父们"兄弟依倚","同起居食息、风雨晦明者,四十年如一日"(同上第 168 页)。平世孝友任恤,昆弟无间,危难之际,即不难相互翼庇奋不顾身。患难兄弟也如患难父子、患难夫妇,是那个时代满足了公众的道德感与亲情期待的一道风景。①

也有情节远较上述诸例为复杂的兄弟故事。黄宗羲与其弟宗炎、宗会,人称"三黄子"。宗羲为其二弟宗会所写墓道文字中,提到了兄弟间——至少他与宗会间——性情、气质的差异,并有难得的自省(《前乡进士泽望黄君圹志》)。宗羲与其仲弟宗炎曾共同参与抗清活动,并两度救宗炎性命。② 黄宗羲、吕留良交恶,据方祖猷《黄宗

① 明代流传人口的寻亲故事,所寻之亲,多为其父。黄宗羲所撰《黄氏家录·小雷公黄玺》,记有他的这位先人万里寻兄的故事。事在宣、正间,参看《明史·孝义列传二》黄玺传。明初,就有浦江"义门"郑氏兄弟、广济刘氏兄弟争相任罪、代死的事例(见《明史》卷二九六《孝义列传一》)。

② 全祖望《鹧鸪先生神道表》记黄宗羲、冯道济等人顺治七年计脱宗炎事较详,颇有戏剧性(《鲒埼亭集》卷一三)。顺治十三年,宗炎因参与抗清活动被捕,再次获宗羲营救(方祖猷《黄宗羲长传》第 66 页)。

羲长传》,宗炎"似乎与吕留良一起与其兄决裂"(第342页)。全祖望《鹧鸪先生神道表》据传闻说宗炎"晚年尝作一石函,锢其所著述于中,悬之梁上,谓其子曰:有急则埋之化安山丙舍。身后果有索之者,其子遂埋之,而今其子亦卒莫知所在,非火也"。或也因此,黄氏兄弟"决裂"与否,难以由宗炎的文字佐证。由传记材料看,宗炎较其兄勇猛刚毅,或也赋有其弟宗会的"隘","隘则胸不容物,并不能自容"(《缩斋文集序》,《黄宗羲全集》第十册第12页)。用了其峻厉的目光审视,难免不满于其兄的吧。① 兄弟间所写墓道文字,如上文提到的黄宗羲《前乡进士泽望黄君圹志》,另如张岱《山民弟墓志铭》,均令人可由所写兄弟推想其人。张岱笔下的弟弟,令人疑心是他本人的镜像;黄宗羲关于亡弟黄宗会性情的一段文字,不但可据以揣想其弟,且正可用来注黄氏自己。

人伦关系的深刻性,是由那一时代富于深度的士大夫体现的,无论父子、夫妇、兄弟、师弟子还是朋友。即如父子一伦的"深度",或要由刘宗周、刘汋父子更能见出;兄弟一伦的"深度",则更宜于由"三黄"而非易堂"三魏"等标志。发生在那个历史瞬间的分合聚散,无不挟带了丰富的历史信息。即父子、兄弟、同门友之间的龃龉,往往也与"道"相关。由今人看去,其间虽不无是非,却不乏严肃性。倘不一意为古人争是非,不妨说那时代的士大夫,正由歧异、分裂乃至决裂,示人以对人伦的郑重。凡此,均为考察的好题目,只不过我并非做这些题目的适宜人选罢了。

黄氏兄弟间关系之微妙,见之于文字间,有所谓的"蛛丝马迹";冒襄对其兄弟间的怨怼,却有不容误解的明确述说,近乎鲁迅所说的散发"冤单"。兄弟不和在冒襄,似乎创巨痛深。其祭妻、告祖父墓两篇文字,像是压抑既久的喷发,将痛愤表达得淋漓尽致,也令人可知裂隙的无可弥缝、怨毒的难以化解;尽管其吁求"姑姊之疑贰不

① 全祖望《鹧鸪先生神道表》说宗炎"性极僻,虽伯子,时有不满其意者"。

形,骨肉之胶漆重固,兄弟合为一人,三家仍如一室"(《祭妻苏孺人文》)。① 与祭妻、告祖父墓文写于同一年的《雷儆告二弟文》,尤可见冒氏兄弟间积怨之深——其三弟对冒襄,至有"雷殛"的毒咒,而冒襄的回应,亦此类毒誓。文集此卷后冒氏后人冒广生的按语,有"骨肉参商,火焚刃接,极人世之奇变"云云。陈维崧《苏孺人传》(冒襄辑《同人集》卷三),则提到了围绕冒家的"谣诼""不根之语",语焉不详。是年冒襄六十五岁。

冒氏的兄弟阋墙,与财产有关。士大夫出于洁癖,涉及家族内的财产纷争,往往讳莫如深,冒襄却将其兄弟间与财产有关的纷争披露在文字间,或也因万不得已。冒氏《雷儆告二弟文》说,冒家兄弟分产之后,其父所存未分之产、其母的"私积",均在其弟家;而"三弟六年来,诬辱豪夺,自均我已分胰产三千六百金,复旋百余金、数十金、十金、五金"。《祭妻苏孺人文》自说其晚年的经济状况,曰:"我既挥金如土,妻亦丝毫不蓄。膏腴之产,半已推让,半归债家、琴书之外,闺帏如洗。""推让"云云,即应在兄弟之间。如冒氏的叙述可信,则证明了即使"推让",也仍不能免于劫夺。

也是上文提到的张岱,对其诸子说,他的某先人事兄如事父,某先人"手出二异母弟于澡盆,而视之如子",某先人与其弟"相顾如手足","而父叔辈尚不失为平交","自此以下,而路人矣,而寇仇矣。风斯日下,而余家之家世亦与俱下焉。"(《家传·附传》,《琅嬛文集》卷四第 175 页)。由上下文看,"风斯日下",包括了张岱自己这一代。

由年谱看,刘宗周承担了沉重的家族义务。其平生"嫁二从妹,嫁一姑表姊,娶一从弟妇,娶一再从弟妇,抚一孤甥,娶甥妇,以及孙甥、孙甥妇,晚年又娶姑表弟妇,娶外母孙妇,又为外母及其公姑各立祭产若干亩"(《刘宗周全集》第五册第 397 页)。本书上一篇已谈到冒襄妇承担的类似义务。这也是长子长媳为家族所支付的代价。

---

① 冒氏《祭妻苏孺人文》《告祖父墓文》均见《巢民文集》卷七。

遭遇冒襄的那一组涉及其夫妇、兄弟的文字，是我的幸运。你由此知晓，《影梅庵忆语》中的神仙伴侣，毕竟仍在凡间，且较之他的有些"同人"，或更在凡间。有《影梅庵忆语》，又有《祭妻苏孺人文》，有其兄弟间的嫌隙（《雷儆告二弟文》），也才更是冒襄的"生活世界"。像冒襄这样因财产争夺而致兄弟失和、交恶的例子，想必多有，只不过你并非总能读到当事者的直接表述罢了。

颜元说："骨肉之间最难处，亦最易处。弟事兄果能不竞利，一切让兄，不动气，一切任罪，兄独何心而必我恶乎？"（《习斋记馀》卷四《答赵太若》，《颜元集》第 465 页）由冒氏一例看，"让"非即处兄弟之道。在当时的知识人看来，"父慈"非"子孝"的条件；即使父不慈，子也当孝。倘兄不友而责弟恭，就远于人情。世俗眼光于此，也不致过苛。

顾炎武《日知录》卷一三"分居"条："人家儿子娶妇，辄求分异。而老成之士，有谓二女同居，易生嫌竞，式好之道，莫如分爨者，岂君子之言与？"柴绍炳引袁君载关于"兄弟当分"的主张，以为一家内外大小若不能免于参差，"不如析箸为愈"（《日知录集释》第 330 页）。在此一事上，柴氏的见识较顾炎武通达。[①]

我在《易堂寻踪》一书中，写到了"三魏"之父为其子析产，"三魏"之一的魏礼为其子析产，且对析产过程，各有记述，可以读作处理家庭财产关系的例子。魏礼鼓励其二子析产，见识就不俗："以为制产必丰而后可者，非通论也。以为薄产不足以遗子孙者，非通论也。以为兄弟无争不必为定分焉者，非通论也。以为古人重生分而准古以绳今者，亦非通论也。"他的这番话才是"通论"。魏礼还说，"立法而贤人能守者，非善法也。庸众人能守者，法之善也。愚不肖

① 陶希圣《婚姻与家族》说"累世同居"的"美风"，"是与土地集中同其起源与存在的"（第三章"大家族制之形成"第 69 页）。关于由唐至明风气的变化，阿风《明清时代妇女的地位与权利——以明清契约文书、诉讼档案为中心》引薛允升所说"（唐律）若祖父母、父母令子孙别籍异财，则主令子孙犯科矣，故拟徒两年。明律无此层，以别籍异财为无足轻重之事矣，古今风气之不同如此"（语见该书第 47 页）。

者能守,斯善之善者也";尽管他也说自己深喜儿子们的"让而无竞"（《二子析产序》,《魏季子文集》卷七）。易堂诸子一度聚居,却不共财,也不主张"通财",无非为处之久远,保全兄弟、朋友情谊。想必认为"共财""通财"不利于家和,亦有妨于久交。魏禧或名过于实,但魏氏兄弟、易堂诸子的伦理实践却有足可称道者。或也因其非当世一流人物,反而保有了常识,处理人事也更有基于普遍经验的智慧。

舜处兄弟,"象忧亦忧,象喜亦喜"作为经典案例,持久地用于关涉"兄弟"的谈论。在此一公案中,兄弟关系又基于父子:舜父在其子之间扮演了关键角色。伦理难题要这样才足以构成。由上文所引文字看,冒襄兄弟间的嫌怨,与其父母的处置大有关系。这里或有父子一伦与兄弟一伦的负相关性。父子一伦与夫妇一伦、夫妇一伦与兄弟一伦间的紧张,本书已多处涉及。实际生活中,父子、夫妇、兄弟的关系不免缠绕,互为制约。这种缠绕与紧张,无不根源于古代中国家族及其伦理结构,是士大夫伦理处境的一部分。

士大夫对家族的经营

随时意识到自己在家族中,这种归属感无疑深刻地影响着古代中国人的生存意识与生存状态。某些士大夫又有进于是,意识到并自觉承担了对家族的责任。

明亡前刘宗周仕途浮沉,因"难进易退"为人称道。乡居期间,所从事的,却是看起来与"救亡"无关的不急之务,即如整顿宗族。刘氏的整顿宗族,包括了辑《宗约》、置祭产、义田,建社仓,族修谱;与陶奭龄共同主持"证人社"、撰写《人谱》,大致也在此期间。仅由时局的角度,不免被认为缓不济急,这却不是刘氏这种大儒的思路。以刘宗周领袖人伦的社会地位与声誉,即使其人刻自敛抑,亦有一举一动系四方观瞻的自觉,其伦理实践则不惟意在善俗,且有引领风尚的明确意图。那是以行为的施教,可归入王汎森论述过的"下层经世"(即王朝政治外的政治实践)。

顾炎武北游,曾打算在关中"略仿横渠蓝田之意,以礼为教"(《与毛锦衔》,《顾亭林诗文集》第141页。按横渠,张载;蓝田,吕大临、吕大防兄弟)。尽管"有亡国,有亡天下"云云出诸顾炎武,却未尝不是那一时期知识精英的共识。从事礼教,无非存此"天下";像刘宗周一样,不但因应时势,且虑之深远。不汲汲于眼前可见的功业,也更出于儒者情怀与使命感。不因国亡、国将亡而放弃责任,即使国不可救,也仍致力于救"天下"。救此的着手处,正是救正人心("证人")。整顿宗族、收族敬宗,推行教化于基层社会,正被认为是正风俗、救人心的途径。儒家之徒于此,思路并不狭窄。

叶适论"宗",论的是宗法权之在上、在下,何以立宗,以何原则立宗(参看《宋元学案》卷五四《水心学案》上,《黄宗羲全集》第五册第170—171页)。虽明代士大夫奉蓝田吕氏乡约为范本,据有关的研究,宋代当道对"乡约"组织并未大力推广。方孝孺、王阳明、吕坤等着意推行的乡约法,直至清代,才普遍实行于乡村。但王阳明着眼于地方治理,以官员身份自上而下推行《南赣乡约》,其后王艮、刘宗周的推行乡约,冀以此收拾人心,回应动荡时世,作为王学知识人自觉的乡村、宗族治理的实践,都确曾发生过影响。① 据《祁忠敏公日记·小抹录》,曾参与证人社的活动、与刘宗周共同救荒的祁彪佳,即在大饥荒的辛巳年(崇祯十四年),配合地方官举行乡约,为此事先讲求有关的礼仪(更定座次及约赞仪注等),极其严肃(参看其是年三月初七日、十五日日记)。

明初大儒方孝孺说过:"士有无位而可以化天下者,睦族是也。"(《宋氏世谱序》,《逊志斋集》卷一三)"睦",敦睦,孝睦,为经营家族

---

① 常建华《明代宗族研究》谈到"王门学人在各地的讲学与从政,使得其乡约、保甲制度流传各地,对明代中后期的基层社会影响深远"(第208页)。关于王学中人的推行乡约,及"明代宗族乡约化""宗族组织化",参看该书第五、六章。同书还谈到王廷相《浚川奏议集》卷三《乞行义仓疏》。

者追求的境界。儒家之徒向以化民成俗为职志,基于理念也基于信念。罗钦顺说:"乡约之议……一人倡之,众人辄从而和之;一家行之,一乡辄从而效之,俗之变而归于厚也。"(《云亭乡约序》,《整庵存稿》卷七)管理"基层社会",以此为对官方治理的补充,家居、致仕的官员尤有此种自觉。有这种自觉的士大夫,对其家庭角色与社会角色,并不做严格区分,尽管在现代人的观念中,家族、家庭,是相对于公共生活的私域。

刘宗周说自己的祖父"晚秉宗政,族之冠娶妻生子必以告,俨然行古宗法"(《水澄刘氏家谱》四《世家列传》,《刘宗周全集》第四册第 536 页)。刘宗周的致力于家族事务,也在其晚年。刘汋所撰刘宗周年谱(以下称年谱),记刘氏崇祯四年置田,作为刘氏宗祠祭产(《刘宗周全集》第五册第 296 页);崇祯五年,辑《刘氏家庙祀典》(同上第 310 页);六年,辑《乡约小相编》(第 323 页);七年,辑《刘氏宗约》(第 325 页);十二年,续置祭产,为赡贫穷族人而别置义田(第407 页);十三年,建立社仓于所居之里(第 424 页);十六年秋八月,刘氏义田告成(第 479 页)——距刘氏的绝食而死,不足两年。

对义田,刘宗周不但主张且有论说(《刘氏义田权舆说》《义田引》),还寻求维系之道以求"可久"。由其《义田引》看,其人未必不善"经营"。他所拟《乡约事宜》,含《约训》《约法》《约礼》《约备》(《刘宗周全集》第三册下)。只不过太求完备,就会有实施之难。年谱崇祯六年,记刘辑《乡约小相编》,即说虽内容"详明"而"令不能行"(《刘宗周全集》第五册第 323 页)。在刘氏,或也是"知不可而为"。由年谱看,刘氏的一系列努力终于有了成效,族人"服习既久,风尚一变";其明证则是"二十余年,通族莫有讼公庭者"。直至刘氏殁后,"犹尊行其教不衰"(同书第 326 页按语)。

据说欧阳修、苏洵为本族修谱,"在北宋乃系首创"(李文治、江太新《中国宗法宗族制和族田义庄》第 68 页)。刘宗周崇祯六年在旧谱的基础上修撰的《水澄刘氏家谱》,堪称大制作,规模之大、义例之严,为其时所仅见。该谱有"渊源考""世家列传""祖训""宗约"

"典礼志"等目。刘氏自称"家史氏",考订世次,务求明备,足资征信,非寻常谱牒所能及。他在《续谱义例》中说:"夫宗法严,而大小、尊卑、嫡庶、长幼之伦辨,且使非种者遂不得窜而入之,尤所以固宗盟也。"(《刘宗周全集》第四册第434—435页)还说:"家之谱,即国之史也。史取劝戒,谱亦宜然。"(同上第435页)其中《世家列传》上溯十四世、三百五十年①,内容则近于苏洵所修《族谱后录下篇》,记述所闻所见先人言行,目标不止于明世系,厚人伦,更在塑造家族传统,作为对族人、后人的激劝,亦世乱时危之际儒者的承当:对社会,对家族;对过往,更对将来。刘宗周的气魄与期许于焉可感。②

张岱《家传》开篇就说:"李崆峒之族谱,钟伯敬之家传,待崆峒、伯敬而传者也。"(《琅嬛文集》卷四第154页。按李崆峒,李梦阳;钟伯敬,钟惺)水澄刘氏族谱,也待刘宗周而传。关于顾炎武《顾氏谱系考》,顾宏义说其"虽为一崑山顾氏简谱,但因著作学识渊博,考辨精当,从而具有颇高学术价值"(《顾炎武全集》第五册第475页)。

刘宗周在家族内的作为,完整系统,乃儒者自觉的修复宗法的努力;利用其个人的影响力,介入乡治,可以作为缙绅之于其家其乡关系的样本。李颙关于士大夫"处乡之道",说:"天下皆乡里之积也,全要养得此太和元气在闾巷阡陌之间,才是人情。"(《四书反身录·论语上》,《二曲集》卷三五第474页)曾一度师从刘宗周的张履祥,说自己既贫且贱,虽有志于敬宗收族而无其力(《训子语下》,《杨园先生全集》卷四八第1375页),应当是老老实实的话。也可证刘氏不但有其志,亦有其力,可以将自己正风美俗的理想,推而广之到闾

---

① 据相关研究,修谱而不限于五服之内,"力求追远",由程颐等的倡导,至元代才更成风气;"明清时期,宗族中明确的父系祖先,一般追至始迁祖"(参看冯尔康等《中国宗族史》第224、203—204、231页)。

② 冯尔康等《中国宗族史》:"就体裁而言,明代族谱所增加的内容是'志',这是族谱进一步吸收正史和地方志编纂学而使体例完备的体现。"(第268页)刘宗周所续修族谱即有"世表""年表""选举志""世家列传""内传"诸目,有明代族谱的基本内容,又自成一格。

巷阡陌之间。

儒者相信"收族"可补"王政"之未及,使鳏寡孤独废疾者皆有所养——这也属于士大夫世代相承的理想。至于士大夫"收族"中的流弊与时间中的变质,仅据经验也不难想见。

附录

"此朕家事"

《明史》方孝孺传,记有燕王朱棣"靖难"、建文帝失踪后,方氏与朱棣间的如下一段著名的对话:"召至,悲恸声彻殿陛。成祖(按即朱棣)降榻劳曰:'先生毋自苦,予欲法周公辅成王耳。'孝孺曰:'成王安在?'成祖曰:'彼自焚死。'孝孺曰:'何不立成王之子?'成祖曰:'国赖长君。'孝孺曰:'何不立成王之弟?'成祖曰:'此朕家事。'……"(卷一四一)

燕王借诸"靖难"之名行篡夺之实,固然无赖;但他说"此朕家事",不妨认为是被那迂得可以的方孝孺逼出来的。这话本可不说的,一经说出,却足以振聋发聩。"此朕家事",何等理直气壮!甚至被认为庸懦的南明朝弘光帝,也赋有这种祖传的聪明。据黄宗羲《弘光实录钞》,左良玉曾试图谏阻弘光重颁《三朝要典》,"有旨:《要典》一书,系朕家事……"①依他的那番话,倒是当日批评《要典》的诸臣在"借端诬构",挑拨皇家的骨肉关系(《黄宗羲全集》第二册第68页)。明清之际张自烈关于方孝孺的说法,与此前的议论就有了不同。他指摘方,说他"不草诏可也,且哭且骂,置文皇何

---

① 司马光《资治通鉴》记狄仁杰与则天武后涉及立储的一段对话。武后说:"此朕家事,卿勿预知。"狄仁杰说:"王者以天下为家,四海之内,孰非臣妾,何者不为陛下家事?"(卷二〇六《唐纪二二》)同书记前此李勣答高宗问立后,说的也是"此陛下家事,何必更问外人!"(卷一九九《唐纪一五》)

地!"(《祀黄公述略》,《苍山文集》卷二二)朱彝尊以清人看这件事,着眼处也特别,认为朱棣说"此朕家事"不无道理;纵然是"篡"(按朱氏没有使用这个"篡"字),与"易姓"总还是有不同的吧(《曝书亭集》卷三六《高太常啬庵遗稿序》)。

臣下以为君主的"家事"均为"国事",君主则据同一逻辑——"朕即国家"——断然拒绝臣下对其"家事"的干预:天下自我得之,自我失之,干卿底事!洪武九年,叶伯巨上书,举"汉、晋之事"为例,批评"分封太侈",朱元璋竟说:"小子间吾骨肉,速逮来,吾手射之。"后叶氏死狱中(《明史》卷一三九叶伯巨传)。叶氏的奏疏足以触怒太祖的非止一端,但"间吾骨肉"仍然被作为公然标出的理由。[①]"分封"被作为了他人不得过问的家族事务。"疏不间亲",本是宗法制下的一种世故,那些臣子何尝不知!只不过此"家"非彼"家"而已。《宋史》司马光传,记哲宗朝司马光欲变王安石所变之法,反对者的理由是"三年无改于父之道"。"或谓光曰:'熙、丰旧臣,多憸巧小人,他日有以父子义间上,则祸作矣。'"而祸果然作于司马光身后。十足讽刺的是,正是朱棣,将其"骨肉"(建文帝)置于死地。而有明一代颇遭非议的宗藩政策,由此诱发的宗藩之变(如宸濠的作乱),更是皇族骨肉相残的一大乱局。明代知识人好说的"宗子维城"云云,说的无非是皇族保有其家业的条件。事实上臣子对于明朝的宗藩政策,未必不也负有责任。建文一朝,就有由"亲亲"出发,对削宗藩持异议者。也因此黄宗羲《待访录》的《原君》《原臣》,以"天下"与"一姓"相对待,才像是惊人之论。

《日知录》卷一二"雨泽"条说"太祖起自侧微,升为天子,其视四海之广,犹吾庄田,兆民之众,犹吾佃客也"(《日知录集释》第296页)。做臣子的,也未必不以皇上老子的家臣自居。《明史》海瑞传,

---

① 明代臣子因"离间"皇家"骨肉"而获罪的,大有其人。解缙就因被成祖认为"离间骨肉","恩礼浸衰"(参看《明史》卷一四七)。同一时期时聯通亦因同一罪名("离间我父子")被处以极刑(同书卷一六二)。万历亦屡以"离间父子"指斥群臣。

录有这位大名鼎鼎的清官的奏疏，其中就说："夫天下者，陛下之家……"（卷二二六）崇祯三年，刘宗周在章奏中引张载语："然大君者，天之宗子，辅臣者，宗子之家相。"（《明史》卷二五五本传）由后世看过去觉得古怪的，倒是那以家相、家臣自居者，干预主子"家事"的热情——有明一代如嘉靖朝争皇上的"为人子、为人后"，万历朝争皇上的继嗣（即所谓"争国本"），竟至前仆后继，虽断脰殒身而不恤。宗法社会，继承问题之严重，是怎么估计都不会过分的。而皇家的继承问题，又决非寻常百姓家可比。顾炎武说到皇位的继承问题，说得正是"帝王正统，相传有自，非可以常人比"（《日知录》卷五"为人后者为其父母"条，《日知录集释》第 125 页）。你须得由顾炎武所谓"统"的角度，才能理解如明代万历朝在"立储"一事上臣子们与皇上旷日持久的对峙，诸臣那种像是不可理喻的顽强。不消说士人于此，将自家的命运与那"统"的关系，看得是太清楚了。

有明一代，臣下干预皇上的继嗣，一再见诸记述。由宪宗朝到武宗朝到神宗朝，其间还夹有景帝易储这一事件，君臣间的激烈对抗，在后人看来，都俨若战场上的敌手。在这种时候，也是家臣家相，更为王朝谋之深远，更关心帝王世系的纯洁性。在这类事件中，皇上通常倒是略有世俗趣味，"原则立场"则是由朝臣中的所谓"正人"来坚持的。由成祖"靖难"，到英宗"复辟"，到世宗朝的议"大礼"，臣子为帝王家争嫡庶，争继嗣——如方孝孺的"迂"与"愚"，不过是突出的例子。以生父为"私亲"、"继统"为"公义"，亦严于公私之辨的儒家之徒的见识。

《汉书·五行志》："谷永曰：'《易》称"得臣无家"，言王者臣天下，无私家也。'"君主即"公"，其"燕私"亦属于"公共事务"，臣民得而议论之。君主的起居非"私"。《起居注》是历史记述，国家档案，撰写"国史"所资取材。官修正史中，很少有关于帝王"燕居"的具体记述。帝王本纪，即其人政治活动的大事记；诸如娶妻生子一类世俗所谓的"私生活"，在这一种记述中，均失去了其"私"的性质。皇上以至太子的冠婚从来是国家庆典，皇上的私生活即国家的政治生活。

这一种理解也呈现于话语层面:以皇上的建储为定"国本",就是一例。宋元以降,道学以"隐"即"私",以无间幽明、无事不可对人言为"公"为"正"——由后世看去,处此理学语境中的君主,较之前代或更有不易的吧。

"朕即国家"对皇上(以及皇族),无异于双刃剑,既使其富有天下,又使其作为"个人"的权利被无情地剥夺。农业社会本来就没有所谓的"隐私权"。[①] 草民不论,即便有教养的士人(尤其儒家之徒),也以无事不可对人言为值得追求的道德境界。皇上的"家"既"公"之于天下,臣民即自以为有从"国家利益"出发,对皇上的"家事"说三道四的义务。在近人看来最称荒谬的,当无过于对人主感情生活的干预,即以人主的性爱为"公"。但这只是我辈的见识,在当时建言诸臣,皇上的"爱"关系子嗣,子嗣即关"国本",何尝是其一己之私?海瑞著名的《治安疏》,有"二王不相见,人以为薄于父子;以猜疑诽谤戮辱臣下,人以为薄于君臣;乐西苑而不返宫,人以为薄于夫妇"云云(《海瑞集》上编第218页),世宗情何以堪!雒于仁直斥神宗"嗜酒""恋色""贪财""尚气";钱一本更是说到了"女谒"、褒姒、骊姬之"狐媚"(《明史》卷二三四、二三一)。王如坚疏中径说"古王者后宫无偏爱,故适后多后嗣。后世爱有所专,则天地之交不常泰,欲后嗣之繁难矣。我祖宗以来,中宫诞生者有几?……"(卷二三三)《明史》编撰者于此也批评道:"诸臣何其好争也。"[②]

---

① 没有法律意义上的"隐私权",并非就没有近似的观念。那更是一种处家族关系(尤其涉及男女)的教养或曰世故。这种世故在农业社会不但不向不缺乏,倒是十分发达而且普及的。

② 成化年间彭时要宪宗为广继嗣而"均恩爱"(《明史》卷一七六)。同时姚夔亦疏请宪宗"均爱六宫,以广继嗣"(同书卷一七七)。王德完因神宗宠郑贵妃,疏后及皇长子,即上疏言中宫事,至"帝自是惧外廷议论,眷礼中宫,始终无间矣"(卷二三五)。明代朝臣言及宫闱态度激烈者,另如万历朝的卢洪春(卷二三四)。最足令现代人惊骇的,或许是朝臣竟干涉及于主上与后宫嫔妃中哪一位做爱。古代中国本不乏敢言之士,敢言及后宫者亦不少见,《后汉书·独行列传》所记汉成帝时的谯玄,即此之类。成帝专宠赵飞燕,玄疏谏,就有"陛下圣嗣未立""后宫皇子产而不育"云云,说"愿(转下页)

有关主上"燕私"的议论，甚至形诸制科文字，可见是人人得而论之的公众话题。读《牧斋初学集》所录钱氏万历年间策问，以一试子亦言及"房中之药，应门之刺"，教训主上"燕私不可以不谨"，勿"狎近""寺人宫妾"(卷九〇第1867—1868页)。其时士人言论的无忌惮可知。顾允成在对策中，指责神宗册封皇贵妃、册立皇太子，不应以"一己之私"掩"天下之公"，而应"与天下公其好"，"与天下公其恶"(《小辨斋偶存》卷一《廷试制科》)，刺刺不休。当然，较之权珰如王振之流对皇上的肆意摆布，士大夫不过说说而已。那最高权力者的不能自主，莫此为甚的吧。英国有"不爱江山爱美人"的温莎公爵。英国人毕竟接受了公爵在"江山"与"美人"间的选择。中国的帝王甚至没有这一种选择的余地。

李商隐诗云："武皇内传分明在，莫道人间总不知"(《碧城三首》之三)，原属暗讽，明人却不怕当面说出。万历朝卢洪春就曾在奏疏中威胁道："陛下毋谓身居九重，外廷莫知。天子起居，岂有寂然无闻于人者。"(《明史》卷二三四)其他如冯从吾所谓"不知鼓钟于宫，声闻于外"(同书卷二四三)，魏大中等上言："陛下谓宫禁严密，外廷安知。枚乘有言，'欲人弗知，莫若弗为'……"(卷二四四)听起来都像是恫吓。

对于皇上老子，臣子们准备下了一大堆的"不可"：不可如此，不可如彼，倘不如此，"如宗庙社稷何"！在臣子看来，皇上非但不能私其爱，并不能私其身。以"保圣躬"为由规劝帝王节欲的言论，即属此类。"圣躬违和"，被视为国家安全问题。其实，明代诸帝中，"盘游无度"的，除正德外并无第二人，更不必说如隋炀帝、陈后主似的

(接上页)陛下念天下之至重，爱金玉之身，均九女之施……"未记成帝作何反应。日本学者沟口雄三比较日本"领域性"的"公"，与中国"原理性"的"公"，说后者"由天或天下之公的原理世界俯视皇帝时，皇帝往往要被贬为'一姓一家的私'"(沟口雄三《公私》，《重新思考中国革命》第45页)——亦相对公私之一例。

荒淫无耻。① 古代中国，臣工固不能私其"身"，还有一份"私生活"，有朝廷之外的个人生活，臣子之外的家庭角色；此身全非"我"有，则是君主享有的特殊待遇。

有明一代"言路势张"，以敢言为"直"，不能不影响于一时代士人的言论方式。而最足以作为明代"士气之张"的证明的，或许就包括了上文所引的那种言论的吧。明代君主的残暴屡屡为人提及，但由士人嗫不敢言的清朝看去，能忍得如上言论的皇上，其度量岂常人可及！读这类史料，难免令你生出对那天子的同情来——他们无论贤不肖，无不是那皇位的奴隶。无怪乎王夫之要说："然则天子之位，其为帝之桎梏乎！"（《读通鉴论》，《船山全书》第十册第502页）

皇上的不自由这一种不幸，自应由"家天下"的宗法制度负责。既以天下国家为家产，就不能不付出牺牲自由的代价。由近代人看来，事情的讽刺性无非在于，最大的私有者其"私"的被剥夺。但这仍然是近人的视野，与古人的公私观无干。"讽刺性"正是在近代与古代的观念差异中发生的。其实近代民主国家公众人物（政客、演艺明星等）隐私权的被部分剥夺，虽逻辑不同，表象却不无相似。近年来火爆一时的清宫戏，不吝对于"圣明天子"、强势帝王的崇拜，对"强势"的代价，则不再计及。

"主""奴"这两种身份以至人格，通常即统一在同一人那里。而主上被强奴（如"权珰"王振、刘瑾、魏忠贤之流，如权臣霍光、董卓等）所控驭，岂非屡见不鲜的事实？尤其在皇上与宦官这一种关系中，集中了"主"对于"奴"的依附，其中包含有关于主奴关系的深刻诠释。宗法制严于内外之别；君主则不但往往信任内臣（珰）、疏远

---

① 唐甄批评正德朝群臣谏阻君之游，说那些臣子"昧于事君之道者，于其出游，不能因其势而利道之，即其事而奖掖之，徒立直谏之名，惩荒游之祸，扼于殿上，沮于道中，引裾裂衣，当车断靮。忠则忠矣，我以为多事矣"（《潜书》下篇上《善游》，《潜书校释》第199—200页）。同篇还说："郊社之外，制之不使轻出；苑囿之中，制之不使轻入；天子则不得已而从之。又有道学师傅，正色拱立其侧，使天子严惮。"（同书第200页）久之引发反弹，"直臣""贤士"罹祸蒙难。

外廷,且更依赖阉宦、猜防宗室。你已经看到了,皇上非但是那皇位的奴隶,有时确也会是其臣下的奴才。同理,缙绅为豪奴、为所谓"纪纲之仆"所控驭,也是并不希见的事实。你因此可以相信,君主在某些场合,确是比其家臣家奴更不自由的奴隶,在这种场合,那被加诸的堂皇的"公",也不免成其为奴隶的记号。

有鉴于此,你对有明一代武宗的"盘游",神宗及世宗晚年的倦政,不妨有了解之同情,读作抗拒与"天子"名分相关的禁制、"私"其身的努力:无论由王朝政治的角度看有何等可恶。甚至由皇上的肆虐,也可读出奴才性。那有时更像是弱者式的报复,其中包含有弱者的被伤害感、屈辱中积蓄的怨毒,与奴才造反时的肆行杀掠,心理并无太大的不同。于是你由文献中,一再看到了以天下国家为家业的君主,对"祖宗家法"的恣意破坏。每当这种时候,代表了(或自以为代表了)王朝的根本利益,为维护这利益殒身不恤的士大夫,是否也有一点可悯?

明代历史上有帝王援"子骂父"律处臣子以极刑者。在我读来,明人有些章奏的口气,未必像"子骂父",倒更像老子教训儿子。贺逢圣发挥《论语》"忠焉能无诲",说"人臣敢诲其君,正是忠之极处,惟圣人深知其忠,而不嫌其诲"(《释历代道命说》,《贺文忠公集》卷一)。明人习以为常的,倒是清人听不过去了。唐甄就说过:"人亦孰不欲遂其情? 天子虽尊,亦人也"(《潜书》下篇上《善游》,《潜书校释》第200页),强使其绝嗜欲,无乃太不近人情? 李慈铭《越缦堂日记》引魏大中云云,批评道:"诸公所言,常人犹不堪之,况君父乎! ……其亦太不为帝地矣。"(《孟学斋日记》乙集,1920年上海商务印书馆影印手稿本)

其实不待清人,明人对同一现象,反应已互有不同。孙承宗毕竟是以稳健著称的老牌官僚。《明史》本传:"'梃击'变起,大学士吴道南以诹承宗。对曰:'事关东宫,不可不问;事连贵妃,不可深问……'"(卷二五〇)清四库馆臣对陈继儒颇有恶评,但对其所撰《读书镜》中所说"人主宫闱中事,臣子不可妄有攀援,亦不可过为排击。而少年喜事,形之章奏,刻之书帙,至遍于辇毂市肆之间。此在布衣交友尚不能堪,而况天子乎",以为"此言盖为万历间争国本者而发,于明季台省之弊,可云切中。不以继儒而废其言也"(《四库全书总目》史部史评类存目)。弘光朝的"伪太子案""童妃案",朝野议论纷纭,据说弘光抱怨道:"朕夫妻伯侄之间,岂无天性?"记述者对弘光的处境不胜同情,接下来的议论是:"九五真龙,其辞卑以逊,一至于此,孰为为之?"(夏完淳《续幸存录》,《扬州十日记》第 68 页)王夫之以夏侯胜数汉武帝之恶为"证父攘羊之直"(《读通鉴论》卷四,《船山全书》第十册第 157 页),称道汉代谷永引"帝王不窥人私,而《春秋》为尊者讳",请讳诸侯之"禽兽行"(卷五,同书第 188 页)。王氏比较齐、晋,说"齐多刺,晋多劝。刺及于其君床第之隐、兄娣之慝而无择",不过"许以为直"罢了;却又说"王者多刺","多刺"故"无匿恶于天下,而不深天下之怨恶",以此解释"齐桓之霸犹能匡天下"(《诗广传》卷二,《船山全书》第三册第 357 页),是否可以读作一种补充、修订?只是既不"匿恶",又不暴君之恶,其间的"度"该如何把握?

正如黄宗羲强调君臣关系的相对性(而非无条件的"臣道"),王夫之说"讳",也包括了臣为君讳与君为臣讳两面。其《读通鉴论》就说:"君天下者,因其材,养其耻,劝进于善,固有所覆盖而不章,以全国体、存士节,非不审也……"(卷一七第 655 页)这又是儒者的政治伦理,其中的深远之虑,已不大易于为今人所知了。

我们的古人未见得全然没有区分治国理政与私人生活的一种思路。赵翼《廿二史劄记》关于武后,曰其"纳谏知人,亦自有不可及者",甚至说:"后既身为女主,而所宠幸不过数人,固亦无足深怪。故后初不以为讳,并若不必讳也。""然则区区帷薄不修,固其末节,而知人善任,权不下移,不可谓非女中英主也。"(卷一九"武后纳谏知人"条第 258、260 页)谭嗣同则以为"家虽至齐,而国仍不治;家虽不齐,而国未尝不可治"(《仁学二》,《谭嗣同全集[增订本]》第 368 页)。回头看崇祯说"朕不及太宗才,若其闺门德行,朕亦不愿学"

（参看李清《三垣笔记》附识中《崇祯》)，更像是自我解嘲。

　　"公天下"这一命题可谓古老。《吕氏春秋·贵公》就有："天下非一人之天下也，天下之天下也。"沟口雄三《中国的思想》对此解释道："这里的天——天下的概念被看作是相对于君·国的上位概念，这恐怕是中国独有的思想。将天与道的活动解释为公(公平、公正)也受到老庄思想的影响。"(上篇第六章第 49 页)黄宗羲指摘"后之为人君者……使天下之人不敢自私，不敢自利，以我之大私为天下之大公。始而惭焉，久而安焉，视天下为莫大之产业，传之子孙，受享无穷……"(《原君》，《黄宗羲全集》第一册第 2 页)所说的"天下"，与"国"的界限已模糊不清。

　　黄宗羲有关君主的那篇大议论(《明夷待访录·原君》)，由清末的好事者听来，即像是改革或革命鼓动。其实在明清之际，并不见得有那样惊世骇俗。王夫之《读通鉴论》即说："自秦罢侯置守，而天下皆天子之土矣。天子受土于天而宰制之于己，亦非私也；割以与人，则是私有而私授之也。"(卷一四第 523 页)"以天下论者，必循天下之公，天下非夷狄盗逆之所可尸，而抑非一姓之私也。"(同书卷末《叙论》一第 1175 页)据此，王氏说及敏感之极的"篡"，每有出人意表的议论。如以为既然天下"非一姓之私"，"苟易姓而无原野流血之惨，则轻授他人而民不病"(卷一一第 416 页)。置诸古代中国的语境中，岂不也属惊人之论？

余论之一

伦理实践,是知识人生活世界、经验世界的重要组成部分——至今也仍然是。知识人的伦理观念与伦理实践,因其较庶民理性、自觉,对于该时代普遍的伦理观念与伦理生活,更有标志意义。

永乐年间,颁朱熹《文公家礼》于天下。研究者认为,到明清,理学家对礼法的见解才被较为普遍地接受与遵行。刘宗周说:"自有五伦,而举天下之人,皆经纬联络其中。一尽一切尽,一亏一切亏。"(《处人说》,《刘宗周全集》第二册第 361 页)王夫之《读四书大全说》卷三:"道者,学术事功之正者也。学术事功之正,大要在五伦上做去。"(《船山全书》第六册第 514 页)

近人梁漱溟的说法是:"中国人生为家庭式之人生,其散漫与和平,基本在此。集团与集团恒见其相对之势,散漫的家人恒见其相与之情。西方社会为势之社会,中国为情之社会。"(《思索领悟辑录》,《梁漱溟全集》第八卷第 54 页。着重号为原文所有)梁氏不止由儒家伦理观的角度,更是由"历史生活""社会生活"的角度,肯定家族伦理之于构造中国古代社会、塑造古代中国人的极端重要性。余英时《朱熹的历史世界》:"从现代的分析角度说,《西铭》是以父母子女——'家'——为模型所推想出来的'人'与'天地万物'的关系,包括'人'与其他人的关系。"(第 150 页)"张载、二程和朱熹看来都真诚地相信:乾坤与万物(包括人在内)的关系相当于父母与子女的关系。"(同书第 151 页)想象由最具体实际世俗处生发,推拓扩张至天地乾坤,至无限大无穷远,但极亲切处,却仍在此世俗源头,与人的经验最相关处亦在于此。无论怎样渺无际涯,仍可于此最亲切处找到支点。

家/国、公/私有界阈不清晰的一面。高彦颐说:"在我们讨论上流女性生活变化的环境和内容之前,澄清'家庭'和'私人'的含义是非常重要的。在使用'家庭'(family)时,我指的是'家族'的涵义,我是故意使用这样一个含混名词的,作为一个仪式单位和经济单位,它体现了家庭通常的矛盾定位。在英语中,它包含了家、宗、族。同样,'私人'(private)一词也是以有意的模糊方式进行运用的。在英文的学术作品中,'私人'和'家内'(domestic)经常交替使用,以指称一个明确与被称做公众领域相分开的范围。在中国的社会中,这种两分的概念化从来都是不贴切的,在明末清初的各种变化面前,更显得不适用,此时的'私人'和'公众'含义都在经历着较大的变化。"(《闺塾师——明末清初江南的才女文化》中译本第162页)涉及"家庭"/"家族"、"私人"/"公众",表述的困难,也是我在分析夫妇、父子的尝试中所遭遇的。

阎步克《士大夫政治演生史稿》一书说,由秦到汉,"严格意义的(即封建性的)宗法制也日渐让位于家族制。宗法重宗子而家族重父子;或说同尊父兄,而一为宗主,一为家长。二者有同亦有其异,后者的政治色彩大为淡薄了"(第139页)。无论顾炎武论宗法,还是万斯大论宗法,或许都应在上述变化了的历史情境中解读,尽管儒者的理想境界,或更在秦汉之前。也因此有必要追问,明清之际的宗法修复,预期的目标是什么?复礼、推行礼教,有何种深远的计虑?

朱元璋有《祖训录》,是皇家的家法;另有善俗、推广教化的所谓"圣谕六言",系向普通百姓说法。① 儒家之徒面向公众的宣讲,往往即讲此"圣谕"。明亡之际的社会动荡中,江右的易堂九子聚居宁都翠微峰,举办的讲会,所讲也有那"六言",或因参与讲会的,有同在避难中的妇孺。王夫之对这类宣教不谓然。他说:"圣人有独至,不

---

① "圣谕六言"亦作"圣谕六条""太祖六言",即明太祖《教民榜文》中的六句话:"孝顺父母,尊敬长上,和睦乡里,教训子孙,各安生理,毋作非为。"

言而化成天下。"(《诗广传》卷一,《船山全书》第三册第 300 页)。

明太祖朱元璋以孝治天下。清初也如明初,当局对"忠""孝"等儒家基本价值的重申——包括了表彰"胜国"忠臣,也包括了编纂《孝经衍义》一类文化工程,无不作为了王朝意识形态重建的一部分。崇祯年间遭奇祸,黄道周对其兄说,"劝诸儿只读《孝经》,不必更作举业"(《狱中与兄书》,《黄漳浦集》卷一九),亦黄氏"家训",可自注其狱中书写百部《孝经》。清初《孝经衍义》的编纂,徐元文、叶方蔼先后督修,吴伟业也参与其事。陈澧说:"《孝经》大义,在天子、诸侯、卿大夫、士,皆保其天下国家,其祖考基绪不绝,其子孙爵禄不替,庶人谨身节用,为下不乱,如此则天下世世太平安乐。而惟'孝'之一字,可以臻此。"(《东塾读书记》卷一第 3 页)

纲常伦理,更是士的世界观。实际生活中,相关的理念、既经形成的规范,不免与具体人的"伦理生活"、士自身的伦理实践参差。制度、秩序与生活世界,受限于社会生活的组织程度,难免随处发生着错位。对此,治人者也了然于心。本书上文已谈到古代中国伦理规范虽严密而仍有缝隙,预留了选择的空间;不同的道德规范间又互有制约。古代中国伦理纲维间的缝隙,古代中国人在伦理实践中将本有可能绝对的道德律令相对化的能力——那确实是生存策略也是能力。

唐甄主张的"抑尊",虽不便读作近代意义上的"平等论"——唐氏说得很明白,"抑"(压缩距离)之而已——却不妨认为有"平等论"的倾向。唐氏论及君臣外的其他伦理关系,无论男女、夫妇,还是主仆,均有此"倾向",一以贯之,可以相信出于深思熟虑。"天子之尊,非天帝、大神也,皆人也。"(《潜书》上篇下《抑尊》,《潜书校释》第 94 页)以下即描述尧舜的"平民天子"形象。明人好说"堂陛",如批评"堂陛悬绝",亦(君臣)距离论,包含着"抑尊"的要求。无论明清,都不乏见识迂腐者,即令其人是公认的哲人名士。吕坤伦理见识之陋,体现在诸如《小儿语》《闺范》一类通俗读本中。柳宗元撰《六逆论》,说《春秋左氏》载"六逆"之说,曰"贱妨贵、少陵长、远间亲、新间旧、小加大、淫破义",以此为"乱之本"。柳氏以为"少陵长、小加大、淫破义""固诚为乱",其他三者不必曰"乱",涉及"择嗣""任用",乃"择君置臣之道,天下理乱之大本"(《柳宗元集》第95—96页,中华书局,1979)。吴应箕却不以为然,撰《六逆论辩》,指柳氏之说"所以长天下之乱而不通于理"(《楼山堂集》卷八)。涉及经/权,吴氏的驳论不无道理,由现代人看来,却像是由柳氏理论立场的后退。

何心隐《论中》曰:"君者,均也。君者,群也。臣民莫非君之群也,必君而后可以群而均也。"(《何心隐集》卷二第32页)更以"群""均"为普遍的伦理原则而躬亲践行之。《明儒学案·泰州学案》说何心隐"谓《大学》先齐家,乃构萃和堂以合族,身理一族之政,冠婚丧祭赋役,一切通其有无",且"行之有成"(第704页)。① "一切通其有无",即在明末大儒那里,也未之见。何氏的"激进改革",当其时即难以复制。

王夫之说:"礼何为而作也? 所以极人情之至而曲尽之也。"(《读通鉴论》卷二五,《船山全书》第十册第946页)一部《周礼》,其中的世情与人情体察,随处可感。至于古代中国涉及伦理关系的诸种经验、世故谈,多半可归之于应对普遍伦理困境的智慧。上文一再引用的清代陈宏谋编辑的《五种遗规》,其中的《养正遗规》《训俗遗规》等,即可谓世故大全,可据以了解传统社会人生在世有可能面对的诸种问题及久经积累世代相传的应对之策。作为应世、应事的技巧,"世故"中往往有对世道人心深切或也痛切的体察。

陈确以为"骨肉之间,绝无是非可讲,惟有至诚感动一法"(《与刘子本书》,《陈确集》文集卷三第134页)。也一定有即"至诚"也不为所动者,每见于家人骨肉间。颜元也说,"家人事但以不辨为是"(《颜习斋先生言行录》卷上《学人第五》,《颜元集》第637页),为此不妨装聋作哑。颜元答别人问"家变",说:"舜之化家也,其机在不

---

① 参看《何心隐集》卷三《聚和率教谕族俚语》《聚和率养谕族俚语》。

见一家之恶。"为对方计，"须目盲、耳聋、心昧，全不见人过失，止尽吾孝友"，如此，"方可化家而自全"（《颜元年谱》第 51 页）。王源所见不远于此，在他看来，"父母兄弟之间，只可言情不可论理，一论理则有是有非，是非之见横于中，未有不贼恩者。一味言情则是非泯，是非泯则和悦生，久之而非者亦化为是矣"。只是对妻子应有不同："若于妻子则不可失之宽，又不可失之严，恩威并济可耳。"（《或庵㝷语》，《居业堂文集》卷二〇）王氏志在经世，涉及妻子，也仍不失迂儒面目。所有这些世故谈，通达中也有无奈的吧。

唐朝张公艺的"忍"无疑具有话题性。[①] 陈献章有《忍字赞》，谓"七情之发，惟怒为遽。众逆之加，惟忍为是。绝情实难，处逆非易。当怒火炎，以忍水制。忍之又忍，愈忍愈厉。过一百忍，为张公艺。不乱大谋，其乃有济。如其不忍，倾败立至"（《陈献章集》卷一第81—82 页）。陈氏所谓"忍"，不止用在家庭，却也一定用在家庭。为睦族而竭力息争，不能则忍。但即"动忍百端"，也未见得总能应对家族伦理之困。顾炎武录《五杂俎》言，对张公艺的"忍"不谓然（《日知录》卷一三"分居"条，《日知录集释》第 331 页）。冒襄祭其亡妇，写到其妇较自己更能忍，却一忍再忍，以至忍无可忍，终于"抑塞填胸以死"（《祭妻苏孺人文》，《巢民文集》卷七）。

明代君主表彰所谓"义门"，浦江郑氏可为标本。《国榷》元至正十九年，宋龙凤五年五月，吴国公（即朱元璋）"旌浦江郑氏，复其家，手书'孝义门'"（卷一第 285 页）。[②] 至于浦江郑氏所以能累世同

---

① 《旧唐书》卷一八八《孝友列传》记张公艺"九代同居"，高宗"亲幸其宅，问其义由。其人请纸笔，但书百余'忍'字。高宗为之流涕"。

② 浦江郑氏由南宋建炎到明初，九世合族，同居共爨。洪武十八年明太祖赠匾"江南第一家"，是所谓"义门"（即以"孝义行为"或"累世同居"受到朝廷旌表的家族）。关于"义门"的演变，参看黄宽重、刘增贵主编《家族与社会》中杜正胜《传统家族试论》一文"家族宗族之凝聚与累世同居"第 70—81 页。杜氏认为"义门"含义的改变，"也代表时代风气的转移"（第 73 页）。关于明代"义门"，或延续至明代的"义门"，参看《明史》卷二九六《孝义列传》。

居,也无非奉行"忍"字诀的吧。据说郑绮(号冲素处士)最孝,"初娶丁氏,甚爱之,以馈姑食稍缓,姑恚,即出之。重娶阮氏,与其妣不相能,复出之。或谓其甚,绮曰:'以一妇人故使一家乖戾,绮义不为。'身素强亡疾,一日晨起,沐浴冠服拜先祠,针大指出血滴酒中,召子姓列饮之,矢曰:'子孙有异志,不共财聚食者,天殛之。'语毕而逝"(《国榷》卷一第 285 页)。这就不止于"忍",且"睦族"而以牺牲自己的生活、更以牺牲妻子为代价——这代价是否过于沉重?也因此对于所谓"义门",倡导愈力,愈见出罕见稀有。为当局悬为楷模者,与普遍的伦理经验背离。

王夫之一向有洞悉情伪的犀利,他直指有关记述的"夸诞""不实",此种表彰的不足以"正人心、厚风俗"。他在《宋论》中写到宋代江州陈竞九世同居,太宗岁赐以粟,说那不过"闻唐张公艺之风,而上下相蒙以矜治化"罢了。天下九世同居者,不过取经济活动的便利,"未可遽为孝慈友爱,人皆顺以和也"。至于张公艺式的"忍","夫忍,必有不可忍者矣"。有关陈竞的记述,"溢美"而"诞",其效果,无非"率天下以伪"(卷二,《船山全书》第十一册第 62 页)。

据已有的研究,累世同居的所谓"义门",到明代已不为时所尚。明代官府所表彰的,或许更是有关的原则,强调家族中的凝聚、一体感,痛痒相关、命运与共。

本书上文中的夫妇故事,自然在家族中展开。不完满的夫妇关系,多半因了预先给定的条件。易堂魏礼对儿辈说:"春秋秦、晋世为婚姻而世寻干戈,今人甫联姻则仇衅渐开,嫌隙无已,用'秦晋之好'语最是的切耳。"(《示儿辈》,《魏季子文集》卷九)说的更是婚姻关系赖以缔结的家族背景。女性所应对的家庭关系,"姊妹"外尚有"姒娣""姑嫂"等,吕坤《闺范》所列诸目。该书表彰女子之贤者,所举各例,无非为儿女子说法。进入婚姻的女子,于处舅姑、嫡庶外,"姒娣""姑嫂",均为世俗所认为难以处置得宜的亲族关系。这也是女子特殊的伦理困境,受到的关注却更少。古代中国诸多婚姻悲剧演出的上述舞台,生当其时者无以回避。

女性生存处境,仅由古代中国有关"妇道""女德"的大量论述,也不难得知。班昭《女诫》为女儿计,不取"绝异"而宁取"庸",亦传统社会积久的生存智慧。此《女诫》未尝不可读作女性自我保全的一套生存策略,所针对的均为某种具体的风险,足证女性生存条件之严酷。以母亲而为女儿计,如此如此,这般这般,才能不为舅姑所恶、叔姑所嫌、夫君所弃,累及家族,以致离散六亲。此种用心,尤可由《敬顺》《曲从》等章知之。"姑云不尔而是,固宜从令;姑云尔而非,犹宜顺命。勿得违戾是非,争分曲直。"(《曲从》)至于嫂、妹,则"体敌而尊,恩疏而义亲",宜百计"和之以求亲","笃好"以"结援",方能远谤(《和叔妹》)。由此多方面地揭示了妇人的生存条件,此条件之苛刻,对妇人命运的影响,甚至"决定性"的影响。出于利害的考量,"过来人"的经验与体察,为其女计虑之周详,的确是一片慈母心肠。由此篇看,女性的自我"克治",不能不是自我压抑。

陈宏谋编辑《五种遗规》之《教女遗规》卷一《曹大家女诫》陈按:"至于近世女子,好华饰,趋巧异,几几乎以四德为诟病。"陈乃乾隆朝人,所见如此。当然,此种议论几于无朝无之,不可太当真,却也仍可以想到,五四新文化运动虽缘"外铄",亦积渐所至,有内生的动力。而如李贽、俞正燮等的那种破俗之论,也几于无代无之,且各有影响,只不过未成"主流"而已。思想史的去取,规范了我们关于古代社会的认知,不免于偏蔽,但"基本事实"并不难了解。

据《尚书·尧典》,舜父瞽瞍顽,后母嚚,异母弟象傲。舜于极端的伦理困境中,"终身慕父母","象忧亦忧,象喜亦喜"(《孟子·万章上》),出乎人情之常,实在难以仿效。也因其"极端",几于无以复加,才更有说服力,到本书所论的时期,仍未失示范作用。[1] 清初颜

---

① 刘宗周对于《尚书·尧典》的有关记述存疑,以为"父顽、母嚚、象傲"有夸大不实处,可备一说(参看刘氏《学言上》,《刘宗周全集》第二册第452页)。

元的伦理处境,就令人想到舜。① 对于不止于舜,另如汤、武的伦理缺憾,颜元有一番议论,说:"此君子有憾之道也。试观天地之大也,天地正以有憾见其大,圣人正以有憾见其神。"(《四书正误》卷二,《颜元集》第 167 页)这议论自有精彩;亦如其说"偏胜",包含了古代知识人在人事方面的智慧。但如上文所引他所建议的应对伦理困境的策略,不也无异于乡愿?

上文谈到士大夫的家训。家训一类文字教孝教悌之谆切,正因了伦理缺陷的普遍,孝、悌的稀有难能。孙奇逢熟谙人情,用《老子》语,说"大道废而后有仁义,六亲不和而后有孝慈"(《语录》,《夏峰先生集》卷一三第 546 页。按《老子》原文为"大道废,有仁义","六亲不和,有孝慈"),见识有其一向的质朴平易。张履祥感慨于"今兹家庭骨肉之间,日见乖张"(《答陆孝垂》,《杨园先生全集》卷六第163 页)。孙、张其时均称粹儒。或许应当说,伦理缺憾要由这样的儒者,才表述得格外深切、痛切,传达的未见得不是同一时期知识人的普遍经验。

我已在其他场合,提到魏禧致书方以智的三个儿子,为他们的避祸计虑周详,令人想见方氏兄弟处境之凶险。那些可能的侵凌正应来自族人、乡人,即所谓的"利益攸关方"。魏禧的易堂友曾灿也说:"五伦至今日澌灭尽矣,父子兄弟之间,生而视为秦越人,其或为仇雠者皆然。"(《彭躬庵先生与梁质人书跋》,《六松堂诗文集》卷一三)也如说盛衰,这本是士人的常谈,未必可以据此断定其时的家庭状况;在论者,却未尝没有切近的经验作为根据。不同于现代社会,传统社会的家庭、家族之于其中人物,更有支配力;而来自家族内部、家庭内部的伤害,较之于外部的,创伤更难以平复,影响于当事者也更深且久。

应当说,上文所引文字或有渲染太过的那种情况,却一定有更为

① 吕妙芬在其《颜元生命思想中的家礼实践与"家庭"的意涵》一文中已有分析。该文收入高明士编《东亚传统家礼、教育与国法》。

大量的情事被刻意隐匿。王夫之《读通鉴论》写到唐朝安史之乱，说"我不知当此之时，天下之彝伦崩裂，父子、妇姑、兄弟之间若何也！史特未言之耳"（卷二四，《船山全书》第十册第929页）。史所未书、不书者，何止这些。古代知识人涉及人伦的丑陋、残酷，通常讳莫如深。也因此，如下文将要谈到的冒襄那样的披露，并不多见。收入《巢民文集》卷七的《祭妻苏孺人文》《告祖父墓文》《雷徵告二弟文》，将冒氏家族内部冲突、冒襄所体验的人伦缺陷，展示得怵目惊心。《祭妻苏孺人文》由其妇所历艰窘，写家族关系之复杂，长子、"冢妇"处骨肉之难，痛心处，几于字字血泪。那应当是隐忍既久后不可遏抑的喷发。写其妇，亦即写他自己，写其夫妇所共同承受的辛劳，委屈，难堪。由冒氏的上述文字看，其夫妇的困境，更在处兄弟，以及处姑（冒氏父之妹）、姊。"我热如火，彼冷如铁"云云，则指自己与他的两个弟弟。冒氏在祭文中一再提到其父的"遗言""遗教"，写到其妇的念兹在兹。看来此种承诺在冒氏夫妇，是太过沉重的伦理责任，却在付出了重大牺牲后，终不能"融融泄泄"。由此可知，冒襄的生活中，不但有贤德的妻、明慧的妾，另有种种与利益有关的世俗纠缠。士大夫处家人骨肉——尤其冒氏这样的大家族——难矣哉！冒氏说"年来无一事可以自主、自必者"（《祭妻苏孺人文》）：长子、冢妇在家族中竟也如此！

士大夫与家族有关的文字，涉及萧墙之内，不免有讳饰，未必可以据信。即如冒襄写自己的母亲，说因有此慈母，"三世内外大小，咸融液于慈祥恺悌中，门内蔼然，女妇无一疾容厉色"（《老母马太恭人七十乞言》，《巢民文集》卷七）；但由他本人祭其妇的文字看，并不尽然。冒氏兄弟间的矛盾，就与做母亲的有关；间接地，也造成了冒氏妇处境的艰难（参看同书同卷《祭妻苏孺人文》）。

冒氏祭文所写种种，其实不过传统社会家族内部关系的常态，只是经了冒氏的笔，更像是创巨痛深罢了。人们但知冒氏的"艳福"，与董小宛之为"神仙伴侣"，却不知这对爱侣仍在凡间，处人伦有如此不可愈合的创痛，不能弥缝的缺憾。由此看来，对所谓"名士"，真的不宜想象过度。仅据《板桥杂记》之属，即以为那些人物一味浪漫，不须食人间烟火，是大大的误解。

士大夫家族文献，固有族谱、家传等体裁，格于体例，往往剪裁太过。士大夫伦理生活更细致微妙的方面，仍然要向他们文集中的其他文字搜寻；尽管那些文字或仍不能免于刻意的修饰或隐藏。对于无论族谱、家传还是文集中的其他相关文字，都不妨随时想到那些家族故事是有选择地讲述的，往往只是在极有限的面向上。伦理规范与（族谱、家传等的）久经形成的文体规范，都排除着某些内容，使不能进入。出自后人的冒襄年谱中，就没有提供兄弟失和的线索。

大儒身后也并非都能平安。王阳明子嗣间的争斗即一例（参看《明史》卷一九五本传）。其高弟王艮与同门间的书札，写到处置王阳明的家事，所见"众妇"间的复杂关系，王氏后人（"先师一脉之孤"）的孤危处境，及王阳明同道、门人介入的情状。[1] 儒者往往陷于此种讽刺性情境。王阳明身后、张溥身后，门生故吏扮演的角色，自觉承担的对于其师长的伦理义务——不止对于其师长，未必不也是在尽整顿礼法的社会责任。

我已引过方文那句锋利的诗："五伦最假是君臣"（《舟中有感》，《方嵞山诗集》卷七第253页），实在是洞见情伪之言。说穿这一点，确也要有一管尖利的笔。其实五伦假的岂止君臣！大儒说君臣以"义"合，实则更多的情况下，乃以"利"合；其易于假，是自然的。凡以利合者，无论夫妇、兄弟、朋友，还是师弟子，何者不假！父子也非例外；觊觎其父财产的，那"孝"的假不问可知。当然，对五伦中的任一伦的真假，都不宜作一概之论；有真有假，才更成世界。况且斤斤

---

[1] 参看《王心斋先生遗集》卷二《与薛中离》《与欧阳南野》等。王艮年谱（同书卷三）亦记王阳明死后，王艮"约同志经理其家"；王艮"如会稽经理阳明公家，携正亿赴金陵托黄久庵公"（嘉靖七年、十一年。按正亿为王阳明子）。王阳明多子（配吴氏尚生有五子）；所谓"一脉之孤"，应指正亿之母所产子。

于真假之辨,视角也太过狭隘,或助长了苛酷不情。方文所说,系愤世嫉俗者之言,无非恨有明三百年,未得所谓的"养士"之报,思想根柢难免迂陋。但看清了危机时代的诸种作伪、矫情,迫于伦理压力的"表演性"的,不止方氏。本书上文就不乏适例。

关于明清之际士大夫所面对的伦理困境,我已多处论及(如《明清之际士大夫研究》附录的《由〈鱼山剩稿〉看士人于明清之际的伦理困境》,《想象与叙述》第一篇《那一个历史瞬间》中《裂变的家族》等)。那是"鼎革"间"崩解"的大主题下的子题。其实家难、家变(如发生于钱谦益身后的),即平世也随时发生。只不过世乱、国变,提供了特殊背景罢了。士人确也暗中将自己的个人选择与这一历史时刻联系起来。"家变"虽未必系于"国变",但在罹此"变"者,其创痛却不能不相关。那些伦理事件遭遇了"天崩地坼"的历史瞬间,获得了某种指涉功能,被作为了"动荡时世"的注脚,甚至直接就是"动荡"的一部分。将个人性的伦理事件由象征层面解释,认为所关涉的不惟"风化",而是当世的治乱,也不惟"动荡时世"为然。但如明清之际这样,诸种伦理事件——至少在我的研究视野中——如此集中地出现,令你不能不提供解释。

至于自我放逐,如顾炎武的出走,如易代之际的一系列出走,所欲摆脱的,可能更是所处的伦理环境。出走的男子们将这隐秘的动机透露了(参看拙著《制度·言论·心态——〈明清之际士大夫研究〉续编》上编第三章"游走与播迁")——无论出走者所宣称的理由如何,借了何种名义。"寻亲"故事中的被寻之亲,其心愿通常是被有意忽略的。如若出于自主的选择,那故事就有了讽刺意味,证明了伦理之网无所不在的笼罩。苦行,自虐,既是出走者的选择,也是出走的一份代价,未见得不"痛并快乐着"。"王纲解纽"所造成的行动自由,潜在地侵蚀着家庭(家族)壁垒。当然,有人假"流离"而放弃(家族、伦理义务),也有人则挟了家族、"伦理秩序"流离。如孙奇逢率领戚友的大规模避地。"避世""避地",动机也有可能在岁月里暗中转移。① 冒襄写了在"流离"中走过劫难,走出厄运;孙奇逢的《日谱》,则给人看到了经由流离、播迁而度越"易代"过程中的苦痛,达致澄明与温煦——一个老人暮年所期待的佳境。

应当承认,上文所提到的拙著有关章节汇集的有关"裂变""崩解"的材料,系预设了前提后定向搜索所得,不足以概其余。无论父子、夫妇,均有互动(而不止"主从"),有关系形态的多样,有常/变,经/权,理论形态/伦理实践间的缝隙——尤其当着世乱时危。社会肌体的弹性,部分也基于此。凝聚与分化,黏合与瓦解,是日常过程。此外也确有突变乃至剧变,有爆发于瞬间的异动。见诸文献,大有违礼背法不情的事例;写入小说戏剧的,往往也是此类情节。常态的家庭、夫妇,较难被作为记述的对象,郑鄤杖母、徐渭杀妻一类伦理事件,足以刺激公众味觉、耸动舆论。这种情况,易地而皆然,不同时代也大同小异。士大夫(包括儒家之徒)家门之内,并非都气氛肃杀。方以智状写其伦理生活,说"天伦师友,群居丽泽,一室自娱,诗书交古……"(《读书类略提语·寄吴子远舅氏》,《通雅》卷首二第 33 页)。父子兄弟雍雍穆穆,夫妇琴瑟和鸣,母子泄泄融融,由士人文字看,也未见得稀有。事实想必是,纵然在"天崩地坼"的"历史瞬间",未失黏合性的,仍然更是家庭及相关伦理。而那些相沿已久的经验与世故依旧发挥着缓解压力、维系人与人的关系的作用。只不过绝无缺陷的人伦,无论古今,都只存在于虚构悬拟中,是可以相信的。

处元明之际的郑思肖,说:"夫君臣、父子、夫妇、兄弟、朋友,人伦也,鞑人皆悖其天,诚禽兽不若,宜其有臣弑君、子弑父之事,此夷狄之所以为夷狄也。"(《大义略叙》,《郑思肖集》第 188—189 页)明太祖起兵反元,声罪致讨,说的也是其"废坏纲常",诸如"废长立幼"

---

① 孙奇逢与其族人、追随者逶迤南行,寻找的更是理想的生存空间,本无意于避"清"。因此系在平原上流动,而非流向深山更深处。

"以臣弑君""以弟鸩兄""弟收兄妻""子烝父妾",且"上下相习,恬
不为怪"(《明实录·太祖实录》卷二六第 402 页)。其中"废长立
幼""以臣弑君""以弟鸩兄"系政治斗争、宫廷阴谋,烛光斧影,其他
朝代亦有。而"弟收兄妻""子烝父妾"则可能系民族习俗;且汉民族
也有类似事例。

朱元璋对于元代弊政,一再强调的,是"污坏彝伦,纲常失序"
(洪武三年三月,《明实录·明太祖实录》卷五〇第 987 页);指摘元
破坏等差秩序,"闾里之民,服食居处,与公卿无异,而奴仆贱隶,往
往肆侈于乡曲,贵贱无等,僭礼败度",以此为"元之失政"(洪武三年
八月,同书卷五五第 1076 页)。由今人看来,"纲常失序""贵贱无
等",未见得都是坏事。

满人入关所带来的变异,是又一论题。由某种眼光看去,是否也
有可能成为某种"契机"?只是稍为深刻的变化,并未如期而至
罢了。

日本学者注意到,汉代以后"家人"一词被扩大使用,"意义上成
为包括非血缘的私家贱民在内的概念"(尾形勇《中国古代的"家"与
国家》中译本第 55 页)。此义该书一再说到(参看第 154—155 页)。
本书所谓"家人",不包括"私家贱民"这一种用例,也不将主/奴作为
"家"内关系。尽管明代确有家奴,对奴仆,确有"家人"之称。此"家
人"固非彼"家人",也是士大夫"生活世界""家庭环境"的一部分。[1]

关于明清鼎革中的主奴,我在《想象与叙述》中《那一个历史瞬
间》一篇已有涉及。明代江南蓄奴之风颇盛。《日知录》卷一三"奴
仆"条,说"人奴之多,吴中为甚。其专恣暴横,亦惟吴中为甚"(《日
知录集释》第 325 页)。"专恣暴横",说的是豪奴。"纪纲仆"坐大,

---

[1]　明朝限制蓄奴,即有"义男""义妇"之称。雍正四年有开豁世仆的政策,但效果有限,
　　"贱民阶层仍然在许多地区广泛存在"(阿风《明清时代妇女的地位与权利——以明
　　清契约文书、诉讼档案为中心》第 149、183 页)。

甚至夺了主子的产业,传统社会从不稀有。鲁迅说:"专制者的反面就是奴才,有权时无所不为,失势时即奴性十足。……做主子时以一切别人为奴才,则有了主子,一定以奴才自命;这是天经地义,无可动摇的。"(《南腔北调集·谚语》,《鲁迅全集》第四卷第 542 页)明清易代间的主奴,正可为此作注脚。

张履祥批评当代风气,说:"近世仆人忠谨固少,主人待之非理亦甚。"(《训子语》下,《杨园先生全集》卷四八第 1373 页)丁元荐《西山日记》卷下《家训》,记其曾大父每至秋获,即"周旋田亩间,与村父老娓娓欵洽,至有携鸡豚新酿、炊新米为饷"者,"岁以为常"。同书记臧继芳(尧山):"从祖举之仆郎华者,与臧尧山先生争田,讼之邑令,断田归华。从祖率华请罪,尧山先生呼华曰:'讼若胜耶,终是人仆;吾即诎,不失为乡先生。'饭从祖而笑遣之。雅量如此。"(卷上《德量》)丁元荐乃万历间人。或许到了张履祥的时代,淳厚的乡俗已渐成过去?

陈宏谋编辑《五种遗规》之《训俗遗规》卷二《沈文端公驭下说》,录沈鲤关于控驭仆从的一番议论,亦可测知这一方面的流弊。同书《教女遗规》卷下《王孟箕家训御下篇》描摹虐待仆婢的种种情状,以为警诫——足见此种事例之多,手段之残虐(按王孟箕,王演畴)。凡此,既可置诸民变、奴变蜂起的背景上,亦可联系于士夫对暴力的一般态度,及对"主—奴"关系的反省来解释。

另有党争、学派、宗门之争影响于知识人伦理处境的例子。黄尊素死后,其遗属为地方势力所挤压,刘宗周曾挺身而出为之解困(参看黄宗羲《子刘子行状》《思旧录·刘宗周》)。《日知录》:"《三国志》言:冀州俗,父子异部,更相毁誉。今之江浙之间,多有此风。一入门户,父子兄弟,各树党援,两不相下,万历以后,三数见之。此其无行谊之尤。"(卷一三"父子异部"条,《日知录集释》第 331 页)宗派影响于父子兄弟,或非明代所特有,却有可能以明代为突出。

更有借诸伦理事件的政争。有明一代,围绕"夺情"而起的争议此起彼伏。明末朝堂之上,争论双方言辞之激烈,似不容对方有辩驳的余地。看起来似乎是,愈到了世乱时危,所谓"正人"愈恪遵礼法,而此种题目也愈为政争所利用。[①]

吴应箕说:"余追溯东林所自始,而本之于争夺情者,以其为气节之倡也。"争的是张居正的"夺情";而以邹元标为关键人物。吴氏认为天启党祸"实发难于吉水"(《楼山堂集》卷七《国朝纪事本末论·江陵夺情[以下东林本末]》。按吉水即邹氏),亦时人的一种议论。《明史》记黄道周、杨嗣昌等有关"夺情"的朝廷辩论,杨氏自我辩护,说的是"臣不生空桑,岂不知父母。顾念君为臣纲,父为子纲,君臣故在父子前"(卷二五五黄道周传)。卢象昇关于夺情,持论却正相反:"人臣无亲,安有君。"(卷二六一卢氏本传)明末因军事需要而夺情视事者,尚有袁崇焕(见《明史》本传)。[②] 也应当说,朝廷政治中有关"夺情"的一再争持,虽往往有政争、党争的背景,也确与士人、儒者的不同理念有关——无非本书《父子及其他》一篇已经讨论过的"忠""孝"孰为先。

家庭伦理在政争中被作为口实,崇祯朝"郑鄤杖母"一案,最是著例。一时的大儒,颇有欲为郑氏脱罪者,亦明末政治生活中引人注目的一景。黄道周正是将郑鄤杖母与杨嗣昌夺情并论,指责崇祯"孝治天下",如郑氏这样的"缙绅家庭小小勃谿,犹以法治之",而杨嗣昌的夺情,"冒丧致伦,独谓无禁,臣窃以为不可"。黄氏还指杨嗣昌"呼朋引类,竟成一夺情世界"(《明史》黄道周传),即使因此获罪

---

① 关于明末围绕"夺情"的争持,参看《明史》卷二五二杨嗣昌传、卷二五七陈新甲传、卷二六一卢象昇传等。按"夺情",即朝廷征用尚在服期中的官员从事政治或军事。这种征用往往被指为不尊重"礼"的有关规范;而应征的官员,则被由热衷于权位的方面指摘。

② 崇祯十一年,黄道周疏论杨嗣昌、陈新甲"夺情",亦借此反对和议(参看《黄道周年谱》页15—16)。由樊树志的论述看,黄等的议论适足以加速明亡(参看樊氏《晚明史[1573—1644]》)。这当然是今人的见识。

而不恤。刘宗周则径说据"诬告"治郑氏罪,无非袭"向者驱除异己之故智"(《微臣身切时艰敢因去国之辙恭申慰悃兼附刍荛之献疏》,《刘宗周全集》第三册上第165—166页)。事后黄宗羲说自己详询之于"公卿之贤者",证实郑氏确系冤狱(参看其《郑峚阳先生墓表》,《黄宗羲全集》第十册第271页)。

关于郑鄤其人,当其时风评不一。陈子龙自撰年谱,说郑氏"多才艺,依附正论",与黄道周"同馆交善"。"然其人贪险,内行不修,无乡曲誉",黄道周不知情而已(《陈子龙诗集》附录二《陈子龙年谱》卷上第655页)。接下来即对郑氏的无行举例证明。但陈氏说的是郑氏品行,与"杖母"一案无关。全祖望以为"郑鄤一案,当主梨洲先生之说",李清《三垣笔记》"所言太过"(《跋三垣笔记后》,《鲒埼亭集》外编卷二九)。①

刘宗周、黄道周领袖人伦,其对郑鄤杖母一案的反应,固然与政见有关,却也不便仅由此解释。鲁迅熟于晚明掌故,相信郑氏系为谣言所杀,说有人不过"说着玩玩,有趣有趣的。即使有人为了谣言,弄得凌迟碎剐,像明末的郑鄤那样,和自己也并不相干,总不如有趣的紧要"(《世故三昧》,《南腔北调集》,《鲁迅全集》第四册第590页)。

李慈铭批评《明季北略》的有关记述,说"自来名士取祸之酷无过峚阳(按即郑氏)",自己阅《明季北略》所载郑临刑前"竹畚跣足"及凌迟处死的三千八百刀,"辄为酸鼻","而《北略》又言剐后零肉京师药肆中竞买之,以五十年节义文章之身,一旦尽为药料","语涉谐戏,为此言者,殊无人心"(《越缦堂日记》第四册《孟学斋日记》甲集·首集下第2506—2507页)。其实那不过是大众趣味而已。政争

---

① 关于李清所言,见《三垣笔记》卷上。张鉴却以为李清在三垣,"事多目击,议论较为有据"(《冬青馆甲集》卷六跋,参看谢国桢《增订晚明史籍考》卷八第362页)。《恸余杂记》的作者史惇乃不满于东林者,该书以郑鄤为小人,谓其行为颇不堪,以为君子可欺以方,黄道周即为郑所欺(《恸余杂记·黄石斋 郑鄤》第69页)。

赖以造势的,从来是这种热衷于围观杀头的民众。①

家庭伦理为政争所借口,另有其例。黄宗羲《思旧录·倪元璐》提到刘孔炤为报复倪氏,以"出妇"讦倪氏去位(《黄宗羲全集》第一册第 343 页)。《柳如是别传》引《明史》倪元璐传所记上述事例,佐证嫡庶问题的严重性,说幸温体仁已死,否则将嗾使党羽"告讦"钱谦益,"科以'败礼乱法'之罪"(第四章第 637—639 页)。清初汤斌复陆陇其书,批评有人"心未究程朱之理,目不见姚江之书,连篇累牍,无一字发明学术,但抉摘其居乡居家隐微之私,以自居卫道闲邪之功夫,讦以为直","舍其学术而毁其功业,更舍其功业而讦其隐私"(参看《陆子全书·三鱼堂文集》卷五《上汤潜庵先生书》附录)。虽并提程朱、姚江,实则专指阳明。同札还说,"自古讲学,未有如今之专以谩骂为能者也"。其实从来有此一种"世情",从来有此一种攻讦政敌的手段,不独清初为然。王夫之《读通鉴论》提到欧阳修"困于闺帏之议",作为"细行不矜,终累大德"的例子(卷二四,《船山全书》第十册第 931 页)。按《宋史》本传,"修妇弟薛宗孺有憾于修,造帷薄不根之谤摧辱之";还说"修以风节自持","数被污蔑"。则欧阳修即谨言慎行,未见得逃得了"污蔑"。政治对家族伦理的援引、征用,往往目的明确:使某人身败名裂。不止于人格之玷,而且如郑鄤一案所示人的肉身的消灭——即今人所谓"毁灭性的打击"。

<hr>

① 《明季北略》卷一五"磔郑鄤""郑鄤本末"条,录有相关记述及时论。谢国桢《明清之际党社运动考》说:"那时候记郑鄤杖母事的书很多,流传下来的有《扶轮信史》、《渔樵话》、《郑鄤话》、《郑鄤本末》、《放郑小史》,诬辱他的很多。"(第 66 页)不难想见此种事件被公众围观的情景。

余论之二

梁启超《中国文化史·社会组织篇》第七章"乡治"引《周礼》《管子》，说前者所说，"重在乡官"；后者所说，"重在乡自治"（《梁启超全集》第九册第 5104 页）。"乡治之善者，往往与官府不相闻问，肃然自行其政教，其强有力者且能自全于乱世，盗贼污吏，莫敢谁何。"（同上第 5107 页）"此盖宗法社会蜕余之遗影，以极自然的互助精神，作简单合理之组织，其于中国全社会之生存及发展，盖有极重大之关系。"（第 5109 页）①梁氏关于乡治的想象，未免过于理想。即如梁氏同篇提到的"乡饮酒礼"，台湾学者邱仲麟就有极细致的考辨，将其实践层面的弊端以至丑行，揭示无遗。②

萧一山《清史大纲》也说，中国社会"政府和人民截然为两事，国家和宗族也是不相调协的"，人民的维系"全靠以宗法为背景的乡治"（第四章第 81 页）。该书以为，"中国社会由宗族而聚为乡村，因为生产事业的便利，各自成为部落，借宗法的关系来实行'乡自治'。城市不过是政府设治的地方，或工商业类聚的地方，在政治组织以外，仍属自治的性质。政府对于城乡自治的事业，虽有干涉之权，却少干涉之实，法令规定，也都是因利就便而已。此种制度，从周秦以来，就有很好的规模，年代久远，变化颇多，但大体仍不甚悬殊"（第

---

① 同篇还说，古代乡治，"其精神则在互助，其实行则恃自动，其在于道德上法律上则一团之人咸负连带责任，因人类互相依赖，互相友爱互相督责的本能而充分利用之潜发之，以构成一美满而巩固的社会，此乡治之遗意也"（第 5105 页）。

② 参看氏著《敬老适所以贱老——明代乡饮酒礼的变迁及其与地方社会的互动》，刊台湾"中央研究院"《历史语言研究所集刊》第七十六本第一分（2005）。

四章第 82 页）。还说:"平时一般的乡治,以宗祠为基础的最多。"（第 83 页）"自清末受东西洋的影响,行'官办的自治',所谓'代大匠斫必伤其手',固有精神,也就渐渐丧失了。"（第 85 页）该书的"结论"部分有如下文字:"旧社会原有自治的规模,乡里的道德,被推主持其事,权力很大,所以人民对于官府,除纳粮兴讼外,几乎全无关系。自清末抄袭日本的成法,颁布自治章程,由官代办,这真是削夺民权,摧毁几千年社会的基础!人民只有听任与官府勾结的'士绅'摆布,正人敛迹,游滑横行。""现在要实施宪政,必须恢复从前的自治规模,由政府指导监督,少用干涉政策,尤须铲除土劣,改善人民生活,使一般老百姓有胆量有闲暇来参加政治。"（第 270 页）此种主张,至今仍有启发性。

上述与"自治"有关的论述,或显或隐地,将乡绅的乡村治理,作为了对于王朝政治制约、抗衡的力量。中央/地方,集中/分权,"地方"作为与"中央"博弈的一方,确也赖有较小的单位,家族、宗族以至村落,等等。乡村的"自组织",通常由乡绅倡首,任"组织"之责,如下文将要提到的当代小说《白鹿原》中的白嘉轩。最初的"自治",可能由于中央权力不能抵达"基层社会",而乡绅、乡村知识人"自治"的自觉,亦应在此过程中形成。宋代以降,儒家之徒于此尤有"主动性"。杜正胜《传统家族试论》说宋元以下有"新的宗族结构出现","新式宗族是由许多核心家庭、主干家庭或共祖家庭组成的,共财单位很少超出同祖父的成员,但通声气、济有无的范围却可以远过于五服"。其基础至少有四:族谱、义田、祠堂、族长（黄宽重、刘增贵主编《家族与社会》第 81、83 页）。该篇关于以族谱、祠堂、义田、族长为标志的"宋元以来的新宗族",着眼于其辅助国家治理的政治功能。

罗志田引陈独秀语:"上面是极专制的政府,下面是极放任的人民";引吴天墀所说宋以降的中国社会"君权独尊之下,万民转趋平等"（《南方周末》2013 年 4 月 25 日 E30 版）,所取角度（如"平等"）有所不同。我们曾经习闻"一盘散沙",这里却不妨追问"一盘散沙"

利弊若何。国家的行政力量无远弗届,无孔不入,是近半个多世纪才做到的事——其得失是否也有讨论的余地? 由上文看,"一盘散沙"的说法未见得准确,更像是由官家的角度。实则平世守望相助,板荡之际捍卫乡邦,确曾赖有民间积久的力量。至今边缘人群如进入城市的农民工,据说往往"团聚"于城郊,仍依赖此种传统的"社会资本"(血缘、地缘、亲缘)自我保护、相互扶持,以应对"转型"的巨大压力。在国家权力未及、不能及的地方,在政治功能缺失的处所,你不能不承认民间力量的正面功能。

本书所论的时期,鹿善继说:"天下事相为则治,自为则乱;而相为自为,莫不始于家庭。"(《孝友堂谶语》,《认真草》卷八)宗族史专家认为,"尽管明代中后期社会受皇帝无为政治和商品经济的影响呈现出开放的巨大变化,但与此同时,乡绅士大夫担负起移风易俗维护基层社会秩序的重任,乡约、宗族组织的普及正是这种历史的产物"(冯尔康等《中国宗族史》第 277 页)。①

半个多世纪以来,"地方势力""宗族势力"在我们曾经熟悉的论述中,似乎较中央(皇权、中央政府)更反动。所幸相关的话题,近年来也已开放,有了重新讨论的可能。关于宗族的由政治到社会,由阶级压迫到族内经济互助,以至由自治角度的考量,未必称得上"再发现"——宗族本来就不止有政治属性,经济互助、自治也并非新话题——却是再评估,"重心转移",焦点不同。

但也必须说,士大夫本良莠不齐。据说侯方域居乡"豪横"。汪琬《题壮悔堂文集》记侯氏明末寓居金陵桃叶渡,大张筵宴,"有膳夫忤意,急叱出挝杀之,投其尸秦淮水中。是时,侯氏势方张,见者皆咋舌不敢问"(《侯方域集校笺》附录三第 627 页)。这位当日赫赫有名的风流才子,暴虐竟一至于此! 明代士人、文人因居乡豪横而招物议的,颇有其人。钱谦益、瞿式耜不过是因了政争而引人注目的例子。

---

① 关于明清时期的"宗规""族规",参看李文治、江太新《中国宗法宗族制和族田义庄》第六章"明清时代各地区宗约族规的几种形式和内容"。

刘宗周、张履祥等人善待佃仆的主张不足以转移风气，不难想见。明末风起云涌的民变、奴变，固然系"官逼民反"，亦往往为豪绅逼成。

"阶级""阶级利益"绝非虚构。从来有横行乡里、纵容豪奴恶仆鱼肉百姓的乡绅，有强宗巨族交结官府、欺压百姓（包括他族），而一些士大夫超越其"阶级利益"的"民胞物与"的情怀，也同样不是虚构。体现在"井田论"中的"均平"理想，亦古代中国知识人世代相传的理想。① 黄宗羲记其祖父主张均役，持异议者说均役"非搢绅之利"，其祖父说："吾所言者，为诸君子孙计。诸君能保后世之不降为皂隶乎？"（《黄氏家录·封太仆公黄日中》，《黄宗羲全集》第一册第408 页）实则不止为一姓计久远，更为了纾民困。从来有劣绅，也从来有"良绅"，有不劣、不甚劣之绅。判断良、劣，不便仅据占有土地的数量这一指标。仅由族内的阶级剥削，宗族势力为当局催征赋税的一面，或仅由济助贫弱、助学兴教的一面②，讨论宗族的功能均失之于偏。何况具体的宗族千差万别，乡绅所起作用也人各不同。宋元以降形成的"新宗族"，是古代中国距近现代中国较近的"事实"，在近现代的革命中遭遇了重创。终于有了可能回头检视这一"重创"对乡村社会持久的影响。至于当代中国乡村的"宗族势力"与基层政权的关系，下文将要提到的当代文学所提供的深度刻画，或许可以作为相关研究的重要参考。

此外尚有地域差异。"明清时期宗族组织以华中、华南地区为盛，华北地区相对较少。"（吕妙芬《孝治天下——〈孝经〉与近世中国的政治与文化》第 22 页）③这种情况延续到了晚近：仅由 1990 年代以来的宗族史著作亦可知。北部中国不消说亦互有差异。《白鹿

---

① "均平"非即均分，而是损有余补不足，以及公平承担赋税徭役。关于"均"的释义，我在《制度·言论·心态——〈明清之际士大夫研究〉续编》的"井田"一章有讨论。

② 兴学之外，另有其他如养济老、残，育婴抚孤，修桥铺路，战争或灾荒年间的掩骼，等等。

③ 莫里斯·弗里德曼《中国东南的宗族组织》一书说，"按中国的说法"，福建、广东较晚开发，而"当宗族明显地趋于解体或在其他地区总体上不再存在的时候"，该地区却"保持大范围的宗族结构"（中译本第 1 页）。这种情况仍有待解释。

原》所写的那种宗族面貌,似不易见之于中原地区。明代王士性在《广志绎》中,就曾提到中原地区宗法的破坏。① 这过程应曲折而漫长,其间的细节已无从还原。至于宗法破坏之于中原地区是祸是福,也仍不便作一概之论的吧。或许这种提问方式本就幼稚,发展不出有意义的论述。

沟口雄三说:"就中国近代思想史而言,清末的严复受到他自己翻译的《社会通诠》的影响,把中国的宗法制度视为文明'半开化'的封建家长制,其后,民国时期的新文化运动扬起反对宗法制度的大旗,其反宗法—反封建的话语构成了民国时期的思想潮流。而其后的思想史研究基本上是立足于这样的事实,并捍卫这样的观点的。'家长制统治'作为中国宗族制度的一个组成部分,也就被从以'相互扶助'为主轴的宗族制度整体中分离出来,变成一个独立的实体。在很长一段时间里,只要提到宗族制度,人们就立刻把它归入'家长制'这个关键词里去。而中国近代思想史也被通俗易懂地简化成了反封建、反宗法、反'家长制统治'的历史,从而,宗族制度中与'相互扶助'这样一个整体相关联的部分就在历史叙述中被遮蔽乃至被删除了。然而,在事实上,作为利益基础而支撑着宗族制的相互扶助理念和系统,即使在宗族社会被打倒之后,作为中国社会主义革命的社会伦理和系统,仍然不断变换着表象而存活着。"(《关于历史叙述的意图和客观性问题》,贺照田主编《学术思想评论》第 11 辑)

由于专业背景,在写作本书时,五四新文化运动中的婚姻、家族论述,无疑是隐隐的参照。高彦颐的《闺塾师——明末清初江南的才女文化》一书作为对话方的,是一种普遍的认知,即女性在传统社

---

① 《广志绎》卷三《江北四省》:"宛、洛、淮、汝、睢、陈、汴、卫,自古为戎马之场,胜国以来,杀戮殆尽,郡邑无二百年耆旧之家,除缙绅巨室外,民间俱不立祠堂,不置宗谱。"上述情况既因元代以来的杀戮,又因有明"国初徙民实中州时,各带其五方土俗而来"(第 230 页)。

会的漫长历史中处于被压迫状态。另有研究者面对民间社会，讨论《礼》、法作用于社会生活及其限度，礼文、成文法与伦理现实间的复杂关系，前者对于后者的规范及其"法力"、效应之外。凡此，都提供了历史想象的更为丰富的资源；即使不足以改写妇女社会地位、法律地位低下的基本判断，却发露了"基本判断"所不能涵盖的历史生活的诸多面相。也因此这一课题的进行，是我与自己的已有想象对话的过程，有助于脱出笼统、模糊影响的既有认知。也因有上述背景，写作这本书就不那么枯燥了。我的研究对象、我的研究也于此与我相关。事实是，我已进行过的任一项研究，都与我相关，只不过相关性各有不同罢了。

20世纪中国的语境中，家族、宗族被由阶级关系的方面考量，有意识形态的敏感性。关于家族、家庭伦理在20世纪经历的变动，文学有极其细致的反映。1980年代及其后的文学中，家庭、家族呈现出五四新文学作者无从想象的面貌。在《白鹿原》中，中国"传统社会"的家族、阶级关系、基层政治，形态之复杂，为前此的作品所罕见，亦不适于1950—1970年代"政治正确"的尺码度量。我无意于在这一方向上深入。1990年代以来，巨大的作品量使任何考察都不免于挂一漏万。那种考察已在我的精力所能及的范围之外。即使不直接将当代文学作为分析对象，其中包含的问题，也不妨作为本书有关考察的参照物，甚至一部分背景。即便这背景、参照物不呈现于我的学术文字间，但有此背景与无此背景，是不一样的。

回头看中国现代文学，应当说，尽管有五四新文化运动的家族批判，1930年代的革命意识形态、阶级斗争，同一时期文学中的家庭、家族，仍然有样貌的多样性。老舍《四世同堂》中的小羊圈祁家就没有"封建家长"。具有隐喻意味的是，祁家所在的胡同院落就不规整。"非标准化"，不能不使类似作品遭遇评价的难题。

在写于1995年的一组札记中，我写道："在伦理关系中读人，在宗法家族制这种最世俗人间的关系中读人，你才能读懂中国人。""到本世纪，'家族'成了文学的一大主题。但那些皇皇巨著的力度，未必及得一篇不长的《金锁记》(张爱玲)。当代中国人注视'家族''伦理'的眼光,仍不能免于畏怯,闪烁不定。但也应当说,'家族'本是一种太复杂的经验。五四式的'似决绝',是以问题的简化为代价的。"(《读人[九]》,《独语》第 227 页)尝试着走出五四,条件或许就是"新材料"与"新问题",不同的资源与问题视野。

1980 年代初,台湾联经出版了一套"中国文化新论",其大陆版由黄山书社推出。与家族有关的一辑,台湾版题作"吾土与吾民",用的是林语堂某英文著作的中文译名;大陆版则为"中国式家庭与社会":都是好题目。我们有必要修补常识。即以丛书中的这一辑而言,大可作为文史方面专业人士的"基本教材"。我们有必要自问,关于"吾土吾民""中国式家庭与社会",我们究竟知道多少?

略举一例。我们长期以来关于"封建大家庭"的印象,或可作为文学影响于历史想象与认知的例子。新文学中大家庭、大家族,或与知识分子的个人经验有关,却被作为了传统社会、"宗法制"的形象教材。杜正胜对此校正道:"学界一度流行中国是大家庭的说法,并不正确。"(《中国式家庭与社会·编户齐民》第 29 页)两岸因语境不同,发展出了不同的家族论述。大陆有关宗法、家族、"封建家族制度"的一整套话语,服务于对于革命的合法性论证,致使有关问题在相当一段时间里,失去了讨论的空间。①

---

① 本来就有修辞层面的种种"拟化"。这种"拟"自然不止于语言现象。拟君于父("君父");拟官于父(母)如"父母官""爱民如子";又拟父子、夫妇于君臣。被随处推展的,更有兄弟一伦、朋友一伦。当代更有"社会主义大家庭""兄弟国家""兄弟党"。有台湾年轻学者向我表示看不懂如上表述:家族伦理、家庭伦理泛化至于国际关系、国内民族关系、与国外政党间的关系。一方面批判"家族制度",削弱家庭功能,一方面将家族伦理、家庭关系作如此(即使只是象征层面的)延展,是一种需要解释的现象。这位台湾年轻人提醒了我。来自"外部"的视角,的确能察知我们因浸润其中而失去了感知能力的面向。

回头看我自己写于上个世纪八九十年代之交的《地之子》，虽有"农民文化"之目，对"宗族"却全无涉及——缘于认知中的盲点，还是研究对象没有提供可以聚焦的视点？由此想到，梳理"农村题材"的小说，由1930年代的左翼文学、1940年代的根据地文学，到1950、1960年代写土改、合作化的小说，再到1980年代后的《古船》《白鹿原》、贾平凹、刘震云、阎连科、刘庆邦、李佩甫等等，你不认为文学所讲述的那些不同的乡村故事，对于"文学研究"有实实在在的挑战性？边界相对固定的"现代文学"面对持续延伸中的"当代文学"，这是现代文学学科的现实处境。这一学科有必要打通内外，关注、回应其他学科的有关论述，使之成为经由反思推动自身发展的契机。

我所属的一代"人文知识分子"，曾经熟悉"历史与逻辑的统一"这一说法，尽管在当今的语境中，"历史""事实"都显得可疑，学术工作者仍然应当直面历史，保持"寻求真相"的意愿，并与其他学科互通消息。"历史性"任何情况下都不应被作为拒绝反思的借口。当然，价值重估，意义的重新厘定，未见得不会导致"一种倾向掩盖另一种倾向"，祛蔽而又有新的遮蔽。那么，该如何严守学术工作的工作伦理，而又回应当代社会提出的问题？

与社会史研究的兴起大致同一时期，作为史学的一个分支，兴起于"文革"后的宗族史研究，对近代以来的宗族、宗亲活动，有了多元视角的考察，突破了"封建宗法""封建主义复辟"的定性。冯尔康等人所著《中国宗族史》说："80年代，尤其是90年代以后，研究者对宗族的定性研究有了较深入的、较接近实际的认识，一改强调宗族政治功能的研究状况，关注宗族的社会功能，探讨宗族与经济的关系，视角也从宗族公产的阶级性定位移至族内经济互助作用方面。"（第10页）钱杭批评以往的宗族研究"不重视宗族本身的结构和意义，只重视宗族的阶级属性和外在功能，对宗族内部关系和宗族社会功能的批判，过于意识形态化，未给予必要的同情式理解"（《中国宗族史研究入门·引言》第4页）。仅由上文所引，也可感相关的知识领域与

"现实"之间的紧张。

宗族史不是我的考察方向。在这一方面,我没有"跨界"的野心。我作为考察对象的,是士大夫的伦理实践,他们的处"家人父子"。无论婚姻史、妇女史还是宗族史,在我的方向上,都属于"相关论域"。面对大陆学者的宗族史研究,我所关心的,毋宁说更是我们曾经怎样思考与表述,这种思考与表述发生了、发生着怎样的变动。要回头看,才知道我们已经走出了多远。对于"宗族"评价尺度的调整,或许是认知受制于政治意识形态与文化资源的例子,未必没有"普遍性",或可作为考察"学术与时代"的个案。

2014 年春节,央视以"家风""家规"为访谈题目,可以归为家庭价值重建的努力。① 家庭功能缺失,被作为青少年犯罪的前因。前于此,宗祠、祭祖活动,已经被作为了"旅游资源"。这也是一个时期以来"征用传统文化资源"以整顿世风、重建公共价值观的工程的一部分。无论有效与否,由本书的角度,均可读作为"家族""宗族"正名。想一想自 1950 年代直到"文革"前夕的"社会主义教育运动"中,"宗族势力"始终被作为"打击对象",你会知道这个社会发生了怎样的变化。

上述活动与近年来"国学热"持续升温自然有关,尽管在乡村社会遭受结构性破坏的条件下,家庭家族、邻里乡党,普遍伦理状况与伦理意识的改变已不可逆转。由政府主导的有关的活动,也往往徒具仪式性,甚至被用于"打造地方文化品牌"的功利目的,而对曾经与之扞格的意识形态与政治实践并无反省。无论如何,昔日的禁区——包括与宗族活动有关的民间信仰活动——由向学术研究开放,到经由媒体向公众开放,毕竟是一种变化,尽管这变化的含义绝不单纯。宗族所依托的乡村社会结构的变化,势必引发伦理关系的重构。这一方面的"传统文化"在何种意义上可以作为社会修复、文

---

① 你还会发现早已陌生化的语词的重新启用,即如"乡愁",另如"乡贤"。当然"乡贤"的所指已有不同,或即"乡间好人"的别称。

化重建的"资源",仍然是一个问题。在当下的中国,公私道德的重建,或许都须仰赖更为多元的"资源"的吧。

似乎可以相信的是,"宗法制"还有一段未走完的历史,将继续在"社会生活"中打下印记。进城农民与家族的关系,是社会学考察的对象。我不知晓的是,在"城镇化"持续推进之后,"家族"将以何种形态存在;在转型期的社会中,家族的凝聚力有无可能。进城农民是否真的将某种与家族有关的文化带进了城市,宗族由此"隐性地"维系,构成了城市文化虽边缘却坚硬、不易被消化的部分? 还应当承认,我对某些宗族史专家所描绘的宗族复兴的图景不免存疑;以为即使真有所谓的"复兴",其文化意涵也有了不同。

发生在近几十年的"人伦之变",不宜简单地归因于"文革"。"传统社会"内部本来就有导致自身瓦解的因素。但近代以来对"宗法秩序"的大举破坏,无疑加速了这一过程。由五四发起、由接下来的革命持续推进的摧毁"宗法制"的努力,在 20 世纪末期伦理堤防溃决之时,使人品出了一味酸涩。

农村较之城市,崩解更来得剧烈。也因文明程度低下,文化保守,一旦堤防溃决,即一泄无余。较之环境的破坏,伦理破坏毋宁说更为触目惊心,堪称一大"变局"。尽管"家族伦理"在乡土中国扮演了复杂的角色,乡村基层政权被宗族势力把持,是不无普遍性的事实①,人们却也注意到,某些保留着"宗法制残余"的地方,减缓了上述崩坍的速度。家庭成员中相互的责任感尚在,家庭伦理尚能艰难地维持,且构成了地方社会稳定的基础。

即使如此,我仍然认为,重估五四新文化运动对于宗法、家族制

---

① 宗族史专家通常会谈到近代以来宗族的基层行政组织化,其行政职能的增强。当代中国亦有基层政权与"宗族势力"的结合。宗族中的强人(未必是德高望重的长者)攫取权位,"乡村政治"对"宗族势力"加以利用。"文革"中乡村的派仗与宗族的关系,即一可供考察的题目。

度的冲击,宜慎之又慎。在那次运动中,"人的解放"的初阶,被归结为由"家族制度"桎梏中解放,而对于"家族制度"的批判意识,却不尽缘于"外铄"。批判者对于宗法、家族之于个人的桎梏,往往有切肤之痛。对于其更为复杂的社会、文化功能,则不暇考量;对于"摧毁"、破坏的后果,更逆料未及。五四新文化运动中人,自不能有此"后见之明"。至于"集体""组织"部分地取代了"家族"的位置——这一过程也值得仔细梳理。我不认可修复伦理而将修复宗法作为选项。在我看来,"宗法""家族"呈现出的正面意义,缘于以"革命"的名义对人与人关系的破坏,修复之道却未必应当是逆向而行。

祛蔽的同时,未见得没有新的遮蔽——笼统地谈论"宗法""家族"、乡绅的乡村治理即此。正因经历了五四新文化运动,半个多世纪以来的社会改造尤其乡村改造,本有可能更理性地处理相关议题,避免王夫之所批评的"一概之论"。也因此,我不取那种只及其一、不及其二的论述方式(亦一种时下常见的言述策略)。"绅"固有"良""劣",传统家族的压抑性(不止对于妇、孺)——以"理"(不限于理学)杀人,清人已有此见识;宗族政治、乡绅治理的流弊以至黑暗面,仅由切近的经验即不难推想,何况有大量事例在文献中。无论"美化"抑"丑化",均为对"真相"的掩盖。江右易堂的彭士望就曾直截了当地说:"夫地逼易嫌,望奢多怨,扞不可入,而纷不可总者,惟族为然。"(《魏徵君墓表》,《树庐文钞》卷九)

1930年代梁漱溟从事"乡村建设",即说:"中国乡村破坏不自今日始;稍一回省,当发见其由来已久。"甚至说"中国近百年史,也可以说是一部乡村破坏史"(《乡村建设理论》,《梁漱溟全集》第二卷第150页)。同篇还使用了"旧社会构造崩溃"的提法(同上第191页)。同一时期左翼文学关于"乡村破产"的描写,即以此共识为背景。

区分"家族"与"家族制度",对"传统文化"作更细致的辨析,"去芜存精"的原则仍然适用。据宗族史家的说法,"从性质上看,宗族经历了从贵族组织向民间组织转化的过程;从功能看,宗族经历了从以政治功能为主到以社会功能为主的过程"（周大鸣等《当代华南的宗族与社会》），转引自吕妙芬《孝治天下——〈孝经〉与近世中国的政治与文化》第一章第 20 页注 5）。1949 年之后，似乎有逆向的发展："宗族势力"遭受打击，却在乡村基层政权中隐蔽地存在。至于"改革开放"后乡村政治生态的变化，部分乡村基层政权的"黑社会化"，与"宗族势力"的关系，无疑值得考察。基层选举中的贿选者，所赖除经济实力（多金）外，另有人脉，即使不限于同宗同族同姓。考虑到中国家族与政权曾经的同构关系，宗族政治功能（即使有限）的恢复，对于中国的乡村发展，未见得是福音。由此，出于功利考量泛泛地表彰"传统文化"，其弊其蔽亦然。更有意义的，是面对社会尤其乡村的现状，据此寻求改善之道，而非架空而论，一厢情愿地寄希望于"乡约""族规"等等的重启，也才合于修辞立诚的原则。

近年来风气转移，修族谱、整理家族史、村史，都像是意在补救——对 20 世纪破坏后的已成之局。网络、自媒体，推动了这种书写，使个人历史、家族史有了更多被讲述的机会。被认为更具有话题性的，仍然是名门望族，即如修水陈家、合肥张家、安庆叶家，等等。但在我看来，上述倡导的意义，或更在存史。世家豪门与平民、底层民众各有其史。倘若都有讲述的机会，"历史"就有了与之相称的深广。寻根问祖，也是一种普遍的历史教育。由这一角度追问我是谁、我从哪里来，也是荒废已久的思路。也因此，上述活动的意义或更在文化方面。倘要借此维系"传统"，那希望是否过于渺茫？

至于"家风""家规"，其承传是有条件的；20 世纪的社会运动所摧毁的，正有相关的条件。有文字可考的"家规"，往往出自绅衿，原因无需说明。传统社会的晚期，"家规"往往与"族规""乡约"相表里，在一轮轮的破坏之余，已难有遗存。我由电视屏幕上看到，被问及"家风""家规"，对着央视记者的话筒，有的受访者不知所措也不知所云。他们似乎一边努力地回答提问，一边困惑地揣摩提问者的动机。至于"乡愁"，从来就是"小资"的专利。在乡土经历了不可逆转的变化之后,普通人要问的,或许倒是"乡关何处"。

上文已谈到文学的影响于关于传统社会、家族制的普遍认知。这里不妨就此话题再作一点补充。

"家族"("大家庭")是天然的文学题材,无论中外。大家庭(尤其世家豪门)便于铺陈复杂的人际关系,经由人物伸展触角,编织一社会的"缩图"、模型,从而达至历史的纵深。文学中的"家族",确也被作为窥看近代中国历史演变的窗口。而发生在近、现代史上极富戏剧性的变动,发生于家庭中的撕裂,也提供了产生巨作的可能。有人提到近年来的"家族三代接力式的大河小说"。不以"部头"而由"历史含量"论,营构不但规模、格局而且含量的"史诗性",仍有待于更艰苦的努力。至于向国外读者讲述"中国故事","家族史"也不失为有效的叙事策略。

"宗族史"考察宗族的结构、宗族组织的功能,小说则必得面对具体家庭的日常琐屑,"家人父子"的寻常相对,柴米油盐、鸡零狗碎。沈从文说水面水下。上述日常琐屑应属于水下,深水区,水底。写发生在水下、深水、水底的故事,小说独擅胜场,不可取代。1980年代至今类似题材或有类似内容的小说,尤其写乡村的小说,或可补社会学考察之缺而有余。小说与社会学考察间,不必斤斤于谁更"真实"。小说作者固然受制于经验,社会学考察亦受限于手段、工具。那么小说中的家族与社会学、人类学相关考察构成了何种关系?有无互文性?是否互补?有无对话的可能?

1980 年代以降的中国当代文学,如《古船》《白鹿原》等,也挑战着我们在主流意识形态影响下关于农村社会的既有认知。与上文所设议题直接有关的,即如《白鹿原》中的乡绅。该小说的话题性亦与此有关。见诸报章的,有以"重估宗族组织"为题的文字;《出梁庄记》的作者梁鸿,访谈中也谈到乡绅的正面作用——我猜想或即由《白鹿原》(及其电影改编)所启发。实则小说较之有关的宗族史论述,呈现的是更复杂的形态。在长期的意识形态灌输之后,如《古船》如《白鹿原》的面世，并未遭遇"接受"的障碍。这种静悄悄的变化来得极其自然，应当与发生于"文革"期间的历史认知的改变有关。对于这一点，无论读书界还是评论界，都像是浑然不觉。但对于"革命意识形态"下的文学，却仍然不宜简单地处理。

有趣的还有，"文革"结束后，被文学艺术最动情地叙述的，是坚忍的男女(夫妇、情人)的故事，关于父子的故事却少有佳作。此前文学中的父子，有某种符号意味，进步/落后二分框架下的类型化。我疑心仍然因了这一伦较之夫妇、兄弟、朋友等，更难以面对。由《春蚕》到《创业史》，无非守旧、顽梗、不接受"新事物"的父亲，与不安分、不囿于"传统观念"、顺应潮流的儿子，少有勤苦创业的父亲，与"啃老"的儿子。回头看这种曾经流行过的对比关系/结构，是不是也心情复杂？

征引书目

方孝孺《逊志斋集》,《文渊阁四库全书》集部别集类。

陈献章《陈献章集》,中华书局,1987。

王守仁《王阳明全集》,上海古籍出版社,1992。

罗钦顺《整庵存稿》,《文渊阁四库全书》集部别集类。

何心隐《何心隐集》,中华书局,1960。

刘宗周《刘宗周全集》,戴琏璋、吴光主编,锺彩钧编审,台湾"中央研究院"中国
　　文哲研究所筹备处,1996。

李颙《二曲集》,中华书局,1996。

陆世仪《思辨录辑要》,正谊堂全书。

　　《复社纪略》,《续修四库全书》史部杂史类。

孙奇逢《夏峰先生集》,中华书局,2004。

《黄宗羲全集》第一册,浙江古籍出版社,1986。

《黄宗羲全集》第二册,浙江古籍出版社,1986。

《黄宗羲全集》第三册,浙江古籍出版社,1999。

《黄宗羲全集》第十册,浙江古籍出版社,1993。

黄宗羲《明儒学案》,中华书局,1985。

王夫之《船山全书》第一册,岳麓书社,1988。

　　《船山全书》第三册,岳麓书社,1992。

　　《船山全书》第十册,岳麓书社,1988。

　　《船山全书》第十一册,岳麓书社,1992。

　　《船山全书》第十二册,岳麓书社,1992。

　　《船山全书》第十五册,岳麓书社,1995。

　　《船山全书》第十六册,岳麓书社,1996。

《顾炎武全集》,上海古籍出版社,2012。

顾炎武《顾亭林诗文集》,中华书局,1983。

《日知录集释》,中州古籍出版社,1990。

王冀民《顾亭林诗笺释》,中华书局,1998。

丁元荐《西山日记》,康熙己巳先醒斋刊本。

张履祥《杨园先生全集》,中华书局,2002。

《陈确集》,中华书局,1979。

金铉《金忠洁公集》,乾坤正气集。

吴麟徵《吴忠节公遗集》,乾坤正气集。

金声《金忠节公文集》,道光丁亥(1827)嘉鱼官署刊本。

贺逢圣《贺文忠公集》,乾坤正气集。

张自烈《芑山文集》,豫章丛书。

戚继光《止止堂集·愚愚稿》,光绪十四年山东书局重刊本。

卢象昇《卢忠肃公集》,光绪三十四年重修板刊本。

孙承宗《高阳诗文集》,崇祯元年序刊本。

吕留良《吕晚村先生文集》,同治八年序刊本。

陆陇其《陆子全书》,康熙四十八年刻本。

《颜元集》,中华书局,1987。

王源《居业堂文集》,道光辛卯刊本。

唐甄著,黄敦兵校释《潜书校释》,中华书局,1955。

《俞正燮全集》,黄山书社,2005。

何焯《义门读书记》,中华书局,1987。

《郑思肖集》,上海古籍出版社,1991。

唐顺之《唐荆川文集》,江南书局据明嘉靖本重刊。

《茅坤集》,浙江古籍出版社,1993。

归有光《震川先生集》,上海古籍出版社,1981。

王士性《广志绎》,中华书局,2006。

吕坤《闺范》,民国十六年据明刻本影印。

海瑞《海瑞集》,中华书局,1962。

李贽《初潭集》,中华书局,1974。

袁宗道《白苏斋类集》,《四库禁毁书丛刊》集部。

王艮《王心斋先生遗集》,宣统庚戌(1901)东台袁氏刻本。

顾允成《小辨斋偶存》,《文渊阁四库全书》集部别集类。

钱谦益《牧斋初学集》,上海古籍出版社,1985。

　　《牧斋有学集》,上海古籍出版社,1996。

　　《牧斋杂著》,上海古籍出版社,2007。

　　《列朝诗集小传》,上海古籍出版社,1983。

吴伟业《吴梅村全集》,上海古籍出版社,1990。

《陈子龙诗集》,上海古籍出版社,1983。

张岱《陶庵梦忆》,上海古籍出版社,1982。

　　《琅嬛文集》,岳麓书社,1985。

冒襄《巢民文集》,如皋冒氏丛书。

　　《影梅庵忆语》,如皋冒氏丛书。

　　《亡妾董小宛哀辞》,如皋冒氏丛书。

冒襄辑《同人集》,道光水绘园刊本。

方以智《通雅》,侯外庐主编《方以智全书》第一册,上海古籍出版社,1988。

　　《方子流寓草》,《四库禁毁书丛刊》集部。

　　《浮山文集前编》,《四库禁毁书丛刊》集部。

庞朴《东西均注释》,中华书局,2001。

《归庄集》,上海古籍出版社,1984。

傅山《霜红龛集》,山西人民出版社,1985。

钱澄之《田间文集》,黄山书社,1998。

吴应箕《楼山堂集》,《四库禁毁书丛刊》集部。

侯方域著,王树林校笺《侯方域集校笺》,中州古籍出版社,1992。

鹿善继《认真草》,畿辅丛书。

祁彪佳《祁彪佳集》,中华书局,1960。

　　《祁忠敏公日记》,民国二十六年八月绍兴县修志委员会校刊,远山堂原本。

吴应箕《楼山堂集》,《贵池二妙集》,贵池先哲遗书,1920 年刊本。

屈大均《翁山文外》,宣统二年上海国学扶轮社刊本。

　　《翁山文钞》,商务印书馆,1946。

《皇明四朝成仁录》,《四库禁毁书丛刊》史部。

郑梁《寒村诗文集》,康熙四十八年刊本。

魏禧《魏叔子文集》,《宁都三魏文集》,道光二十五年刊本。

魏礼《魏季子文集》,《宁都三魏文集》,道光二十五年刊本。

彭士望《树庐文钞》,道光甲申刊本。

曾灿《六松堂诗文集》,豫章丛书。

宋惕《髻山文钞》,豫章丛书。

祝渊《祝月隐先生遗集》,适园丛书。

《陈洪绶集》,浙江古籍出版社,1994。

方文《方嵞山诗集》,黄山书社,2010。

陈维崧《陈维崧集》,上海古籍出版社,2010。

余怀著,李金堂校注《板桥杂记》,上海古籍出版社,2000。

陈维崧辑《妇人集》,如皋冒氏丛书(按冒襃《妇人集注》收入该丛书)。

夏完淳《续幸存录》,《扬州十日记》,上海书店,1982。

《冯梦龙全集》,江苏古籍出版社,1993。

朱彝尊《曝书亭集》,商务印书馆,1935。

《静志居诗话》,人民文学出版社,1990。

叶绍袁原编,冀勤辑校《午梦堂集》,中华书局,1998。

方拱乾《何陋居集·甦庵集》,黑龙江大学出版社,2010。

《方孝标文集》,黄山书社,2007。

方孝标《钝斋诗选》,黄山书社,1996。

吴兆骞《秋笳集》,上海古籍出版社,1993。

陈之遴《浮云集》,《四库禁毁书丛刊补编》。

丁澎《扶荔堂文集选》,《清代诗文集汇编》第七十八册,上海古籍出版
社,2009。

徐灿《拙政园诗集二卷》,《清代诗文集汇编》第一〇五册,上海古籍出版
社,2009。

杨宾《杨大瓢先生杂文残稿》,同治抄本。

《李渔全集》,浙江古籍出版社,1998。

阮元《广陵诗事》,广陵书社,2005。

张潮《虞初新志》,河北人民出版社,1985。

朱剑芒编《美化文学名著丛刊》，上海书店根据国学整理社 1936 年版复印，1982。

涂元济注释《闺中忆语五种》，中国广播电视出版社，1993。

范景中、周书田编纂《柳如是事辑》，中国美术学院出版社，2002。

舒湮《董小宛》，光明书局，1941。

柏桦《水绘仙侣——1642—1651：冒辟疆与董小宛》，东方出版社，2008。

孔齐《至正直记》，中华书局，1991。

李清《三垣笔记》，中华书局，1982。

谈迁《国榷》，中华书局，1958。

佚名《研堂见闻杂录》《烈皇小识》，上海书店，1982。

余飏《莆变纪事》，江苏古籍出版社，2000。

钱𪩘《甲申传信录》，上海书店，1982。

邵廷采《东南纪事》，邵武徐氏丛书本。

王应奎《柳南随笔》《柳南续笔》，中华书局，1983。

王锜《寓圃杂记》，中华书局，1984。

全祖望《鲒埼亭集》，《四部丛刊》初编集部。

杨凤苞《秋室集》，《续修四库全书》集部别集类。

傅以礼《庄氏史案本末》，上海古籍书店据旧抄本影印，1981。

李滋然《明夷待访录纠谬》，宣统元年排印本。

徐元瑞《史学指南》，浙江古籍出版社，1988。

赵翼《廿二史劄记》，中国书店，1987。

李元度《国朝先正事略》，岳麓书社，1991。

史惇《恸余杂记》，《甲申纪事（外三种）》，中华书局，1959。

《剑桥中国明代史》中译本，中国社会科学出版社，1992。

〔美〕魏斐德《洪业——清朝开国史》中译本，江苏人民出版社，1992。

《二程集》，中华书局，1981。

朱熹《四书章句集注》，中华书局，1983。

《戴震全集》，清华大学出版社，1991。

《嘉定钱大昕全集》,江苏古籍出版社,1997。

张穆《顾亭林先生年谱》,《续修四库全书》史部传记类。

黄炳垕撰,王政尧点校《黄梨洲先生年谱》,《黄宗羲年谱》,中华书局,1993。

洪思等《黄道周年谱(附传记)》,福建人民出版社,1999。

倪会鼎撰,李尚英点校《倪文正公年谱》,《倪元璐年谱》,中华书局,1994。

李塨撰,王源订《颜习斋先生年谱》,《颜元年谱》,中华书局,1992。

沈起撰《查东山先生年谱》,《查继佐年谱》,中华书局,1992。

谢桂荣、吴玲《侯方域年谱》,《侯方域集校笺》附录二。

王士禛《王士禛年谱》,中华书局,1992。

任道斌《方以智年谱》,安徽教育出版社,1983。

李文治、江太新《中国宗法宗族制和族田义庄》,社会科学文献出版社,2000。

陈鹏《中国婚姻史稿》,中华书局,1990。

陈顾远《中国婚姻史》,上海文艺出版社,1987。

苏冰、魏林《中国婚姻史》,台湾文津出版社,1994。

陶希圣《婚姻与家族》,上海书店,1992。

陈东原《中国妇女生活史》,商务印书馆,1998。

《鲁迅全集》,人民文学出版社,1981。

《梁启超全集》,北京出版社,1999。

《谭嗣同全集(增订本)》,中华书局,1981。

《梁漱溟全集》,山东人民出版社,2005。

陈寅恪《柳如是别传》,上海古籍出版社,1980。

孟森《明清史论著集刊》,中华书局,2006。

　　《明清史论著集刊正续编》,河北教育出版社,2000。

　　《明元清系通纪》,中华书局,2006。

萧一山《清史大纲》,上海古籍出版社,2005。

余英时《朱熹的历史世界》,三联书店,2004。

王汎森《晚明清初思想十论》,复旦大学出版社,2004。

黄宽重、刘增贵主编《家族与社会》,中国大百科全书出版社,2005。

常建华《明代宗族研究》，上海人民出版社，2005。

张国刚主编《家庭史研究的新视野》，三联书店，2004。

王跃生《清代中期婚姻冲突透析》，社会科学文献出版社，2003。

何冠彪《生与死：明季士大夫的抉择》，台北联经出版事业公司，1997。

李又宁、张玉法编《中国妇女史论文集》第二辑，台湾商务印书馆，1988。

鲍家麟编著《中国妇女史论集 三集》，台湾稻乡出版社，1993。

《中国妇女史论集 四集》，台湾稻乡出版社，1995。

陈高华《元史研究新论》，上海社会科学院出版社，2005。

赵俪生《赵俪生史学论著自选集》，山东大学出版社，1999。

李兴盛《增订东北流人史》，黑龙江人民出版社，2008。

阿风《明清时代妇女的地位与权利——以明清契约文书、诉讼档案为中心》，社
会科学文献出版社，2009。

郭松义《伦理与生活——清代的婚姻关系》，商务印书馆，2000。

吴艳红《明代充军研究》，社会科学文献出版社，2003。

严志雄《流放、帝国与他者——方拱乾、方孝标父子诗中的高丽》，刊台湾"中央
研究院"中国文哲研究所《中国文哲研究通讯》第二十卷第二期；《一首诗的
身世——吴兆骞流放中的一次出游》，刊中华书局版论文集《中国诗歌传统及
文本研究》，2012。

黄裳《榆下说书》，安徽教育出版社，2006。

谢国桢《明清之际党社运动考》，中华书局，1982。

《增订晚明史籍考》，中华书局，1964。

樊树志《晚明史（1573—1644 年）》，复旦大学出版社，2003。

傅抱石编译《明末民族艺人传》，台湾明文书局，1985。

何冠彪《明清人物与著述》，香港教育图书公司，1996。

方祖猷《黄宗羲长传》，浙江大学出版社，2011。

杜正胜《中国式家庭与社会》，黄山书社，2012。

钱杭《中国宗族史研究入门》，复旦大学出版社，2009。

冯尔康《18 世纪以来中国家族的现代转向》，上海人民出版社，2005。

冯尔康等《中国宗族史》，上海人民出版社，2009。

吕妙芬《颜元生命思想中的家礼实践与"家庭"的意涵》，收入高明士编《东亚传
统家礼、教育与国法》，华东师范大学出版社，2008；《明清中国万里寻父的文

化实践》,刊台湾"中央研究院"《历史语言研究所集刊》第七十八本第二分;《施闰章的家族记忆与自我认同》,刊台北《汉学研究》第二十一卷第二期,2003 年 12 月;《孝治天下——〈孝经〉与近世中国的政治与文化》,台湾联经出版事业公司,2011。

阎步克《士大夫政治演生史稿》,北京大学出版社,1996。

〔美〕高彦颐《闺塾师——明末清初江南的才女文化》中译本,江苏人民出版社,2005。

〔美〕曼素恩《缀珍录——十八世纪及其前后的中国妇女》中译本,江苏人民出版社,2005。

〔美〕伊沛霞《内闱——宋代的婚姻和妇女生活》中译本,江苏人民出版社,2004。

〔美〕白馥兰《技术与性别——晚期帝制中国的权力经纬》中译本,江苏人民出版社,2006。

姚平主编《当代西方汉学研究集萃·妇女史卷》,上海古籍出版社,2012。

〔美〕孙康宜《古典与现代的女性阐释》中译本,台湾联合文学出版社,1998。

〔美〕史景迁《前朝梦忆——张岱的浮华与苍凉》中译本,台湾时报文化出版企业,2009。

〔美〕魏斐德《洪业——清朝开国史》中译本,江苏人民出版社,1992。

〔日〕沟口雄三《中国前近代思想的演变》中译本,中华书局,1997。

《中国的思想》中译本,中国社会科学出版社,1995。

〔英〕莫里斯·弗里德曼《中国东南的宗族组织》中译本,上海人民出版社,2000。

陈光兴等编《重新思考中国革命——沟口雄三的思想方法》,台湾社会研究杂志,2010。

〔日〕尾形勇《中国古代的"家"与国家》中译本,中华书局,2010。

《唐律疏议》,中华书局,1983。

《大明律》,《续修四库全书》史部政书类。

孙诒让《周礼正义》,中华书局,1987。

陈澧《东塾读书记》,商务印书馆,1930。

陈宏谋编辑《五种遗规》,《四部备要》子部,中华书局据通行本校刊。

《明经世文编》,中华书局,1962。

《明实录·太祖实录》,台湾"中央研究院"历史语言研究所校印。

文学·伦理·人的世界

——由现当代中国文学到明清之际(代后记)

对本文的题目作一点说明。

回头清点自己三十余年的学术工作,有必要首先提到的,是文学之于我,文学研究之于我的"学术生涯",文学研究者的身份与专业训练之于我中国现当代文学研究之后的学术工作。我一再申明,尽管我涉足了文学以外的领域,却始终更是一个文学研究者。作品集、文集,是我几十年间学术工作的入手处,无论对象领域有何变动。明清之际士人的文集,也仍可归入广义的"文学",尽管未必都有文学史的地位。以文学文本为考察材料,旨趣或在文学之外,但以什么为考察材料绝非不重要。这当然要考虑到文学文本与其他文本不同的特质,其对于使用的限定,还应当计及文学文本中可能的信息含量,文字层面可能具有的丰富意蕴。

对于我下文将要谈到的与"伦理"有关的论域,作品集、文集无疑特具研究价值。即如其中有更具体情境中的"忠/孝""君/父",更感性、个人的"家人父子"。这也是我坚持由文集中取材的基本考量。周绍泉、落合惠美子、侯杨方《明代黄册底籍中的人口与家庭——以万历徽州黄册底籍为中心》一文说:"历史上的家庭问题,一向是社会史和人口史学者关注的重点。然而,在家庭史的研究中,遇到一个比较棘手的问题,即没有一种资料是与家庭完全对应的。这里所说的'家庭',是指以特定的婚姻形态和血缘关系为纽带结合而成的'同居、合产、共爨'的社会基本单位。"(收入张国刚主编《家庭史研究的新视野》,引文见该书第218—219页)在这种情况下,或许士人文集这一种"资料"可以派上用场。当然也因此,我的讨论不免受制于材料。文集作为材料,便利处在具体感性,受限之处则在缘具体个人的陈述,未必能形成"总体判断"。我也因此不得不在作类似判断时持审慎态度。个体经验在提供历史生活的"丰富性"时,不免片段零碎,或可为既有的综论拾遗补阙,却未必可据以作一概之论,即如关于其时普遍的伦理状况——"一概之论"也正是我一向避免的。①

我认可梁漱溟所说"中国是伦理本位的社会"②。我们这代大陆人文学者曾耳熟能详的,就有马克思的如下论述,即"人的本质……是一切社会关系的总和"③。古代中国所谓的"五伦",确也是士赖以界定自身的最重要的"关系"。"五伦",父子、夫妇、兄弟居其三,系于血缘,较之君臣也较之朋友、师弟子等,作为关系更"天然",是人的生活世界赖以构成的最基本的关系。经由上述"关系",士大夫的生活世界才有可能向你打开。

也如所做关于"明清之际"的其他题目,我关心的更是士大夫经验中的家族、家庭,他们所体验的家庭伦理。当然,"伦理"不限于家庭伦理。无论对于现代中国还是明清之际的知识人,我对其伦理处境与伦理经验的关注也不限于此。我一再讨论的,即有"忠""节"一类范畴,知识人的处家/国、公/私、生/死等等。正在进行中的关于当代政治文化的考察,也涉及了私域与公域,以及非常时期的政治伦理、职业伦理。

---

① 其实史学又何尝不然?伊沛霞《内闱——宋代的婚姻和妇女生活》的"导言"中说,尽管自己使用了诸种史料,"但是判断实际上某种行为的发生率几乎是不可能的"(中译本第14页)。宗族史以至人类学也未必不如此。

② 参看梁漱溟《中国文化要义》第五章,《梁漱溟全集》第三卷。梁氏将此归因于中国人"缺乏集团生活"。

③ 马克思《关于费尔巴哈的提纲》,《马克思恩格斯选集》第一卷第18页,人民出版社,1972。此段文字的全文是:"费尔巴哈把宗教的本质归结于人的本质。但是,人的本质并不是单个人所固有的抽象物。在其现实性上,它是一切社会关系的总和。"

中国现当代文学中的家庭伦理。

五四新文化运动锋芒所向,"家族制度"首当其冲,具体即在父子(等差秩序)、夫妇(婚姻制度)。最被认为振聋发聩的,即有吴虞的《家族制度为专制主义之根据论》(1917年2月1日《新青年》第2卷第6号)、李大钊的《万恶之原》(1919年7月13日《每周评论》第30号),等。李大钊在该文中说:"中国现代的社会,万恶之原,都在家族制度。"上述"战斗檄文"之外,影响更为深远的,应当是鲁迅的《我们现在怎样做父亲》《致幼者》等(均见《鲁迅全集》第一卷,人民文学出版社,1981)。① 鲁迅所主张的"幼者本位"(《我们现在怎样做父亲》),与清末民初影响了一代知识人的"进化论"相关。发生在新文化运动期间及其后的,既有由背叛家庭到反抗社会,也有"背叛"之后的回归。

上述"时代主题"的文学样本,即巴金的《激流三部曲》,作为青年的启蒙教材,影响了几代知识人关于传统社会、家族制度的想象与认知。② 上海文艺出版社1986年版拙著《艰难的选择》,关于家庭、婚姻问题的讨论,应当是我以学术方式探讨家庭伦理的最初尝试。该书下篇有"中国现代小说中的'高觉新型'"一章,附录则收入了论文《"五四"时期小说中的婚姻爱情问题》《现代小说中宗法封建性家庭的形象与知识分子的几个精神侧面》。

《现代小说中宗法封建性家庭的形象与知识分子的几个精神侧面》一文说:"较之有关'家庭社会学'方面,我的兴趣更在于认识现代知识者。""中国现代小说中的'高觉新型'"则尝试由"子"一代,由"觉醒了的'人之子'",分析巴金《激流三部曲》中的"家",说高觉

---

① 鲁迅此一时期涉及家庭的,尚有《随感录》二十五、四十、四十九等,均见同书。

② 钱杭《中国宗族史研究入门》:"在研究实践中,'家族'一词的学术性也明显低于'宗族'。"(第38页)我正取"家族"的模糊、非严格学术性。对于"家族""宗族"严格学术性的讨论既非我的宗旨,又在我的能力之外。文学作品通常也更倾向于选择"家族"而非"宗族",或也因后者界定的严格,更像是较之"家族"的大词,而"家族"则与作品"体量"相称。

新"附属于、隶属于'家',是那个'家'的一部分","失去了自己的生存目的"(《艰难的选择》第287页),说高觉新"是祖父的长孙,父亲的长子……而不是'人之子'"(第288页。按"人之子"见鲁迅《随感录》四十,《鲁迅全集》第一卷第322页)——关注所在始终在知识人,他们伦理实践中的经验与感受。

于今读来感到刺目的,是《艰难的选择》使用的一套概念。"宗法封建性"云云,已渐被弃之不用;"封建社会"代之以"传统社会"。但"宗法封建性"一类表述特有的历史感,却难以为其他表述所替代。回头看,《艰难的选择》的有关论述,仍然不是流行命题的简单演绎。在上面提到的几篇文字中,即力求重现知识人伦理处境、伦理生活的复杂性,既谈到了"反抗",也写到了他们对于"宗法制的过去"、对于"家"的眷恋。

写于上个世纪八九十年代之交的《地之子》(北京十月文艺出版社,1993),以乡村为"传统文化的渊薮";所论某些中国现代文学作品,以父子对比结构小说,其中的子之于父,也不免是"历史进化论的思维模式和乐观信念的人物关系化"(第68—69页),却由于将考察范围延伸至该书写作的1980—1990年代之交,所展示的图景有了显然的不同,即如写到了乡民的"准祖先崇拜","类似祭祖的仪式行为";写到了父子间的文化传承(第74—75页)。类似内容,难得见之于五四新文学。①

写作《艰难的选择》的1980年代,我所属的一代中国现代文学研究者,与五四新文学作者有情绪、精神上的呼应与共鸣,包括对"未来"的乐观,对变革的渴望。当然,也乐观得肤浅,渴望的目标并不明晰。那种乐观,由遥远的事后看去,不免令人心情复杂。新/旧、过去/未来、光明/黑暗二分的思维与想象,于反顾中有了讽刺意味。

① 写于1980年代末的《北京:城与人》(上海人民出版社,1991),继续了对"父子"一伦的分析:京城胡同居民的父与子。至此,那些被"发展"所遗忘的老人,正在沦为"弱势群体",在生活中的地位与在中国现代文学中大为不同。

在近年来"国学热"持续升温、呼唤"传统文化"回归的氛围中,读当年批判性地写到的"古旧的追怀",不免有荒诞之感。这是新文学作者当写作时,也是我1980年代写作上述学术文字时逆料未及的。重读之下,像久历沧桑的老人翻看旧相册,"别有一番滋味在心头"。对于上述现象,不便仅用了"循环论""三十年河东,三十年河西"简单地打发,有必要作深度的讨论。1980年代学术文本中包含的丰富信息,有可能为清理1917—1949年、1949年之后、1980年代的学术文化提供契机。至于我自己,基本的研究方式固然在此期间形成,对某些现象、问题的敏感,也在这一过程中产生:两段学术工作"一以贯之"。看似"两橛",实则并非如此。

与五四新文化运动、中国现代文学相关,阶级斗争语境中被污名化的"家族""宗族","文革"后又回到了人们的视野。有人提出重评"宗族制度"。在中国大陆的语境中,难点毋宁说在重评与家族、宗族有关的阶级论述。近一时期,不惟宗族史,与民间信仰、地方社会有关的考察,也包含了关于20世纪中国革命之于社会改造,尤其乡村基层社会改造的反思。这甚至正是有关论述的问题意识。我发现这种反思有逐步深化之势,有关谈论也渐由吞吞吐吐、欲说还休,到较为明晰、直接——尽管问题依旧有敏感性。考虑到"宗族势力""民间信仰"长期被作为"打击对象",上述讨论的艰难展开,当然应当被视为一种进步。

近年来家族小说(以至个人的家族历史叙事)的兴盛,像是对五四新文学的隔代回应,包含于其中的情怀却大有不同。无论由家族展开当代史叙述,还是追怀一种消失中的文化,"家族"都不再是仅有负面意义的符号。而在事实上,一方面伦理状况在急剧变化中,同时却继续上演着古老的伦理故事的现代版。由社会的某些面相看,中国还相当古老。上文提到的拙作《现代小说中宗法封建性家庭的形象……》一文,有"宗法封建的家族制度,造成精明狠辣的主子和吃祖业的不肖子弟"云云(《艰难的选择》第412页)。即使不再使用老套的"宗法封建"之类说法,你对"吃祖业的不肖子弟"也决不陌生,更无论最为人诟病的世袭权力、"权贵资本主义""裙带资本主义"。

我自己则直到将要告别学术工作之际,才稍稍接触了作为史学的一个分支的宗族史,作为有关明清之际家庭伦理考察的一部分背景。而在写《艰难的选择》等学术作品的 1980 年代,宗族史研究尚未兴起;即使 1990 年代的有关著作,也像是仍未脱出我们曾经熟悉的主流论述。① 探讨明清之际的家庭伦理,宗族史不在我的论题之内,属于"相关论域",在我讨论的问题的延长线上。我无意于重返五四新文学。我距那一段学术经历已经遥远。将中国现代文学与当代文学作为一个过程重新考察,只能寄望于较我年轻的学人。

明清之际士大夫的处父子、夫妇。

我的经验与知识储备,使我在踏进"明清之际"之初,就被那些非严格"思想史"的方面吸引,关注的更是知识人的生存状态,包括他们的伦理生活。不消说"明儒"不止存在于理学基本范畴、命题中,还在他们的伦理实践中,在他们与理学无关的其他文字、表述中。

关于五伦中的君臣、兄弟、朋友,我已有论述。② 五伦之外,士大

---

① 如完稿于 1992 年,2012 年作为"中国专门史文库"之一种由武汉大学出版社出版的徐扬杰《中国家族制度史》。参看该书第八章"宋以后累世同居共财的大家庭——封建社会后期和半封建半殖民地社会的家族制度",第九章"近代家族制度维护和延缓封建专制统治的作用——封建社会后期和半封建半殖民地社会的家族制度",第十章"民主革命与土地改革的胜利和封建家族制度的彻底灭亡"。作者说该书的主旨之一,即"说明今天彻底肃清封建宗法思想和家族观念的必要性"。

② 关于君臣,见拙作《制度·言论·心态——〈明清之际士大夫研究〉续编》(北京大学出版社,2015)的"君主"一章;《易堂寻踪——关于明清之际一个士人群体的叙述》(江西教育出版社,2001)有关于朋友、兄弟的讨论。关于朋友,另见拙作《乱世友道》,刊《甘肃社会科学》2006 年第 1 期。《想象与叙述》(人民文学出版社,2009)一书第一篇《那一个历史瞬间》,涉及了易代中的人伦之变、主奴关系(见该篇"裂变的家族""当面之敌"等节)。

夫重要的伦理关系，尚有师弟子。①　五伦有公认的伦序，具体的排列顺序又有因人之异；有通行的规范，又有个人取向，尤其在极重朋友、师弟子的明清之际。流风所被，不免于畸轻畸重，即如以重朋友而轻妻子为标榜——我在考察中涉及了这一点。正在进行中的关于士大夫的处"父子""夫妇"的分析，力避为已有的"宗族史""婚姻史"作注脚，尝试将"总体史"所不能涵括的现象纳入考察范围。"宗族史""婚姻史"更关心典章制度，作为材料的，通常是正史、方志、刑事档案等等，士大夫的特殊经验难以在其中获得位置。此外，"通史"模式不能不多所省略，重归纳而轻分析，这就使得关于特定时段特定人群的伦理经验的探讨有了伸展的余地。

研究明清之际士大夫的处夫妇一伦，材料之丰富出我意料。已完成的论文如《言说与伦理践行之间——明清之际士大夫与夫妇一伦（之一）》《常态与流离播迁中的妻妾——明清之际士大夫与夫妇一伦（之二）》，发表在中国文化研究所刘梦溪主编之《中国文化》2012 年秋季号上；《冒襄的〈影梅庵忆语〉》，刊《书城》杂志 2012 年第 12 期。对父子一伦的考察，却使我遭遇了意想不到的困难：你不难读到知识人笔下的妻、妾，或含蓄或一往情深，却难以读到儿子笔下形神兼具的父亲。由此也不难推想父子这一种关系的"压抑性"，儿子受制于其家庭角色，书写尊长时的诸不敢、不宜、不便、不忍。

五四新文学有关作品，批判的锋芒所向，主要为"家"的男性长辈，所谓"封建家长"，巴金《激流三部曲》中的高老太爷、曹禺《雷雨》中的周朴园，等等。上文提到的拙作《现代小说中宗法封建性家庭的形象与知识分子的几个精神侧面》一文中说，中国现代文学作品中的父与子，"分别代表着的是两个时代。人物之间有时表现为对立，有时仅仅表现为'差异'"（《艰难的选择》第 418 页）。明清之

---

① 我关于师弟子的考察，《制度·言论·心态——〈明清之际士大夫研究〉续编》的"师道与师门"一章外，另有《刘门师弟子》一篇，刊《新国学研究》第 1 辑，人民文学出版社，2005。

际的父与子却同属一个时代,以至同一人的两个角色。我的旨趣也与考察五四新文学不同;作为"士大夫研究"的一部分,对于明清之际,我的兴趣在其时知识人的不同家庭角色,不自居于"子"的、"妇"的立场。

并不符合沟口雄三先生的理想化的设想,我不是"空着双手"进入这段历史的。[①] 我的手中,就有中国现当代文学研究的经历、经验。我不可能卸脱了这一种"背景",只能要求自己严守学术工作的伦理,避免过分地"介入",力求贴近明清之际的历史生活。尤其是,避免带着五四新文化运动中的问题、我自己在中国现代文学研究中生成的问题意识考察明清之际;关于明清之际知识人的处父子、夫妇,努力呈现现象的丰富性、差异性。事实是,只有不受限于"宗法封建性"一类意识形态预设,换一副眼光,才能由据说面目严冷的刘宗周那里,感受其人对于妻的温情;由陈确的文字间,察觉其接受有缺陷的婚姻时保有的幽默感,对其妇的辛劳的体恤;由冒襄的文集中读出对其妻的艰难处境的深切同情。父子亦然,那些为人父者对于其子,态度在严、慈之间,苛酷不情与通达之间。某些被古代文学学科依其标准筛除的文字,令你窥见了古代中国人如此丰富的生活世界。这在我,也是走出五四新文化式的思路的过程——尽管并非出于事先的设计。

与已有专业间的对话却不止赖此进行。事实是,妇女史、宗族史等学科,早已在对话五四新文化研究、中国现代文学,只不过有的明确标出,有的隐含在论述中而已。高彦颐《闺塾师——明末清初江南的才女文化》一书绪论"从'五四'妇女史观再出发"中说:"伦理规范和生活实践中间,难免存在着莫大的距离和紧张。儒家社会性别体系之所以能长期延续,应归之于相当大范围内的灵活性,在这一范围内,各种阶层、地区和年龄的女性,都在实践层面享受着生活的

---

① 参看沟口雄三《关于历史叙述的意图与客观性问题》,贺照田主编《学术思想评论》第11辑,吉林人民出版社,2004年。

乐趣。"(中译本第7页)有必要注意该书副标题中的一系列限定:明末清初,江南,才女。著者无意于概其余。尽管如此,对于我所属专业,上述判断仍然具有挑战性。

对于国外汉学的有关论述,我也不无保留。据说自1990年代初起,国外的"中国妇女史研究跳出了'男女不平等'的框架而立足于发掘、再现妇女在特定的历史时代和历史空间中的生活经历及社会角色"(《当代西方汉学研究集萃·妇女史卷》主编姚平撰写的"前言",见该书第2页)。收入该卷的高彦颐、金滋炫、皮歌特合著《〈古代中国、朝鲜和日本的女性与儒教文化〉前言》说,该书旨在"复原女性的主体性和历史的复杂性",力求更正"过去认为亚洲的妇女是传统或儒教家长制(Confucian partriarchy)的牺牲品"这种"简单化的理解","因为'妇女'和'儒家传统'都不是统一的或者无限的范畴"(第1页)。"'妇女'和'儒家传统'都不是统一的或者无限的范畴",的确如此。该"前言"还说,女性在他们的考察中,"既不是反叛者也不是牺牲品。她们作为协商(negotiation)的主体,接受了一些官方的惯例而反抗了其他部分"(同上)。但就我接触的材料而言,她们中确有"反叛者"和"牺牲品"。妇女的反叛与牺牲,并非出于意识形态的建构。"既不是""又不是",似乎在自我设限,预先作了排除、省略。但该"前言"说,"我们所使用的儒教话语,定义了一个普遍的、没有分化的女性,以此作为女性的他者(Other)",的确值得反思。该书的选题涉及了一些被大陆的主流论述长期无视以至刻意遮蔽的面向。但我也想到,为此而"跳出""'男女不平等'的框架",是否会带来新的遮蔽。国外汉学有关论述的启发性是无可怀疑的,我却不认为大陆的妇女史研究有必要随国外汉学风向而转移。"革命"式的"翻转",对于学术工作并不适用。祛蔽,发未发之覆,是推进学术的有效路径,但发覆不同于推倒重来。我一再谈到与中国现代文学专业有关的学术经历之于我此后工作的意义。这一点即使由这一具体角度,也得到了证明。

我必须承认限于语言能力也限于阅读范围,我对所引用的文字容或有误读误解,有与对方宗旨的错位,但对话肯定是有益的;即使不免于误解的"对话",仍然刺激了思考,尤其对于形成于中国现代文学研究中的思维逻辑。

我还应当承认,在不断移动位置、改换考察对象的过程中,并不曾有"觉今是而昨非"之感。有校正,有充实、丰富,却不曾落实到绝对意义上的正/误、是/非。"家族"之为"制度",其压抑性是显而易见的。五四新文化运动的批判有坚实的根据。纵然由变化了的尺度衡量,与"宗法制"有关的价值,也绝非都具有正面的意义。至今也仍然有必要问"我们现在怎样做父亲",如何对待"幼者",出走的娜拉是否应当寻求职业独立以支持其意志独立。只是今天的父与子、长者与幼者、女性地位与两性问题,较之五四时期远为复杂而已。在这种意义上,是否仍然可以说,五四新文化运动的"历史任务"并未完成? 或更准确地说,并未实现在其"理想的"状态上? 发生在快速现代化、城镇化中,在革命造成的破坏与市场化造成的破坏的废墟上,新的伦理规范、新的道德远未生成。①

考察古代中国知识人的伦理处境与伦理实践,我的基本的价值立场,是在中国现代文学研究中形成的。即使此后有诸种调整,仍不足以推翻我所服膺的五四先驱(如鲁迅)的某些基本判断。但如上文所说,我无意将面对中国现代文学时的问题意识直接带进另一研究领域。进入明清之际,我更希望经由文献,尽我所能地触摸历史的感性面貌(至少保持这样的意愿),复原其时知识人生活世界原本的丰富与生动,历史人物作为个体,其伦理境遇与应对方式的无可穷尽

---

① 一次回答访谈时我说,对提倡"读经"、对一个时期以来的"国学热",我持保留态度,"尤其不认为有必要重新启用古代的蒙学教材。你能想象我们的青少年念什么'天下无不是底父母''三从四德'吗? 对于那一套强调尊卑长幼的伦序、等级的传统文化,五四新文化运动的冲击决不应当否定,而当时鲁迅等人所达到的认识,直到现在也没有成为共识,在我看来是可悲的"(《以阅读开启想象,以阅读滋养心性——中国社会科学院文学研究所赵园先生访谈》,刊《语文建设》2010 年第 7—8 期)。当下伦理问题的确严重,我却仍然不以为提倡"孝道"是对治的良方。

的差异性。我敏感于"差异",多种多样的差异,各种层面上的差异——往往有意想之外的发现。这令我相信还有诸多历史面向有待打开,通史、断代史所未及的那些面向,宏观考察、大叙事所不能笼盖的那些面向。

当代政治文化中的家庭、宗族。

关于明清之际士大夫处父子、夫妇的考察尚在进行中,我已着手对"文化大革命"由伦理的方面加以考察。新近完成初稿的,就有关于"文革"中人伦的变与常,关于私人信件、日记在"文革"中,关于"文革"之于私人财产与公共财物的分析,总题为"有限视角下'文革'中的'私域'与'公域'"。"今古齐观"的"今"与"古",在我的学术经验中,不止指文学,也指时世。"今",包括了当下,进行时的当下。"当下"不一定被我作为严格意义上的学术对象,对当下的关切,却直接、间接地影响了我的学术思考与选择。

读明清之际乃读古人;隔了数百年的岁月,即使努力设身处地,仍难以如对今人、近事那样痛痒相关。无论读顾颉刚、吴宓,还是读聂绀弩、顾准,都令我心情复杂,甚至陷溺其中、难以自拔。"中年哀乐",尚须赖丝竹陶写,何况我已老耄!这是否也是今古"齐"观的一点代价?当代史上的那些近事,你亲历的年代,你与它撕扯不开,难以保持"价值中立"。但我在去年岁末接受一家媒体的访谈时,仍然说,在关于当代政治文化的考察中"严守学术工作的伦理规范",是"学术工作者应当有的操守"(《答〈南方都市报〉问》,刊该报 2013 年 12 月 19 日)。学术作品也属于"易碎品"。保持学术工作的品质,至关重要。这与有没有勇气不相干。

上述种种,均属人的世界,也惟千差万别才成其为"人的世界"。

我曾经说自己的路径,是"经由人物进入历史"。学术自述中也一再说,自己"固然感兴趣于'思想的历史',却也关心着映现在思想中的'人的历史'。这兴趣又是由文学研究延续下来的"(《〈自选集〉自序》,《赵园自选集》,广西师范大学出版社,1999)。也说,"或也由于文学研究中的积习,我力图把握'人与思想'的联结,在生动的'人的世界'寻绎'思想'之为过程"(《〈明清之际士大夫研究〉后记》,《明清之际士大夫研究》,北京大学出版社,2014)。说自己"依旧为'人物'所吸引,为人物光明俊伟的气象所吸引,为他们正大的人格所吸引,时有触动、感动,以至感慨不已。……与这些不同时段的'知识人'同在的感觉,是学术之于我的一份特殊赐予"(《制度·言论·心态——〈明清之际士大夫研究〉续编》后记)。以上所说的"人物",既包括文学人物(文学形象与文学作者),也包括历史人物,明清之际的士大夫,以至当代人物,当代知识者。维系了几十年间的学术工作的,就有探究"人的世界"的兴趣与热情。关于明清之际士大夫的经世取向,我曾由功利/非功利的角度讨论。我自己,始终有(无关乎"学术成就"的)非功利的动机,纯粹学术兴趣以外的兴趣。具体到本题,应当说,人伦中有无尽深广的"人的世界"。我的学术工作的连续性,不缘于刻意的设计,而出于持续的关怀。在我,只有借诸人物,历史才是可以想象的。

1917—1949 年的中国文学、1980 年代的中国文学(通常称作"新时期文学")——明清之际的思想言论——1966—1976 年的中国政治与文化,构成了我学术工作的对象范围。这些时间段在我的工作中的关联,由上文不难知晓。伦理问题只是我的学术工作中具有"贯穿性"的题目之一。更具有"贯穿性"的,自然是"知识人"这一特定对象。

不能会通古今、兼通中西,是我所属一代大陆学术工作者的短板亦宿命。先天的缺陷,并非总能由后天的努力弥补。① 即使不能不

---

① 自上而下与由下而上——具体指由古代而近代、现当代,或相反——知识背景、视角、问题意识自然不同。据何种位置,决定了观看的角度与范围(眼界)。我在其他处已经谈到了这一点,谈到了如我似的由现当代上溯,其先天的缺陷与可能的优长。

因陋就简,面对考察对象不预设立场,不因既有成见而剪裁"事实",仍然是我对自己的基本要求。回头盘点,在这一点上似乎尚能问心无愧。经验,经历,通常不直接进入学术,但有可能是类似"底色"的东西。有些吸引了我持久关注的题目,的确要溯源至此。在这一点上,我所属的大陆一代学人,与纯粹学院背景的学人有所不同。我珍视这种差异。如同由此而来的先天不足,阅历所给予的,也是使我们成其为我们的东西。至于因水平所限的立论的偏颇,知识方面的"硬伤",则只能引为教训,并寄希望于后来者。①

2014 年 4 月

(本文系出席 2014 年香港中文大学"今古齐观:中国文学中的古典与现代国际学术研讨会"提交的文章)

---

① 我在去年年底接受《文艺报》访谈时,向曾为我的学术作品纠错的学者一一致谢(参看《保持对学术工作的热情》,见 2013 年 11 月 15 日《文艺报》)。